中国水利统计年鉴2014

中华人民共和国水利部 编

中国水利水电出版社
www.waterpub.com.cn

图书在版编目（CIP）数据

中国水利统计年鉴. 2014 / 中华人民共和国水利部编. -- 北京 : 中国水利水电出版社, 2014.12
ISBN 978-7-5170-2758-4

Ⅰ. ①中… Ⅱ. ①中… Ⅲ. ①水利建设－统计资料－中国－2014－年鉴 Ⅳ. ①F426.9-54

中国版本图书馆CIP数据核字(2014)第297731号

责任编辑　王　丽　李金玲

书　　名	**中国水利统计年鉴 2014**
作　　者	中华人民共和国水利部　编
出版发行	中国水利水电出版社 （北京市海淀区玉渊潭南路 1 号 D 座　100038） 网址：www. waterpub. com. cn E-mail：sales@waterpub. com. cn 电话：(010) 68367658（发行部）
经　　售	北京科水图书销售中心（零售） 电话：(010) 88383994、63202643、68545874 全国各地新华书店和相关出版物销售网点
排　　版	中国水利水电出版社微机排版中心
印　　刷	北京纪元彩艺印刷有限公司
规　　格	210mm×297mm　16 开本　14.5 印张　491 千字
版　　次	2014 年 12 月第 1 版　2014 年 12 月第 1 次印刷
印　　数	0001—1000 册
定　　价	**139.00** 元

《中国水利统计年鉴 2014》

编委会和编写人员名单

《China Water Statistical Yearbook 2014》

Editorial Board and Editorial Staff

Editorial Board

Editorial Staff

编者说明

一、《中国水利统计年鉴2014》系统收录了2013年全国和各省、自治区、直辖市的水资源、水环境、水利建设投资、水利工程设施、水电等方面的统计数据，以及新中国成立以来的全国主要水利统计数据，是一部全面反映中华人民共和国水利发展情况的资料性年刊。

二、本年鉴正文内容分为9个篇章，即：江河湖泊及水资源、江河治理、农业灌溉、供用水、水土保持、水利建设投资、农村水电、水文站网、从业人员情况。为方便读者使用，各篇章前均设有简要说明，概述本篇章的主要内容、数据来源、统计范围、统计方法以及历史变动情况。篇末附有主要统计指标解释。

三、本年鉴的全国性统计数据，如未作特殊说明均不包括香港特别行政区、澳门特别行政区和台湾省数据。2012年水库数量、水闸数量、机电井数量、堤防长度、灌溉面积、灌区、水土保持治理面积等主要指标数据已与2011年第一次全国水利普查数据衔接，2013年节水灌溉面积数据已与2011年第一次全国水利普查数据衔接。

四、本年鉴在编辑上采用了以下方法。

（1）部分统计资料从1949年至2013年均被记录，但一些年份指标数据由于历史记录不详没有收录。

（2）分省统计资料均按当年各省级行政区域范围收集，行政区域范围变化后没有调整统计资料。例如：四川省的资料，在重庆市划出前，包括在内。

（3）部分统计资料按流域或水资源一级分区分组。

（4）历史数据基本保持原貌，未作改动。

（5）部分指标未单列新疆生产建设兵团数据，其数据含在“新疆”的数据中。

五、所使用的计量单位，大部分采用国际统一法定标准计量单位，小部分沿用水利统计惯用单位。

六、部分数据合计数量由于数字位数取舍而产生的计算误差，均未作调整。

七、凡带有续表的资料，有关注释均列在第一张表的下方。

八、符号使用说明：各表中的“空格”表示该项统计指标数据不足本表最小单位数、数据不详或无该项数据；“#”表示其中主要项；“*”或数字标示（如①等）表示本表下有注解。

EDITOR'S NOTES

A. *China Water Statistical Yearbook 2014*, as an annual reference book that introduces water resources development of the People's Republic of China, has systematically collected a wide range of statistical data of water resources, water environment, water investments in fixed assets, water projects and infrastructures, hydropower development etc. of the whole country and of each province, autonomous region and municipality directly under the administration of Central Government in 2013. In addition, the Yearbook provides main statistical data of water sector since the founding of the People's Republic of China in 1949.

B. The content of the Yearbook include nine chapters:

1. Rivers, lakes and water resources
2. River regulation
3. Agricultural irrigation
4. Water supply and water use
5. Soil and water conservation
6. Investments in water development
7. Rural hydropower development
8. Hydrological network
9. Employees

To help readers clearly understand the statistical data, a brief introduction is placed before each chapter, to make a briefing on main contents, data sources, statistical scope and method, and historical changes. Moreover, explanation of main statistical indices is given at the end of each chapter.

C. In the Yearbook, if no special explanation, the national statistics excludes those of Hong Kong Special Administrative Region, Macao Special Administrative Region and Taiwan Province. The data of 2012, the number of reservoir and the sluice and gate、the length of embank、irrigated area、irrigation district、electro-mechanical wells、controlled area of soil erosion were revised according to the data of First National Census for Water. The data of 2013 of the water-saving irrigated area was revised according to the data of First National Census for Water.

D. Following methods are adopted when statistical data are produced and the Yearbook is edited:

1. Some statistical data from 1949 to 2013 are recorded, however some yearly data are excluded because the historical record is incomplete.

2. Statistical data of each year is collected on the basis of scope of administrative region of each province, and no adjustment is made after the changes of division of administrative region. For example, the data of Chongqing is covered by Sichuan Province before Chongqing changed to the Municipality.

3. Some statistical data are grouped based on river basins or grade-Ⅰ water resources regions.

4. Historical data are kept unchanged.

5. Statistical data of Xinjiang cover that of the Xinjiang Production and Construction Corps.

E. Metric System is commonly applied for most of the data in the Yearbook as the unit of measurements, but in a few circumstances, units that widely used locally are adopted.

F. No automatic adjustment is made for calculation error of some total figures herein as a result of the dropping of a certain digit.

G. Where statistical data has continued table, the relevant annotations is listed at the bottom of the first table continued.

H. Notes on symbol-use: the space in tables of the Yearbook means that index data are less than the required minimum, or not quite clear or not available; # represents the main item; * or ① means that there are annotations at the bottom of the table.

目　录

CONTENTS

编者说明
EDITOR'S NOTES

1　江河湖泊及水资源
Rivers, Lakes and Water Resources

2 江河治理
River Regulation

3 农业灌溉
Agricultural Irrigation

4 供用水
Water Supply and Water Use

5　水土保持
Soil and Water Conservation

6　水利建设投资
Investments in Water Development

8 水文站网
Hydrological Network

9 从业人员情况
Employees

1 江河湖泊及水资源

Rivers，Lakes and Water Resources

简要说明

江河湖泊及水资源统计资料包括主要江河、湖泊、自然资源与水资源的状况，降水量、水资源量、水旱灾害及水质等。

1. 自然状况包括国土、气候等资料，国土和气候资料来源于《中国统计年鉴 2011》和《中国统计年鉴 2012》。

2. 降水量资料，按照水资源一级分区和地区整理。

3. 水资源量资料汇总了 1997 年以来的数据，按水资源一级分区和地区整理。

4. 主要河流、内陆水域、湖泊资料，按照主要河流水系整理。

5. 河流水质、湖泊水质资料按水资源一级分区整理。

6. 主要江河年径流量为 50 年平均值。

Brief Introduction

Statistical data of rivers, lakes and water resources provides information on main rivers and lakes, conditions of natural resources and water resources, precipitation, volume of water resources, flood or drought disasters, water quality, etc.

1. Condition of natural resources covers data of land climate, which is sourced from *China Statistical Yearbook 2011* and *China Statistical Yearbook 2012*.

2. Data of precipitation is sorted according to grade-Ⅰ water resources regions and regions.

3. Data of volume of water resources, collected since 1997, is classified according to regions and grade-Ⅰ water resources regions.

4. Data of main rivers, inland water bodies and lakes is classified according to main watersheds.

5. Data of water quality in rivers and water quality in lakes is classified according to grade-Ⅰ water resources regions.

6. Mean annual runoff of the main rivers is accumulated data of past 50 years.

1-1 中国主要河流水系表

Water Systems of Major Rivers in China

河名	River	河长/千米 Length/km	注入 Running into
长江	Yangtze River	6300	东海 East China Sea
黄河	Yellow River	5464	渤海 Bo Hai
松花江	Songhua River	2308	黑龙江 Heilong River
珠江	Pearl River	2214	南海 South China Sea
辽河	Liaohe River	1390	渤海湾 Gulf of Bo Hai
海河	Haihe River	1090	渤海湾 Gulf of Bo Hai
淮河	Huaihe River	1000	长江 Yangtze River
滦河	Luanhe River	877	渤海湾 Gulf of Bo Hai
闽江	Minjiang River	541	东海 East China Sea
钱塘江	Qiantang River	428	东海 East China Sea
南渡江	Nandu River	311	琼州海峡 Qiongzhou Strait
浊水溪	Zhuoshuixi River	186	台湾海峡 Taiwan Strait

1-2 七大江河基本情况
General Conditions of Seven Major Rivers

河名 River	流域面积 /平方千米 Drainage Area /km^2	年径流量 /亿立方米 Annual Runoff /10^8m^3	多年平均[①] Mean Average[①]						
			径流量 /亿立方米 Mean Annual Runoff /10^8m^3	人口 /亿人 Population /10^8 persons	耕地 /千公顷 Cultivated Land /10^3ha	人均占有年径流量 /立方米每人 Annual Runoff per Capita /(m^3/person)	耕地亩均占有年径流量 /立方米 Annual Runoff per mu of Farmland /m^3	粮食总产量 /万吨 Total Yield of Grain Production /10^4t	播种面积平均亩产 /千克 Average Yield per mu of Cultivated Land/kg
长　江 Yangtze River	1808500	9513	9280	3.79	23467	2449	2636	14334.42	279
黄　河 Yellow River	752443	661	628	0.92	12133	683	345	2757.98	160
松花江 Songhua River	557180	762	733	0.51	10467	1437	467	2920.97	224
辽　河 Liaohe River	228960	148	126	0.34	4400	371	191	1770.64	308
珠　江 Pearl River	453690	3338	3360	0.82	4667	1098	4800	2195.58	236
海　河 Haihe River	263631	228	288	1.10	11333	262	169	3731.24	221
淮　河 Huaihe River	269283	622	611	1.42	12333	430	330	6122.13	247

注　①　是指50年平均值。

Note　①　It refers to the average over the past 50 years.

1-3 主要江河年径流量
Annual Runoff of Major Rivers

水系 Water System	河名 River	集水面积/平方千米 Catchment Area /km²	河长/千米 Length of River /km	多年平均① Mean Average① 年径流量/亿立方米 Annual Runoff /10^8m^3	年径流深/毫米 Depth of Annual Runoff /mm	年均流量/立方米每秒 Mean Annual Runoff /(m^3/s)
黑龙江 Heilong River	松花江 Songhua River	557180	2308	733	134	2320
	嫩江 Nenjiang River	282748	1369	225	80	713
	第二松花江 Second Songhua River	78723	799	165	210	517
	牡丹江 Mudan River	37023	726	84	228	267
辽河 Liaohe River	辽河 Liaohe River	228960	1390	126	55	400
	浑河 Hunhe River	11481	415	29	248	90
	太子河 Taizi River	13883	413	36	264	114
辽宁沿海 Coastal Rivers of Liaoning Province	大凌河 Daling River	23549	397	21	89	66
海滦河 Hai-Luan Rivers	滦河 Luanhe River	44750	877	48	109	152
	海河 Haihe River	263631	1090	228	87	723
	潮白河 Chaobai River	19559	467	19	109	61
	永定河 Yongding River	50830	681	20	45	65
	大清河 Daqing River	39244	483	44	113	140
	子牙河 Ziya River	46300	751	44	95	139
	漳卫南运河 Zhangweinan Canal	37200	959	42	128	133
黄河 Yellow River	黄河 Yellow River	752443	5464	628	84	1990
	洮河 Taohe River	25527	673	53	2080	168
	湟水 Huangshui River	32863	374	50	153	159
	无定河 Wuding River	30261	491	15	48	46
	汾河 Fenhe River	39471	694	27	67	84

注 ① 根据河口控制站1956—1979年资料推算。

Note ① It is calculated based on the data of control stations in river mouthes from 1956 to 1979.

1-3　续表 continued

水　系 Water System	河　名 River	集水面积/平方千米 Catchment Area /km^2	河长/千米 Length of River /km	多年平均[①] Mean Average[①] 年径流量/亿立方米 Annual Runoff /10^8m^3	年径流深/毫米 Depth of Annual Runoff /mm	年均流量/立方米每秒 Mean Annual Runoff /(m^3/s)
黄河 Yellow River	渭河 Weihe River	134766	818	104	77	330
	伊洛河 Yiluo River	18881	447	35	184	110
	沁河 Qinhe River	13532	485	18	136	58
淮河 Huaihe River	淮河 Huaihe River	269283	1000	611	231	1940
	淮河水系 Huaihe River Water System	188497	1000	443	235	1400
	颍河 Yinghe River	39890	557	59	149	188
	史河 Shihe River	6850	211	35	511	111
	淠河 Pihe River	6450	248	39	601	123
	沂河 Yihe River	10315	220	34	331	108
	沭河 Shuhe River	6161	206	19	300	59
长江 Yangtze River	长江 Yangtze River	1808500	6300	9280	513	29460
	金沙江 Jinsha River	473242	2920	1520	321	4820
	雅砻江 Yalong River	128444	1190	586	456	1860
	岷江 Minjiang River	135868	711	921	678	2918
	嘉陵江 Jialing River	157928	1120	696	441	2210
	乌江 Wujiang River	87241	1020	530	608	1680
	湘江 Xiangjiang River	94660	856	759	802	2405
	资水 Zishui River	81422	653	239	849	759
	沅江 Yuanjiang River	89164	1033	667	748	2114
	澧水 Lishui River	18496	388	165	892	523
	汉江 Hanjiang River	159000	1565	557	350	1761
	赣江 Ganjiang River	80948	744	664	820	2105
	抚河 Fuhe River	15811	276	147	930	465

1-3 续表 continued

水 系 Water System	河 名 River	集水面积/平方千米 Catchment Area /km²	河长/千米 Length of River /km	多年平均[①] Mean Average[①] 年径流量/亿立方米 Annual Runoff /10^8m^3	年径流深/毫米 Depth of Annual Runoff /mm	年均流量/立方米每秒 Mean Annual Runoff /(m^3/s)
珠江 Pearl River	柳江 Liujiang River	58270	775	527	904	1670
	北江 Beijiang River	46710	468	510	1092	1620
	东江 Dongjiang River	27010	520	257	950	815
韩江 Hanjiang River	韩江 Hanjiang River	30100	470	261	867	828
海南岛诸河 Rivers in Hainan Island	南渡河 Nandu River	7176	311	70	977	222
浙闽诸河 Rivers in Zhejiang and Fujian	钱塘江 Qiantang River	12156	428	364	874	1160
	瓯江 Oujiang River	17859	388	189	1058	599
	闽江 Minjiang River	60992	541	586	961	1870
河西内陆河 Inland Rivers of Hexi Corridor Region	昌马河 Changma River	13405	320	10	74	32
	黑河 Heihe River	10009	303	16	155	49
新疆内陆河 Inland Rivers of Xinjiang	乌伦古河 Wulungu River	32040	821	11	33	34
青海内陆河 Inland Rivers of Qinghai	格尔木河 Golmud River	18648	227	8	40	24

1-4 河流流域面积

Drainage Area of Rivers

流域名称	River	流域面积/平方千米 Drainage Area /km²	占外流河、内陆河流域面积合计/% Percentage to Total /%
合计	**Total**	**9506678**	**100.00**
外流河	**Out-flowing Rivers**	**6150927**	**64.70**
黑龙江及绥芬河	Heilong River and Suifen River	934802	9.83
辽河、鸭绿江及沿海诸河	Liaohe River, Yalu River and Coastal Rivers	314146	3.30
海滦河	Hai-Luan Rivers	320041	3.37
黄河	Yellow River	752773	7.92
淮河及山东沿海诸河	Huaihe River and Coastal Rivers in Shandong	330009	3.47
长江	Yangtze River	1782715	18.75
浙闽台诸河	Rivers in Zhejiang, Fujian and Taiwan	244574	2.57
珠江及沿海诸河	Pearl River and Coastal Rivers	578974	6.09
元江及澜沧江	Yuanjiang River and Lancang River	240389	2.53
怒江及滇西诸河	Nujiang River and Rivers in West Yunnan	157392	1.66
雅鲁藏布江及藏南诸河	Yarlung Zangbo River and Rivers in South Tibet	387550	4.08
藏西诸河	Rivers in West Tibet	58783	0.62
额尔齐斯河	Irtysh River	48779	0.51
内陆河	**Inland Rivers**	**3355751**	**35.30**
内蒙古内陆河	Inland Rivers in Inner Mongolia	311378	3.28
河西内陆河	Inland Rivers in Hexi Corridor Region	469843	4.94
准噶尔内陆河	Inland Rivers in Junggar Basin	323621	3.40
中亚细亚内陆河	Inland Rivers in Central Asia	77757	0.82
塔里木内陆河	Inland Rivers in Tarim Basin	1079643	11.36
青海内陆河	Inland Rivers in Qinghai	321161	3.38
羌塘内陆河	Inland Rivers in Qiangtang	730077	7.68
松花江、黄河、藏南闭流区	Closed-Drainage Area of Songhua River, Yellow River and Rivers in Southern Tibet	42271	0.44

注　本表数据为2002—2005年进行的第二次水资源评价数据。

Note　Figures in this table are from the second water resources evaluation between 2002 and 2005.

1-5 内陆水域面积

Area of Inland Water Bodies

单位：千公顷 unit: 10^3ha

水域	Water Body	总水面面积 Total Area of Water Surface	#可养殖水面面积 Area of Cultivatable Waters	已养殖水面面积 Area of Cultivated Waters	尚可利用水面面积 Area of Utilizable Waters
合计	**Total**	**17471**	**6749**	**4669**	**2178**
河沟	Valley (Gully)	5278	766	347	419
水库	Reservoir	2302	1884	1516	368
湖泊	Lake	7524	2151	824	1327
池塘	Pool	1922	1922	1858	64
其他	Others	445	26	124	

注　本表数据来源于《中国统计年鉴2011》。
Source: *China Statistical Yearbook 2011.*

1-6 全 国 主 要 湖 泊

Key Lakes in China

湖　名 Lake	主 要 所 在 地 Main Location	湖泊面积 /平方千米 Area /km^2	湖水贮量 /亿立方米 Storage /10^8m^3
青海湖 Qinghai Lake	青海 Qinghai	4200	742
鄱阳湖 Poyang Lake	江西 Jiangxi	3960	259
洞庭湖 Dongting Lake	湖南 Hunan	2740	178
太湖 Taihu Lake	江苏 Jiangsu	2338	44
呼伦湖 Hulun Lake	内蒙古 Inner Mongolia	2000	111
纳木错 Namtso Lake	西藏 Tibet	1961	768
洪泽湖 Hongze Lake	江苏 Jiangsu	1851	24
色林错 Selincuo Lake	西藏 Tibet	1628	492
南四湖 Nansi Lake	山东 Shandong	1225	19
扎日南木错 Zharinanmucuo Lake	西藏 Tibet	996	60
博斯腾湖 Bostan Lake	新疆 Xinjiang	960	77
当惹雍错 Dangreyongcuo Lake	西藏 Tibet	835	209
巢湖 Chaohu Lake	安徽 Anhui	753	18
布伦托海 Buluntuohai Lake	新疆 Xinjiang	730	59
高邮湖 Gaoyou Lake	江苏 Jiangsu	650	9
羊卓雍错 Yamdrok Lake	西藏 Tibet	638	146
鄂陵湖 Eling Lake	青海 Qinghai	610	108
哈拉湖 Hala Lake	青海 Qinghai	538	161
阿雅格库木湖 Ayakkum Lake	新疆 Xinjiang	570	55
扎陵湖 Gyaring Lake	青海 Qinghai	526	47
艾比湖 Aibi Lake	新疆 Xinjiang	522	9
昂拉仁错 Anglarencuo Lake	西藏 Tibet	513	102
塔若错 Taruocuo Lake	西藏 Tibet	487	97
格仁错 Gerencuo Lake	西藏 Tibet	476	71
赛里木湖 Sayram Lake	新疆 Xinjiang	454	210
松花湖 Songhua Lake	吉林 Jilin	425	108
班公错 Palgon Lake	西藏 Tibet	412	74
玛旁雍错 Manasarovar Lake	西藏 Tibet	412	202
洪湖 Honghu Lake	湖北 Hubei	402	8
阿次克湖 Acike Lake	新疆 Xinjiang	345	34
滇池 Dianchi Lake	云南 Yunnan	298	12
拉昂错 Raksas Tal Lake	西藏 Tibet	268	40
梁子湖 Liangzi Lake	湖北 Hubei	256	7
洱海 Erhai Lake	云南 Yunnan	253	26
龙感湖 Longgan Lake	安徽 Anhui	243	4
骆马湖 Luoma Lake	江苏 Jiangsu	235	3
达里诺尔 Dalinuoer Lake	内蒙古 Inner Mongolia	210	22
抚仙湖 Fuxian Lake	云南 Yunnan	211	19
泊湖 Pohu Lake	安徽 Anhui	209	3
石臼湖 Shijiu Lake	江苏 Jiangsu	208	4
月亮泡 Yueliangpao Lake	吉林 Jilin	206	5
岱海 Daihai Lake	内蒙古 Inner Mongolia	140	13
波特港湖 Botegang Lake	新疆 Xinjiang	160	13
镜泊湖 Jingpo Lake	黑龙江 Heilongjiang	95	16

1-6 续表 continued

湖 名 Lake	所在流域 River Basin 内陆湖区 Inland Lake Region	 外流湖区 Out-flowing Lake Region	水 型 Lake Type
青海湖 Qinghai Lake	柴达木区 Qaidam		咸水湖 Saltwater Lake
鄱阳湖 Poyang Lake		长江流域 Yangtze River Basin	淡水湖 Freshwater Lake
洞庭湖 Dongting Lake		长江流域 Yangtze River Basin	淡水湖 Freshwater Lake
太湖 Taihu Lake		长江流域 Yangtze River Basin	淡水湖 Freshwater Lake
呼伦湖 Hulun Lake	内蒙古区 Inner Mongolia		咸水湖 Saltwater Lake
纳木错 Namtso Lake	藏北区 North Tibet		咸水湖 Saltwater Lake
洪泽湖 Hongze Lake		淮河流域 Huaihe River Basin	淡水湖 Freshwater Lake
色林错 Selincuo Lake	藏北区 North Tibet		咸水湖 Saltwater Lake
南四湖 Nansi Lake		淮河流域 Huaihe River Basin	淡水湖 Freshwater Lake
扎日南木错 Zharinanmucuo Lake	藏北区 North Tibet		咸水湖 Saltwater Lake
博斯腾湖 Bostan Lake	甘新区 Gansu-Xinjiang Region		咸水湖 Saltwater Lake
当惹雍错 Dangreyongcuo Lake	藏北区 North Tibet		咸水湖 Saltwater Lake
巢湖 Chaohu Lake		长江流域 Yangtze River Basin	淡水湖 Freshwater Lake
布伦托海 Buluntuohai Lake	甘新区 Gansu-Xinjiang Region		咸水湖 Saltwater Lake
高邮湖 Gaoyou Lake		淮河流域 Huaihe River Basin	淡水湖 Freshwater Lake
羊卓雍错 Yamdrok Lake	藏北区 North Tibet		咸水湖 Saltwater Lake
鄂陵湖 Eling Lake		黄河流域 Yellow River Basin	淡水湖 Freshwater Lake
哈拉湖 Hala Lake	柴达木区 Qaidam		咸水湖 Saltwater Lake
阿雅格库木湖 Ayakkum Lake	藏北区 North Tibet		咸水湖 Saltwater Lake
扎陵湖 Gyaring Lake		黄河流域 Yellow River Basin	淡水湖 Freshwater Lake
艾比湖 Aibi Lake	甘新区 Gansu-Xinjiang Region		咸水湖 Saltwater Lake
昂拉仁错 Anglarencuo Lake	藏北区 North Tibet		咸水湖 Saltwater Lake
塔若错 Taruocuo Lake	藏北区 North Tibet		咸水湖 Saltwater Lake
格仁错 Gerencuo Lake	藏北区 North Tibet		淡水湖 Freshwater Lake
赛里木湖 Sayram Lake	甘新区 Gansu-Xinjiang Region		咸水湖 Saltwater Lake
松花湖 Songhua Lake		黑龙江流域 Heilong River Basin	淡水湖 Freshwater Lake
班公错 Palgon Lake	藏北区 North Tibet		东淡西咸 Freshwater in the East and Saltwater in the West
玛旁雍错 Manasarovar Lake	藏南区 South Tibet		淡水湖 Freshwater Lake
洪湖 Honghu Lake		长江流域 Yangtze River Basin	淡水湖 Freshwater Lake
阿次克湖 Acike Lake	藏北区 North Tibet		咸水湖 Saltwater Lake
滇池 Dianchi Lake		长江流域 Yangtze River Basin	淡水湖 Freshwater Lake
拉昂错 Raksas Tal Lake	藏南区 South Tibet		淡水湖 Freshwater Lake
梁子湖 Liangzi Lake		长江流域 Yangtze River Basin	淡水湖 Freshwater Lake
洱海 Erhai Lake		西南诸河 Southwest Region	淡水湖 Freshwater Lake
龙感湖 Longgan Lake		长江流域 Yangtze River Basin	淡水湖 Freshwater Lake
骆马湖 Luoma Lake		淮河流域 Huaihe River Basin	淡水湖 Freshwater Lake
达里诺尔 Dalinuoer Lake	内蒙古区 Inner Mongolia		咸水湖 Saltwater Lake
抚仙湖 Fuxian Lake		珠江流域 Pearl River Basin	淡水湖 Freshwater Lake
泊湖 Pohu Lake		长江流域 Yangtze River Basin	淡水湖 Freshwater Lake
石臼湖 Shijiu Lake		长江流域 Yangtze River Basin	淡水湖 Freshwater Lake
月亮泡 Yueliangpao Lake		黑龙江流域 Heilong River Basin	淡水湖 Freshwater Lake
岱海 Daihai Lake	内蒙古区 Inner Mongolia		咸水湖 Saltwater Lake
波特港湖 Botegang Lake	甘新区 Gansu-Xinjiang Region		淡水湖 Freshwater Lake
镜泊湖 Jingpo Lake		黑龙江流域 Heilong River Basin	淡水湖 Freshwater Lake

1-7 湖 泊 面 积

Area of Lakes

地 区	Zoning	湖水面积 /平方千米 Area of Lakes /km²	湖水贮量 /亿立方米 Storage of Lakes /10^8m^3	#淡水贮量 Storage of Freshwater	占湖泊淡水总贮量 /% Percentage to Total Storage of Lake Freshwater /%
合 计	**Total**	**75610**	**7510**	**2150**	**100.0**
青藏高原	Tibet Plateau	36560	5460	880	40.9
东部平原	Eastern Plain	23430	820	820	38.1
蒙新高原	Mongolia and Xinjiang Plateau	8670	760	20	0.9
东北平原	Northeast Plain	4340	200	160	7.4
云南高原	Yunnan Plateau	1100	240	240	11.2
其 他	Others	1510	30	30	1.4

注 本表数据来源于《中国统计年鉴 2011》。
Source: *China Statistical Yearbook 2011.*

1-8 各地区湖泊个数和面积①

Number and Area of Lakes, by Region①

地区	Region	湖泊数量/个 Number of Lakes /unit	淡水湖 Freshwater Lake	咸水湖 Saltwater Lake	盐湖 Salt Lake	其他 Others	湖泊面积/平方千米 Lake Area /km^2	淡水湖 Freshwater Lake	咸水湖 Saltwater Lake	盐湖 Salt Lake	其他 Others
合 计	**Total**	**2865②**	**1594**	**945**	**166**	**160**	**78007.1**	**35149.9**	**39205.0**	**2003.7**	**1648.6**
北京	Beijing	1	1				1.3	1.3			
天津	Tianjin	1	1				5.1	5.1			
河北	Hebei	23	6	13	4		364.8	268.5	90.7	5.6	
山西	Shanxi	6	4	2			80.7	18.8	61.9		
内蒙古	Inner Mongolia	428	86	268	73	1	3915.8	571.6	3101.4	240.0	2.8
辽宁	Liaoning	2	2				44.7	44.7			
吉林	Jilin	152	27	39	67	19	1055.2	165.6	486.4	338.9	64.3
黑龙江	Heilongjiang	253	241	12			3036.9	2890.8	146.1		
上海	Shanghai	14	14				68.1	68.1			
江苏	Jiangsu	99	99				5887.3	5887.3			
浙江	Zhejiang	57	57				99.2	99.2			
安徽	Anhui	128	128				3505.0	3505.0			
福建	Fujian	1	1				1.5	1.5			
江西	Jiangxi	86	86				3802.2	3802.2			
山东	Shandong	8	7	1			1051.7	1047.7	4.0		
河南	Henan	6	6				17.2	17.2			
湖北	Hubei	224	224				2569.2	2569.2			
湖南	Hunan	156	156				3370.7	3370.7			
广东	Guangdong	7	6	1			18.7	17.5	1.2		
广西	Guangxi	1	1				1.1	1.1			
海南	Hainan										
重庆	Chongqing										
四川	Sichuan	29	29				114.5	114.5			
贵州	Guizhou	1	1				22.9	22.9			
云南	Yunnan	29	29				1115.9	1115.9			
西藏	Tibet	808	251	434	14	109	28868.0	4341.5	22338.3	1234.7	953.5
陕西	Shaanxi	5		5			41.1		41.1		
甘肃	Gansu	7	3	3	1		100.6	22.0	13.6	65.0	
青海	Qinghai	242	104	125	8	5	12826.5	2516.0	10193.8	103.7	13.0
宁夏	Ningxia	15	11	4			101.3	57.1	44.3		
新疆	Xinjiang	116	44	44	2	26	5919.8	2606.8	2682.2	15.8	615.1

注 ①面积大于或等于 1km^2。

②有 40 个跨省湖泊在分省数据中有重复统计。

Note ① The lake area is larger or equal to 1km^2.

② In the data by regions, 40 trans-provincial lakes are calculated twice.

1-9 海区海域及渔场面积

Areas of Sea and Fishing Ground

名 称	Name of the Sea	海域总面积 /千公顷 Total Area of the Sea /10^3ha	大陆架渔场面积 /千公顷 Area of Fishing Ground of Continental Shelf /10^3ha	深度/米 Depth/m	
				平均 Average	最大 Maximum
合 计	**Total**	**472700**	**280000**		
渤 海	Bo Hai	7700	7700	18	70
黄 海	Yellow Sea	38000	35300	44	140
东 海	East China Sea	77000	54900	370	2719
南 海	South China Sea	350000	182100	1212	5559

注 本表数据来源于《中国统计年鉴 2011》。

Source: *China Statistical Yearbook 2011*.

1-10 民族自治地方自然资源

Natural Resources of Autonomous Regions of Ethnic Groups

项　目	Item	2010	占全国百分数/% Percentage to National Total /%
总面积/万平方千米	**Total Area /10^4km^2**	**611.73**	**63.72**
牧区、半农半牧区草原面积/万公顷	Area of Grasslands in Pastoral and Semi-pastoral Areas /10^4ha	30000.00	75.00
森林面积/万公顷	Area of Forest /10^4ha	5648.00	42.20
森林蓄积量/亿立方米	National Forest Inventories /10^8m^3	52.49	51.80
水力资源蕴藏量/亿千瓦	Hydropower Resources /10^8kW	4.46	66.00

注　1. 本表数据来源于《中国统计年鉴2011》。

2. 除总面积外，其他资源为以前清查数，有待进一步勘测。

Note　1. Source: *China Statistical Yearbook 2011.*

2. Data of resources, except total area, were obtained from surveys in previous years, and are subject to further verification.

1-11　2013 年自然状况及水资源

Natural Conditions and Water Resources in 2013

项　目	Item	2013
国土	**Territory**	
国土面积/万平方千米	Area of Land/10^4km^2	960
海域面积/万平方千米	Area of Sea/10^4km^2	473
海洋平均深度/米	Average Depth of Sea/m	961
海洋最大深度/米	Maximum Depth of Sea/m	5377
岸线总长度/千米	Length of Coastline/km	32000
大陆岸线长度/千米	Continental Shore/km	18000
岛屿岸线长度/千米	Island Shore/km	14000
气候	**Climate**	
热量分布(积温≥0℃)	Distribution of Heat (Accumulated Temperature≥0℃)	
黑龙江北部及青藏高原	Northern Heilongjiang and Tibet Plateau	2000～2500
东北平原	Northeast Plain	3000～4000
华北平原	North China Plain	4000～5000
长江流域及以南地区	Yangtze River Basin and the Area to the South of it	5800～6000
南岭以南地区	Area to the South of Nanling Mountain	7000～8000
降水量/毫米	**Precipitation/mm**	
台湾中部山区	Mid-Taiwan Mountainous Region	≥4000
华南沿海	Coastal Region in South China	1600～2000
长江流域	Yangtze River Basin	1000～1500
华北、东北	North and Northeast China	400～800
西北内陆	Northwest Inland Area	100～200
塔里木盆地、吐鲁番盆地和柴达木盆地	Tarim Basin, Turpan Basin and Qaidam Basin	≤25
气候带面积比例(国土面积=100)	**Percentage of Climatic Zones to Total Arca of Territory**	
湿润地区(干燥度＜1.0)	Humid Zone(aridity<1.0)	32
半湿润地区(干燥度=1.0～1.5)	Semi-Humid Zone (aridity 1.0-1.5)	15
半干旱地区(干燥度=1.5～2.0)	Semi-Arid Zone (aridity 1.5-2.0)	22
干旱地区(干燥度＞2.0)	Arid Zone (aridity>2.0)	31
水资源总量/亿立方米	**Total Water Availability/10^8m^3**	**27957.9**
地表水资源量	Surface Water	26839.5
地下水资源量	Groundwater	8081.1
地表水与地下水资源重复量	Duplicated Amount of Surface Water and Groundwater	6962.7
降水总量/亿立方米	**Total Precipitation/10^8m^3**	**62674.4**

注　1. 气候资料为多年平均值。
　　2. 岛屿面积未包括香港、澳门特别行政区和台湾省。
　　3. 本表部分数据来源于《中国统计年鉴 2011》。

Note　1. The data of climate is the average of many years.
　　2. The area of islands does not include that of Hong Kong Special Administrative Region, Macao Special Administrative Region and Taiwan Province.
　　3. Parts of data in the table are sourced from *China Statistical Yearbook 2011*.

1-12 2013 年各地区降水量与 2012 年和常年值比较

Comparison of Precipitation of 2013with 2012 and Normal Year, by Region

地区	Region	降水量 /毫米 Precipitation /mm	与 2012 年比较 增减/% Increase or Decrease Comparing to 2012/%	与常年值比较 增减/% Increase or Decrease Comparing to Normal Year/%
合 计	**Total**	**661.9**	**- 3.8**	**3.0**
北 京	Beijing	500.8	−29.3	−16.3
天 津	Tianjin	462.3	−45.6	−19.6
河 北	Hebei	531.2	−12.4	−0.1
山 西	Shanxi	588.3	15.3	15.6
内蒙古	Inner Mongolia	315.5	−0.6	11.8
辽 宁	Liaoning	751.1	−18.7	10.8
吉 林	Jilin	791.9	7.1	30.0
黑龙江	Heilongjiang	707.4	15.8	32.6
上 海	Shanghai	1020.9	−19.9	−6.3
江 苏	Jiangsu	833.4	−12.6	−16.2
浙 江	Zhejiang	1589.4	−23.9	−0.8
安 徽	Anhui	1023.4	−12.8	−12.8
福 建	Fujian	1626.2	−20.7	−3.1
江 西	Jiangxi	1464.2	−32.4	−10.6
山 东	Shandong	681.7	4.7	0.3
河 南	Henan	576.6	−4.7	−25.2
湖 北	Hubei	1036.6	−0.8	−12.2
湖 南	Hunan	1354.1	−20.0	−6.6
广 东	Guangdong	2179.3	10.1	23.1
广 西	Guangxi	1696.2	1.5	10.4
海 南	Hainan	2393.7	23.4	36.9
重 庆	Chongqing	1063.6	−1.6	−10.2
四 川	Sichuan	1041.6	0.8	6.4
贵 州	Guizhou	981.9	−12.1	−16.7
云 南	Yunnan	1190.1	9.2	−6.9
西 藏	Tibet	574.6	3.5	0.5
陕 西	Shaanxi	708.6	8.2	8.0
甘 肃	Gansu	324.8	3.6	7.9
青 海	Qinghai	298.8	−19.5	2.9
宁 夏	Ningxia	318.7	−6.0	10.4
新 疆	Xinjiang	185.0	1.3	19.5

1-13 2013年各水资源一级区降水量与2012年和常年值比较

Comparison of Precipitation of 2013 with 2012 and Normal Year in Grade-Ⅰ Water Resources Sub-region

水资源一级区	Grade-I Water Resources Sub-region	降水量/毫米 Precipitation /mm	与2012年比较增减/% Increase or Decrease Comparing to 2012 /%	与常年值比较增减/% Increase or Decrease Comparing to Normal Year /%
全　国	**Total**	**661.9**	**- 3.8**	**3.0**
松花江区	Songhua River	674.0	18.9	33.6
辽河区	Liaohe River	575.4	−18.1	5.6
海河区	Haihe River	547.7	−8.9	2.3
黄河区	Yellow River	481.6	−1.8	8.0
淮河区	Huaihe River	709.1	−3.2	−15.4
长江区	Yangtze River	1029.6	−11.2	−5.3
其中：太湖流域	Among Which: Taihu Lake	1090.6	−19.5	−7.4
东南诸河区	Rivers in Southeast	1609.9	−22.8	−3.0
珠江区	Pearl River	1744.5	5.1	12.7
西南诸河区	Rivers in Southwest	1059.1	5.3	−2.7
西北诸河区	Rivers in Northwest	176.0	−6.3	9.1

1-14　2013 年主要城市降水量

Monthly Precipitation of Major Cities in 2013

单位：毫米　　　　unit: mm

城　市	City	1 月 Jan.	2 月 Feb.	3 月 Mar.	4 月 Apr.	5 月 May	6 月 June	7 月 July	8 月 Aug.	9 月 Sept.	10 月 Oct.	11 月 Nov.	12 月 Dec.	全年 Total of the Year
北　京	Beijing	3.0	3.4	10.7	5.5	23.6	91.0	235.6	118.6	71.1	16.4	0.2	0.0	579.1
天　津	Tianjin	4.4	5.6	11.5	2.2	3.8	99.1	103.1	62.3	88.7	25.6	3.2	2.0	411.5
石家庄	Shijiazhuang	8.4	4.7	2.4	27.7	18.3	97.9	168.7	59.9	108.9	7.9	3.5	0.0	508.3
太　原	Taiyuan	2.3	1.5	0.0	33.7	13.1	90.3	167.6	55.6	102.5	14.2	6.5	0.0	487.3
呼和浩特	Hohhot	5.2	0.0	3.6	1.9	7.8	96.0	192.6	144.0	97.3	9.0	7.2	0.0	564.6
沈　阳	Shenyang	4.1	24.8	18.5	55.1	19.2	51.7	216.3	176.3	106.4	96.3	17.0	2.4	788.1
长　春	Changchun	8.5	31.2	14.7	57.5	36.6	191.0	153.1	121.7	32.7	51.5	30.9	7.1	736.5
哈尔滨	Harbin	2.1	16.5	8.8	10.8	73.5	86.4	198.0	125.7	31.5	58.2	18.3	3.7	633.5
上　海	Shanghai	22.8	81.5	58.1	72.5	117.7	183.5	102.1	111.5	61.1	291.7	20.4	50.5	1173.4
南　京	Nanjing	17.8	69.9	42.9	22.8	110.1	172.6	229.6	115.5	67.0	22.4	17.2	10.6	898.4
杭　州	Hangzhou	41.0	94.0	109.0	97.3	117.7	337.2	8.8	209.8	49.4	331.0	32.6	93.1	1520.9
合　肥	Hefei	18.5	66.6	38.1	25.3	137.6	86.6	305.5	66.0	118.6	9.1	17.1	4.2	893.2
福　州	Fuzhou	3.7	44.3	103.7	122.0	244.4	196.5	72.9	139.5	53.3	3.0	64.0	90.2	1137.5
南　昌	Nanchang	26.9	110.1	238.5	203.0	190.1	366.9	83.1	30.5	26.7	11.1	89.2	55.7	1431.8
济　南	Ji'nan	15.4	18.5	4.4	11.3	68.5	64.9	384.3	100.3	12.8	20.5	33.9	1.2	736.0
郑　州	Zhengzhou	5.2	8.0	6.5	28.2	112.5	15.2	45.1	63.9	9.8	26.3	32.5	0.0	353.2
武　汉	Wuhan	22.4	43.9	90.1	145.7	153.9	256.6	316.2	136.0	207.8	5.6	54.6	1.4	1434.2
长　沙（望城）	Changsha(Wangcheng)	23.4	95.0	128.4	195.9	319.0	153.8	7.6	62.5	116.8	4.9	120.5	27.1	1254.9
广　州	Guangzhou	3.8	8.0	174.2	282.8	300.6	228.2	318.9	395.5	231.0	5.0	42.2	105.2	2095.4
南　宁	Nanning	17.0	26.4	82.2	148.5	138.6	198.0	265.3	271.2	128.5	17.6	211.2	64.8	1569.3
海　口	Haikou	6.4	18.7	50.6	140.0	248.3	121.3	273.0	231.2	448.6	263.8	149.3	115.8	2067.0
重　庆（沙坪坝）	Chongqing(Shapingba)	9.3	29.0	3.4	114.8	126.6	241.6	81.1	62.6	194.5	91.0	56.8	16.2	1026.9
成　都（温江）	Chengdu(Wenjiang)	1.2	4.7	7.6	42.2	99.0	182.1	525.5	228.3	196.2	27.1	21.8	7.6	1343.3
贵　阳	Guiyang	11.4.	17.3	37.9	43.6	224.2	191.7	26.4	123.7	81.6	53.2	45.9	31.4	888.3
昆　明	Kunming	9.6	0.8	7.5	9.9	113.3	78.5	155.9	153.9	70.7	168.6	8.0	28.0	804.7
拉　萨	Lhasa	0.0	0.0	1.5	17.2	30.8	129.8	164.4	120.3	62.1	38.4	0.7	0.0	565.2
西　安（泾河）	Xi' an(Jinghe)	0.9	12.4	5.5	19.3	139.6	27.0	119.3	30.5	23.1	14.5	31.8	0.0	423.9
兰　州（皋兰）	Lanzhou(Gaolan)	0.8	2.5	0.0	9.8	30.6	40.3	65.7	36.0	62.4	2.9	3.5	1.0	255.5
西　宁	Xining	0.0	1.3	0.9	18.6	67.6	68.1	74.5	107.9	54.9	10.5	6.7	2.6	413.6
银　川	Yinchuan	0.5	0.0	0.0	5.8	37.6	22.5	33.5	12.2	32.7	4.0	0.0	0.0	148.8
乌鲁木齐	Urumqi	7.1	11.7	13.2	69.2	27.1	31.3	23.3	29.2	12.7	16.6	44.5	15.0	300.9

注　本表数据来源于《中国统计年鉴 2014》。

Source: *China Statistical Yearbook 2014.*

1-15 各流域片年平均降水量、径流量

Mean Annual Precipitation and Runoff by River Basin

各流域片	River Basin	计算面积/平方千米 Calculated Area /km^2	多年平均* Mean Average* 年降水量/毫米 Annual Precipitation /mm	年径流深/毫米 Annual Runoff /mm	年降水总量/亿立方米 Annual Precipitation /10^8m^3	年径流量/亿立方米 Annual Runoff /10^8m^3
合计	**Total**	**9545322**	**648**	**284**	**61889**	**27115**
一、黑龙江流域片	Ⅰ. Heilong River Basin	903418	496	129	4476	1166
1. 嫩江	1. Nenjiang River	267817	450	94	1205	251
2. 第二松花江	2. Second Songhua River	78723	666	210	524	165
3. 松花江干流	3. Mainstream of Songhua River	210640	573	164	1206	346
松花江流域	Songhua River Basin	557180	527	137	2935	762
二、辽河流域片	Ⅱ. Liaohe River Basin	345027	551	141	1901	487
4. 辽河流域	4. Liaohe River Basin	228960	473	65	1082	148
5. 辽宁沿海诸河	5. Coastal Rivers of Liaoning Province	60740	639	207	388	126
三、海滦河流域片	Ⅲ. Hai-Luan Rivers Basin	318161	560	91	1781	288
6. 滦河(含冀东沿海诸河)	6. Luanhe River (Including Coastal Rivers in the East of Hebei Province)	54530	565	110	308	60
7. 海河北系	7. North System of Haihe River	83119	507	80	421	67
8. 海河南系	8. South System of Haihe River	148669	580	98	862	145
9. 徒骇马颊河	9. Tuhaimajia River	31843	597	52	190	17
海河流域	Haihe River Basin	263631	559	87	1473	228
四、黄河流域片	Ⅳ. Yellow River Basin	794712	464	83	3691	661
10. 湟水	10. Huangshui River	32863	502	153	165	50
11. 洮河	11. Taohe River	25527	603	208	154	53
12. 兰州以上干流区间	12. Mainstream above Lanzhou	164161	473	149	777	244
13. 兰州—河口镇	13. Lanzhou-Hekou Town	163415	271	9	443	14
黄河上游	Upper Reaches of Yellow River	385966	399	94	1539	362
14. 河口镇—龙门	14. Hekou Town-Longmen	111595	460	54	513	60
15. 汾河	15. Fenhe River	39471	530	67	209	27
16. 泾河	16. Jinghe River	45421	539	46	245	21
17. 洛河	17. Luohe River	26905	550	37	148	10
18. 渭河	18. Weihe River	62440	629	117	393	73
19. 龙门—三门峡干流区间	19. Mainstream of Longmen-Sanmenxia	16623	573	73	95	12

注 “*”是指1956—1979年数据平均。

Note “*” refers to the average in 1956-1979.

1-15 续表 continued

各流域片	River Basin	计算面积/平方千米 Calculated Area /km²	多年平均* Mean Average* 年降水量/毫米 Annual Precipitation /mm	年径流深/毫米 Annual Runoff /mm	年降水总量/亿立方米 Annual Precipitation /10^8m^3	年径流量/亿立方米 Annual Runoff /10^8m^3
20. 伊洛河	20. Yiluo River	18881	694	184	131	35
21. 沁河	21. Qinhe River	13532	642	136	87	18
22. 三门峡—花园口干流区间	22. Mainstream of Sanmenxia-Huayuankou	9202	648	133	60	12
黄河中游	Middle Reaches of Yellow River	344070	547	78	1881	267
23. 黄河下游	23. Lower Reaches of Yellow River	22407	674	130	151	29
黄河流域	Yellow River Basin	752443	475	88	3571	658
24. 鄂尔多斯内流区	24. Ordos Endorheic River Region	42269	284	8	120	3
五、淮河流域片	Ⅴ. Huaihe River Basin	329211	860	225	2830	741
25. 淮河上中游	25. Upper and Middle Reaches of Huaihe River	160837	889	234	1430	376
26. 淮河下游	26. Lower Reaches of Huaihe River	30337	1015	258	308	78
27. 沂沭泗河	27. Yi-Shu-Si Rivers	78109	836	215	653	168
淮河流域	Huaihe River Basin	269283	889	231	2390	622
28. 山东沿海诸河	28. Coastal Rivers of Shandong Province	59928	733	199	439	119
六、长江流域片	Ⅵ. Yangtze River Basin	1808500	1071	526	19360	9513
29. 金沙江	29. Jinsha River	490650	706	313	3466	1535
30. 岷沱江	30. Min-Tuo Rivers	164766	1083	627	1785	1033
31. 嘉陵江	31. Jialing River	158776	965	443	1532	704
32. 乌江	32. Wujiang River	86976	1164	620	1012	539
33. 长江上游干流区间	33. Mainstream of Upper Reaches of Yangtze River	100504	1169	653	1175	656
长江上游	Upper Reaches of Yangtze River	1001672	896	446	8570	4467
34. 洞庭湖水系	34. Water System of Dongting Lake	262344	1414	767	3709	2012
35. 汉江	35. Hanjiang River	155204	900	361	1396	560
36. 鄱阳湖水系	36. Water System of Poyang Lake	162274	1598	853	2593	1384
37. 长江中游干流区间	37. Mainstream of Middle Reaches of Yangtze River	57069	1243	550	1207	534
长江中游	Middle Reaches of Yangtze River	676891	1316	663	8905	4490
38. 太湖水系	38. Water System of Taihu Lake	37464	1105	366	414	137
39. 长江下游干流区间	39. Mainstream of Lower Reaches of Yangtze River	92473	1158	453	1071	419
长江下游	Lower Reaches of Yangtze River	129937	1143	428	1485	556
七、珠江流域片	Ⅶ. Pearl River Basin	580641	1544	807	8967	4685
40. 南北盘江	40. South and North Panjiang River	82480	1122	467	925	385
41. 红水河与柳黔江	41. Hongshui River and Liuqian River	115525	1480	782	1710	903
42. 北江	42. Beijiang River	44725	1757	1096	786	490

1-15 续表 continued

各 流 域 片	River Basin	计算面积/平方千米）Calculated Area /km²	多年平均* Mean Average*			
			年降水量/毫米 Annual Precipitation /mm	年径流深/毫米 Annual Runoff /mm	年降水总量/亿立方米 Annual Precipitation /10^8m^3	年径流量/亿立方米 Annual Runoff /10^8m^3
43. 东江	43. Dongjiang River	28191	1788	993	504	280
44. 珠江三角洲	44. Pearl River Delta	31443	1791	996	563	313
珠江流域	Pearl River Basin	444304	1469	751	6528	3338
45. 韩江	45. Hanjiang River	32457	1630	881	529	286
46. 粤东沿海诸河	46. Coastal Rivers of East Guangdong	13653	2058	1260	281	172
47. 桂南粤西沿海诸河	47. Coastal Rivers of South Guangxi and West Guangdong	56093	1836	1032	1030	579
48. 海南岛和南海诸岛	48. Hainan Island and South China Sea Islands	34134	1755	908	599	310
八、浙闽诸河片	Ⅷ. Rivers in Zhejiang and Fujian	239803	1758	1066	4216	2557
49. 钱塘江(含浦阳江)	49. Qiantang River (Including Puyang River)	42156	1587	875	669	369
50. 浙东诸河	50. Rivers in East Zhejiang	18592	1442	715	268	133
51. 浙南诸河	51. Rivers in South Zhejiang	32775	1718	1062	563	348
52. 闽江	52. Minjiang River	60992	1710	961	1043	586
53. 闽东沿海诸河	53. Coastal Rivers of East Fujian	15394	1747	1156	269	178
54. 闽南诸河	54. Rivers in South Fujian	33913	1563	902	530	306
九、西南诸河片	Ⅸ. Rivers in Southwest	851406	1098	688	9346	5853
55. 藏南诸河	55. Rivers in South Tibet	155778	1689	1253	2631	1952
56. 藏西诸河	56. Rivers in West Tibet	57340	129	35	74	20
十、内陆诸河片	Ⅹ. Inland Rivers	3321713	154	32	5113	1064
57. 内蒙古内陆河	57. Inland Rivers in Inner Mongolia	308067	254	4	783	12
58. 河西内陆河	58. Inland Rivers in Hexi Corridor Region Basin	488708	123	14	599	69
59. 准噶尔内陆河	59. Inland Rivers in Junggar	316530	168	40	532	125
60. 中亚细亚内陆河	60. Inland Rivers in Central Asia	93130	468	207	436	193
61. 青海内陆河	61. Inland Rivers in Qinghai	319286	138	23	441	72
62. 羌塘内陆河	62. Inland Rivers in Qiangtang	721182	170	34	1226	246

1-16 历 年 水 资 源 量

Water Resources by Year

年份 Year	水资源总量 /亿立方米 Total Available Water Resources /10^8m^3	地表水资源量 /亿立方米 Surface Water Resources /10^8m^3	地下水资源量 /亿立方米 Groundwater Resources /10^8m^3	地表水与地下水资源重复量 /亿立方米 Duplicated Amount of Surface Water and Groundwater /10^8m^3	降水总量 /亿立方米 Total Precipitation /10^8m^3	人均水资源量 /立方米每人 Per Capita Water Resources /(m^3/person)
1997	27855	26835	6942	5923	58169	2253
1998	34017	32726	9400	8109	67631	2723
1999	28196	27204	8387	7395	59702	2219
2000	27701	26562	8502	7363	60092	2194
2001	26868	25933	8390	7456	58122	2112
2002	28261	27243	8697	7679	62610	2207
2003	27460	26251	8299	7090	60416	2131
2004	24130	23126	7436	6433	56876	1856
2005	28053	26982	8091	7020	61010	2152
2006	25330	24358	7643	6671	57840	1932
2007	25255	24242	7617	6604	57763	1916
2008	27434	26377	8122	7065	62000	2071
2009	24180	23125	7267	6212	55966	1812
2010	30906	29798	8417	7308	65850	2310
2011	23257	22214	7215	6171	55133	1726
2012	29529	28373	8296	7141	65150	2186
2013	27958	26840	8081	6963	62674	2060

1-17 多年平均水资源量（按地区分）

Mean Annual Water Resources (by Region)

地区	Region	平均年水资源总量/亿立方米 Mean Annual Total Available Water Resources /10^8m^3	平均年地表水资源量/亿立方米 Mean Annual Surface Water Resources /10^8m^3	平均年地下水资源量/亿立方米 Mean Annual Groundwater Resources /10^8m^3	平均年地表水与地下水资源重复量/亿立方米 Duplicated Amount of Surface Water and Groundwater /10^8m^3	平均年产水模数/万立方米每平方千米 Mean Annual Water Generation Model /($10^4m^3/km^2$)
全　国	**Total**	**27460.3**	**26478.2**	**8149.0**	**7166.9**	**29.5**
北　京	Beijing	40.8	25.3	26.2	10.7	24.3
天　津	Tianjin	14.6	10.8	5.8	2.0	12.9
河　北	Hebei	236.9	167.0	145.8	75.9	12.6
山　西	Shanxi	143.5	115.0	94.6	66.1	9.2
内蒙古	Inner Mongolia	506.7	371.0	248.3	112.6	4.4
辽　宁	Liaoning	363.2	325.0	105.5	67.3	25.0
吉　林	Jilin	390.0	345.0	110.1	65.1	20.7
黑龙江	Heilongjiang	775.8	647.0	269.3	140.5	16.6
上　海	Shanghai	26.9	18.6	12.0	3.7	43.5
江　苏	Jiangsu	325.4	249.0	115.3	38.9	31.9
浙　江	Zhejiang	897.1	885.0	213.3	201.2	88.1
安　徽	Anhui	676.8	617.0	166.6	106.8	48.5
福　建	Fujian	1168.7	1168.0	306.4	305.7	96.3
江　西	Jiangxi	1422.4	1416.0	322.6	316.2	85.1
山　东	Shandong	335.0	264.0	154.2	83.2	21.9
河　南	Henan	407.7	311.0	198.9	102.2	24.4
湖　北	Hubei	981.2	946.0	291.3	256.1	52.8
湖　南	Hunan	1626.6	1620.0	374.8	368.2	76.8
广　东	Guangdong	2134.1	2111.0	545.9	522.8	100.7
广　西	Guangxi	1880.0	1880.0	397.7	397.7	79.1
四　川	Sichuan	3133.8	3131.0	801.6	798.8	55.2
贵　州	Guizhou	1035.0	1035.0	258.9	258.9	58.8
云　南	Yunnan	2221.0	2221.0	738.0	738.0	57.9
西　藏	Tibet	4482.0	4482.0	1094.3	1094.3	37.3
陕　西	Shaanxi	441.9	420.0	165.1	143.2	21.5
甘　肃	Gansu	274.3	273.0	132.7	131.4	6.9
青　海	Qinghai	626.2	623.0	258.1	254.9	8.7
宁　夏	Ningxia	9.9	8.5	16.2	14.8	1.9
新　疆	Xinjiang	882.8	793.0	579.5	489.7	5.4

注　本表数据来源于《中国水资源评价》。

Source: *China Water Resources Evaluation Report.*

1-18　2013 年水资源量（按地区分）

Water Resources in 2013 (by Region)

地区	Region	水资源总量 /亿立方米 Total Available Water Resources /10^8m^3	地表水资源量 /亿立方米 Surface Water Resources /10^8m^3	地下水资源量 /亿立方米 Groundwater Resources /10^8m^3	地表水与地下水资源重复量 /亿立方米 Duplicated Amount of Surface Water and Groundwater /10^8m^3	降水总量 /亿立方米 Total Precipitation /10^8m^3	人均水资源量 /立方米每人 Per Capita Water Resources /(m^3/person)
全　国	**Total**	**27957.9**	**26839.5**	**8081.1**	**6962.7**	**62674.4**	**2059.7**
北　京	Beijing	24.8	9.4	18.7	3.4	82.2	118.6
天　津	Tianjin	14.6	10.8	5.0	1.2	55.1	101.5
河　北	Hebei	175.9	76.8	138.8	39.8	997.0	240.6
山　西	Shanxi	126.6	81.0	96.9	51.4	919.3	349.6
内蒙古	Inner Mongolia	959.8	813.5	249.3	103.0	3649.7	3848.6
辽　宁	Liaoning	463.2	420.3	139.4	96.5	1092.9	1055.2
吉　林	Jilin	607.4	535.2	160.2	88.0	1484.0	2208.2
黑龙江	Heilongjiang	1419.6	1253.3	381.5	215.2	3217.4	3702.1
上　海	Shanghai	28.0	22.8	8.2	3.0	64.7	116.9
江　苏	Jiangsu	283.5	202.3	97.2	16.0	849.6	357.6
浙　江	Zhejiang	931.3	917.3	207.3	193.3	1649.1	1697.2
安　徽	Anhui	585.6	525.4	144.5	84.3	1427.4	974.5
福　建	Fujian	1151.9	1150.7	337.6	336.3	2014.0	3062.7
江　西	Jiangxi	1424.0	1405.3	378.4	359.7	2444.5	3155.3
山　东	Shandong	291.7	191.1	172.3	71.7	1068.1	300.4
河　南	Henan	213.1	123.1	147.1	57.2	954.4	226.4
湖　北	Hubei	790.1	756.6	251.3	217.8	1927.0	1364.9
湖　南	Hunan	1582.0	1574.3	382.1	374.5	2868.4	2373.6
广　东	Guangdong	2263.2	2253.7	532.5	523.1	3869.9	2131.2
广　西	Guangxi	2057.3	2056.3	478.1	477.1	4014.3	4376.8
海　南	Hainan	502.1	496.5	119.5	113.9	817.5	5636.8
重　庆	Chongqing	474.3	474.3	96.4	96.4	876.4	1603.9
四　川	Sichuan	2470.3	2469.1	607.5	606.4	5044.1	3052.9
贵　州	Guizhou	759.4	759.4	235.6	235.6	1729.9	2174.2
云　南	Yunnan	1706.7	1706.7	573.3	573.3	4560.6	3652.2
西　藏	Tibet	4415.7	4415.7	991.7	991.7	6908.6	142530.6
陕　西	Shaanxi	353.8	331.5	118.5	96.2	1456.9	941.3
甘　肃	Gansu	268.9	262.2	138.9	132.2	1291.2	1042.3
青　海	Qinghai	645.6	629.5	290.8	274.7	2134.4	11216.6
宁　夏	Ningxia	11.4	9.5	22.1	20.2	165.1	175.3
新　疆	Xinjiang	956.0	905.6	560.2	509.8	3040.7	4251.9

1-19 2013年水资源量（按水资源分区分）

Water Resources in 2013 (by Water Resources Sub-region)

单位：亿立方米　　unit: 10^8m^3

水资源一级区	Grade-I Water Resources Sub-region	水资源总量 Total Available Water Resources	地表水资源量 Surface Water Resources	地下水资源量 Groundwater Resources	地表水与地下水资源重复量 Duplicated Amount of Surface Water and Groundwater	降水总量 Total Precipitation
全　国	**Total**	**27957.9**	**26839.5**	**8081.1**	**6962.7**	**62674.4**
松花江区	Songhua River	2725.2	2459.1	618.7	352.6	6300.4
辽河区	Liaohe River	632.7	539.4	222.0	128.6	1807.6
海河区	Haihe River	356.3	176.2	259.8	79.6	1750.9
黄河区	Yellow River	683.0	578.3	381.2	276.5	3828.6
淮河区	Huaihe River	671.2	451.6	345.6	125.9	2339.8
长江区	Yangtze River	8797.1	8674.6	2336.2	2213.6	18354.0
其中：太湖流域	Among Which: Taihu Lake	160.5	139.9	41.5	20.9	402.4
东南诸河区	Rivers in Southeast	1912.0	1902.1	498.8	488.8	3355.0
珠江区	Pearl River	5303.2	5287.0	1257.1	1241.0	10080.7
西南诸河区	Rivers in Southwest	5437.6	5437.6	1295.7	1295.7	8939.7
西北诸河区	Rivers in Northwest	1439.4	1333.7	866.1	760.4	5917.7

1-20　2013年河流水质状况（按水资源分区分）

Water Quality of Rivers of 2013 (by Water Resources Sub-region)

水资源一级区	Grade-Ⅰ Water Resources Sub-region	评价河长/千米 Assessed River Length /km	分类河长占评价河长百分比/% Percentage of Classed River Length to the Total Assessed/%					
			Ⅰ类 Class-Ⅰ	Ⅱ类 Class-Ⅱ	Ⅲ类 Class-Ⅲ	Ⅳ类 Class-Ⅳ	Ⅴ类 Class-Ⅴ	劣Ⅴ类 Inferior to Class-Ⅴ
全　国	**Total**	**208474**	**4.8**	**42.5**	**21.3**	**10.8**	**5.7**	**14.9**
松花江区	Songhua River	12987		10.2	42.5	28.5	8.9	9.9
辽河区	Liaohe River	5092	1.2	39.6	14.0	16.4	8.2	20.6
海河区	Haihe River	15328	1.6	17.0	14.7	8.4	10.2	48.1
黄河区	Yellow River	21311	4.8	35.7	19.6	10.1	4.8	25.0
淮河区	Huaihe River	26694	0.5	9.5	28.6	27.1	10.8	23.5
长江区	Yangtze River	59648	6.0	47.9	20.5	8.4	5.6	11.6
其中：太湖流域	Among Which: Taihu Lake	5925		3.8	16.5	27.2	24.7	27.8
东南诸河区	Rivers in Southeast	6458	2.9	53.3	28.0	7.6	3.0	5.2
珠江区	Pearl River	22917	3.2	65.7	17.8	3.9	3.4	6.0
西南诸河区	Rivers in Southwest	17619	3.9	66.2	25.6	2.1	1.2	1.0
西北诸河区	Rivers in Northwest	20420	16.6	67.0	7.5	3.0	1.7	4.2

1-21 2013年全国重点湖泊水质及富营养化状况

Water Quality and Eutrophication Condition of Lakes in 2013

湖泊名称 Lake	所属行政区 Region	总体水质类别 Water Quality	营养状况 Eutrophication Condition
太湖（含五里湖） Taihu Lake(Including Wuli Lake)	江苏、浙江、上海 Jiangsu, Zhejiang, Shanghai	Ⅳ Class-Ⅳ	轻度富营养 Lighteutropher
白洋淀 Baiyangdian Lake	河北 Hebei	Ⅴ Class-Ⅴ	中度富营养 Middleeutropher
洪泽湖 Hongze Lake	江苏 Jiangsu	Ⅳ Class-Ⅳ	轻度富营养 Lighteutropher
查干湖 Chagan Lake	吉林 Jilin	Ⅴ Class-Ⅴ	轻度富营养 Lighteutropher
骆马湖 Luoma Lake	江苏 Jiangsu	Ⅲ Class-Ⅲ	轻度富营养 Lighteutropher
白马湖 Baima Lake	江苏 Jiangsu	Ⅳ Class-Ⅳ	轻度富营养 Lighteutropher
高邮湖 Gaoyou Lake	江苏 Jiangsu	Ⅳ Class-Ⅳ	轻度富营养 Lighteutropher
巢湖 Chaohu Lake	安徽 Anhui	Ⅴ Class-Ⅴ	中度富营养 Middleeutropher
鄱阳湖 Poyang Lake	江西 Jiangxi	Ⅴ Class-Ⅴ	中营养 Mesotropher
南四湖 Nansihu Lakes	山东、江苏 Shandong，Jiangsu	Ⅲ Class-Ⅲ	中营养 Mesotropher
邵伯湖 Shaobo Lake	江苏 Jiangsu	Ⅳ Class-Ⅳ	中度富营养 Middleeutropher
洪湖 Honghu Lake	湖北 Hubei	Ⅳ Class-Ⅳ	中营养 Mesotropher
长湖 Changhu Lake	湖北 Hubei	Ⅲ Class-Ⅲ	中营养 Mesotropher
梁子湖 Liangzi Lake	湖北 Hubei	Ⅱ Class-Ⅱ	轻度富营养 Lighteutropher
龙感湖 Longgan Lake	湖北、安徽 Hubei、Anhui	Ⅲ Class-Ⅲ	轻度富营养 Lighteutropher
洞庭湖 Dongting Lake	湖南 Hunan	Ⅳ Class-Ⅳ	轻度富营养 Lighteutropher
宝应湖 Baoying Lake	江苏 Jiangsu	Ⅳ Class-Ⅳ	轻度富营养 Lighteutropher
滆湖 Gehu Lake	江苏 Jiangsu	劣Ⅴ Inferior to Class-Ⅴ	中度富营养 Middleeutropher
石臼湖 Shijiu Lake	江苏、安徽 Jiangsu、Anhui	Ⅳ Class-Ⅳ	轻度富营养 Lighteutropher
大官湖黄湖 Daguanhuhuanghu Lake	安徽 Anhui	Ⅲ Class-Ⅲ	中营养 Mesotropher
升金湖 Shengjin Lake	安徽 Anhui	Ⅲ Class-Ⅲ	中营养 Mesotropher
菜子湖 Caizi Lake	安徽 Anhui	Ⅳ Class-Ⅳ	中营养 Mesotropher
南漪湖 Nanyi Lake	安徽 Anhui	Ⅳ Class-Ⅳ	轻度富营养 Lighteutropher

1-21 续表 continued

湖泊名称 Lake	所属行政区 Region	总体水质类别 Water Quality	营养状况 Eutrophication Condition
滇池 Dianchi Lake	云南 Yunnan	劣Ⅴ Inferior to Class-Ⅴ	中度富营养 Middleeutropher
抚仙湖 Fuxian Lake	云南 Yunnan	Ⅱ Class-Ⅱ	中营养 Mesotropher
城西湖 Chengxi Lake	安徽 Anhui	Ⅴ Class-Ⅴ	轻度富营养 Lighteutropher
城东湖 Chengdong Lake	安徽 Anhui	Ⅳ Class-Ⅳ	轻度富营养 Lighteutropher
女山湖 Nushan Lake	安徽 Anhui	Ⅴ Class-Ⅴ	轻度富营养 Lighteutropher
洱海 Erhai Lake	云南 Yunnan	Ⅲ Class-Ⅲ	中营养 Mesotropher
纳木错 Namtso Lake	西藏 Tibet	劣Ⅴ Inferior to Class-Ⅴ	中营养 Mesotropher
普莫雍错 Pumoyongcuo Lake	西藏 Tibet	劣Ⅴ Inferior to Class-Ⅴ	中营养 Mesotropher
羊卓雍错 Yamdrok Lake	西藏 Tibet	劣Ⅴ Inferior to Class-Ⅴ	中营养 Mesotropher
青海湖 Qinghai Lake	青海 Qinghai	Ⅱ Class-Ⅱ	中营养 Mesotropher
瓦埠湖 Wabu Lake	安徽 Anhui	Ⅳ Class-Ⅳ	轻度富营养 Lighteutropher
乌伦古湖 Wulungu Lake	新疆 Xinjiang	劣Ⅴ Inferior to Class-Ⅴ	中度富营养 Middleeutropher
赛里木湖 Sailimu Lake	新疆 Xinjiang	Ⅰ Class-Ⅰ	中营养 Mesotropher
博斯腾湖 Bostan Lake	新疆 Xinjiang	Ⅲ Class-Ⅲ	中营养 Mesotropher
泊湖 Pohu Lake	安徽 Anhui	Ⅲ Class-Ⅲ	中营养 Mesotropher
东平湖 Dongping Lake	山东 Shandong	Ⅲ Class-Ⅲ	轻度富营养 Lighteutropher
斧头湖 Futou Lake	湖北 Hubei	Ⅳ Class-Ⅳ	中营养 Mesotropher
班公错 Bangongcuo Lake	西藏 Tibet	Ⅱ Class-Ⅱ	中营养 Mesotropher
佩枯错 Peikucuo Lake	西藏 Tibet	劣Ⅴ Inferior to Class-Ⅴ	中营养 Mesotropher
克鲁克湖 Keluke Lake	青海 Qinghai	Ⅱ Class-Ⅱ	中营养 Mesotropher
艾比湖 Aibi Lake	新疆 Xinjiang	劣Ⅴ Inferior to Class-Ⅴ	轻度富营养 Lighteutropher
金沙滩 Jinshatan Lake	新疆 Xinjiang	Ⅲ Class-Ⅲ	中营养 Mesotropher

主要统计指标解释

地表水资源量 河流、湖泊以及冰川等地表水体中可以逐年更新的动态水量，即天然河川径流量。

地下水资源量 地下饱和含水层逐年更新的动态水量，即降水和地表水入渗对地下水的补给量。

水资源总量 当地降水形成的地表和地下产水总量，即地表径流量与降水入渗补给量之和。

降水量 从天空降落到地面的液态或固态（经融化后）水，未经蒸发、渗透、流失而在地面上积聚的深度。其统计计算方法为：月降水量是将全月各日的降水量累加而得；年降水量是将12个月的月降水量累加而得。

径流量 在一定时段内通过河流某一过水断面的水量。计算公式为：径流量=降水量－蒸发量。

内陆水域面积 江、河、湖泊、坑塘、塘堰、水库等各种流水或蓄水的水面占地面积。

流域面积 每条河流都有自己的干流和支流，干支流共同组成这条河流的水系。每条河流都有自己的集水区域，这个集水区域就称为该河流的流域，流域面积是该流域区域的总面积。

水质等级 水质等级根据《地表水环境质量标准》（GB 3838—2002）确定。依据地表水水域环境功能和保护目标，按功能高低依次划分为五类：

Ⅰ类：主要适用于源头水、国家自然保护区；

Ⅱ类：主要适用于集中式生活饮用水地表水源地一级保护区、珍稀水生生物栖息地、鱼虾类产场、仔稚幼鱼的索饵场等；

Ⅲ类：主要适用于集中式生活饮用水地表水源地二级保护区、鱼虾类越冬场、洄游通道、水产养殖区等渔业水域及游泳区；

Ⅳ类：主要适用于一般工业用水区及人体非直接接触的娱乐用水区；

Ⅴ类：主要适用于农业用水区及一般景观要求水域。

Explanatory Notes of Main Statistical Indicators

Surface water resources Dynamic quantity of water that is renewable year by year in surface water bodies such as rivers, lakes or glaciers; it also means the quantity of natural river runoff.

Groundwater resources Quantity of recharge of precipitation and surface water to the saturated rock and clay, including infiltration recharge of precipitation and surface water bodies of river courses, lakes, reservoirs, canal system and irrigation field.

Total Available water resources Total available surface and underground water that is formed by local precipitation, i.e. the sum of surface runoff and underground water infiltrated by precipitation recharge.

Precipitation Accumulative depth of water in liquid or solid (after melting) states from the sky to the ground without evaporation, infiltration and running off. Its calculation methods are as follows: monthly precipitation shall be the total sum of everyday rainfall in a month; annual precipitation shall be the total sum of rainfalls of twelve months.

Amount of runoff Water quantity runs through a water carrying section of a river during a fixed period of time. The calculation formula: runoff = precipitation – evaporation.

Inland water area Total land area occupied by running or stored water, including river, lake, pond, weir or reservoir etc.

Drainage area Each river has its own mainstream and tributaries that jointly form the water system of this river. Each river has its own water catchment area, and this catchment is called the river basin of this river. The area of a river basin is the total area of its catchments.

Classification of water quality Classification of water quality is based on ***Environmental quality standards for surface water*** (GB 3838-2002). Water quality is classified into five levels in sequence from high to low in line with environment functions and aims of protection of the surface water bodies.

Class-Ⅰ water can be used as source of drinking water and national nature reserve.

Class-Ⅱ water can be used as grade-I surface water source for centralized domestic drinking water supply, habitat of rare and endemic aquatic life, spawning ground for fish and shrimp, and feeding ground of juvenile and young fish.

Class-Ⅲ water can be used as grade-II surface water source for centralized domestic drinking water supply, wintering or migratory passage of fish and shrimp, water bodies used for fishery such as aquiculture and swimming.

Class-Ⅳ water can be used for industries and recreation without direct contact with human bodies.

Class-Ⅴ water can be used for irrigation and landscape watering.

2 江河治理

River Regulation

简要说明

江河治理统计资料主要包括水库数量、水库总库容、堤防长度与等级划分、水闸数量与类型、除涝面积以及除涝标准。

江河治理资料按水资源一级分区和地区分组。水库、堤防、水闸、除涝等历史数据汇总1974年至今的数据。

1. 水库统计范围为已建成水库，包括水利、电力、城建等部门建设的水库。因2007年湖南省对小型水库数量进行调减，因此对2000—2006年水库数量与库容进行相应调减。

2. 堤防统计范围为已建成或基本建成的河堤、湖堤、海堤、江堤、分洪区和行洪区围堤等各种堤防，生产堤、渠堤、排涝堤不做统计。本年鉴堤坊长度为五级及以上堤防长度。

3. 水闸统计范围为江河、湖泊上的防洪、分洪、节制、挡潮、排涝、引水灌溉等各种类型水闸，水库枢纽等建筑物上的水闸不包括在内。水闸流量不够10立方米每秒，不做统计。2012年始，水闸数量统计口径为水闸流量达到5立方米每秒。

4. 洪灾、旱灾及防治状况历史资料汇总1949年以来的数据，按地区整理。

5. 2012年，水库、堤防、水闸相关指标已与2011年水利普查数据进行了衔接。

Brief Introduction

Statistical data of rivers regulation mainly includes number of reservoirs, total storage capacity, embankment length and grade division, number and types of sluices and gates, drainage area and standard.

The data of river regulation is divided into groups in accordance with regions and basins. Historical data of reservoirs, embankments, water gates, waterlogging prevention areas is collected from 1974 until present.

1. The statistical data of reservoirs also covers reservoirs built by department of electricity or urban construction despite of water department. Due to the reduction for the number of small reservoirs of Hunan Province in 2007, the number of reservoirs and storage capacity in 2000-2006 were reduced accordingly.

2. The statistical scope of embankment covers various types such as river embankment and levee, lake embankment, sea dyke, embankment for flood retention and discharge basins, excluding embankment for production, canal and drainage purposes. The data of the length of embankment and dyke is about from Grade-Ⅰ to Grade-Ⅴ.

3. The statistical scope of sluice and gate covers various types of sluices and gates on rivers or lakes, such as those for flood control and flood diversion, control gate and tidal gate, and gate for drainage and irrigation. The gates built on the reservoirs are not included. The gates with a flow lower than 10 m^3/s are not included. Since 2012, only the gates with a flow higher than 5 m^3/s are included.

4. Historical data of flood and drought disasters, and summary of prevention and control status are collected from 1949 until present and classified according to regions.

5. The data of reservoir, embankment and sluice and gate in 2012 is integrated with the First National Census for Water in 2011.

2-1 主 要 指 标

Key Indicators

指标名称 Item	单位	unit	2007	2008	2009	2010	2011	2012	2013
水库 Reservoir	座	unit	85412	86353	87151	87873	88605	97543	97721
总库容 Total Storage	亿立方米	10^8m^3	6345	6924	7064	7162	7201	8255	8298
大型 Large Reservoir	座	unit	493	529	544	552	567	683	687
总库容 Total Storage	亿立方米	10^8m^3	4836	5386	5506	5594	5602	6493	6529
中型 Medium Reservoir	座	unit	3110	3181	3259	3269	3346	3758	3774
总库容 Total Storage	亿立方米	10^8m^3	883	910	921	930	954	1064	1070
小型 Small Reservoir	座	unit	81809	82643	83348	84052	84692	93102	93260
总库容 Total Storage	亿立方米	10^8m^3	625	628	636	638	645	698	700
堤防 Embankment and Dyke	千米	km	283770	286896	291420	294104	299911	271661	276823
保护耕地面积 Protected Cultivated Area	千公顷	10^3ha	45518	45712	46547	46831	42625	42597	42573
保护人口 Protected Population	万人	10^4persons	56487	57289	58978	59853	57216	56566	57138
水闸 Water Gate	座	unit	41110	43829	42523	43300	44306	97256	98192
大型 Large Gate	座	unit	438	504	565	567	599	862	870
中型 Medium Gate	座	unit	3531	4182	4661	4692	4767	6308	6336
小型 Small Gate	座	unit	37141	39143	37297	38041	38942	90086	90986
除涝面积 Drainage Area	千公顷	10^3ha	21419	21425	21584	21692	21722	21857	21943

2-2 历年已建成水库数量、库容和耕地灌溉面积

Number, Storage Capacity and Effective Irrigated Area of Completed Reservoirs by Year

年份 Year	已建成水库 Completed Reservoirs			大型水库 Large Reservoir			中型水库 Medium Reservoir			小型水库 Small Reservoir		
	座数/座 Number/unit	总库容/亿立方米 Total Storage Capacity/10^8m^3	耕地灌溉面积/千公顷 Effective Irrigated Area/10^3ha	座数/座 Number/unit	总库容/亿立方米 Total Storage Capacity/10^8m^3	耕地灌溉面积/千公顷 Effective Irrigated Area/10^3ha	座数/座 Number/unit	总库容/亿立方米 Total Storage Capacity/10^8m^3	耕地灌溉面积/千公顷 Effective Irrigated Area/10^3ha	座数/座 Number/unit	总库容/亿立方米 Total Storage Capacity/10^8m^3	耕地灌溉面积/千公顷 Effective Irrigated Area/10^3ha
1975	73650	3624	14160	300	2667	5784	1982	504	3545	71368	453	4831
1976	78473	3688	16007	304	2879	7055	2057	331	3810	76112	478	5155
1977	81501	3948	16210	308	2887	7115	2129	558	3895	79064	503	5199
1978	84585	4012	16418	311	2896	7075	2205	585	4058	82069	531	5285
1979	86132	4081	16806	319	2945	7159	2252	593	4164	83561	543	5483
1980	86822	4130	15989	326	2975	6255	2298	605	4213	84198	550	5522
1981	86881	4169	15806	328	2989	6080	2333	622	4253	84220	558	5473
1982	86900	4188	15943	331	2994	6217	2353	632	4318	84216	562	5408
1983	86567	4208	15671	335	3007	6081	2367	640	4251	83865	561	5339
1984	84998	4292	15833	338	3068	6280	2387	658	4232	82273	566	5321
1985	83219	4301	15760	340	3076	6407	2401	661	4206	80478	564	5147
1986	82716	4432	15749	350	3199	6408	2115	666	4189	79951	567	5153
1987	82870	4475	15902	353	3233	6449	2428	672	4257	80089	570	5196
1988	82937	4504	15801	355	3252	6399	2462	681	4201	80120	571	5201
1989	82848	4617	15826	358	3357	6409	2480	688	4254	80010	572	5163
1990	83387	4660	15809	366	3397	6431	2499	690	4205	80522	573	5173
1991	83799	4678		367	3400		2524	698		80908	579	
1992	84130	4688		369	3407		2538	700		81223	580	
1993	84614	4717		374	3425		2562	707		81678	583	
1994	84558	4751		381	3456		2572	713		81605	582	
1995	84775	4797		387	3493		2593	719		81795	585	
1996	84905	4571		394	3260		2618	724		81893	587	
1997	84837	4583		397	3267		2634	729		81806	587	
1998	84944	4930		403	3595		2653	736		81888	598	
1999	85119	4499		400	3164		2681	743		82039	593	
2000	83260	5183		420	3843		2704	746		80136	593	
2001	83542	5280		433	3927		2736	758		80373	595	
2002	83960	5594		445	4230		2781	768		80734	596	
2003	84091	5657		453	4279		2827	783		80811	596	
2004	84363	5541		460	4147		2869	796		81034	598	
2005	84577	5623		470	4197		2934	826		81173	601	
2006	85249	5841		482	4379		3000	852		81767	610	
2007	85412	6345		493	4836		3110	883		81809	625	
2008	86353	6924		529	5386		3181	910		82643	628	
2009	87151	7064		544	5506		3259	921		83348	636	
2010	87873	7162		552	5594		3269	930		84052	638	
2011	88605	7201		567	5602		3346	954		84692	645	
2012	97543	8255		683	6493		3758	1064		93102	698	
2013	97721	8298		687	6529		3774	1070		93260	700	

2-3 2013年已建成水库数量和库容（按地区分）

Number and Storage Capacity of Completed Reservoirs in 2013 (by Region)

地区	Region	已建成水库 Completed Reservoirs 座数/座 Number/unit	已建成水库 Completed Reservoirs 总库容/亿立方米 Total Storage Capacity/10^8m^3	大型水库 Large Reservoir 座数/座 Number/unit	大型水库 Large Reservoir 总库容/亿立方米 Total Storage Capacity/10^8m^3	中型水库 Medium Reservoir 座数/座 Number/unit	中型水库 Medium Reservoir 总库容/亿立方米 Total Storage Capacity/10^8m^3	小型水库 Small Reservoir 座数/座 Number/unit	小型水库 Small Reservoir 总库容/亿立方米 Total Storage Capacity/10^8m^3
合　计	**Total**	**97721**	**8298**	**687**	**6529**	**3774**	**1070**	**93260**	**700**
北　京	Beijing	86	52	3	46	17	5	66	1
天　津	Tianjin	28	27	3	22	11	4	14	0.4
河　北	Hebei	1078	206	23	182	47	17	1008	8
山　西	Shanxi	642	69	12	40	68	20	562	9
内蒙古	Inner Mongolia	586	103	15	61	89	31	482	10
辽　宁	Liaoning	911	359	33	327	76	22	802	10
吉　林	Jilin	1625	334	19	290	102	31	1504	14
黑龙江	Heilongjiang	1133	263	27	214	97	31	1009	17
上　海	Shanghai	4	5	1	5	1	0.1	2	0.1
江　苏	Jiangsu	1077	35	6	13	45	12	1026	11
浙　江	Zhejiang	4331	444	33	370	156	45	4142	29
安　徽	Anhui	5821	324	16	263	111	31	5694	30
福　建	Fujian	3662	199	21	123	181	48	3460	29
江　西	Jiangxi	10796	304	28	176	258	62	10510	66
山　东	Shandong	6418	218	37	129	202	52	6179	36
河　南	Henan	2663	419	25	364	121	35	2517	21
湖　北	Hubei	6544	1216	75	1090	281	78	6188	48
湖　南	Hunan	14089	497	42	334	354	92	13693	71
广　东	Guangdong	8410	445	36	286	342	94	8032	65
广　西	Guangxi	4544	674	57	558	228	67	4259	48
海　南	Hainan	1094	105	8	70	74	22	1012	12
重　庆	Chongqing	2982	117	17	75	87	23	2878	18
四　川	Sichuan	8081	322	33	222	191	54	7857	46
贵　州	Guizhou	2316	433	22	384	89	27	2205	21
云　南	Yunnan	6060	374	29	274	242	62	5789	39
西　藏	Tibet	97	34	7	29	11	4	79	1
陕　西	Shaanxi	1110	88	11	50	75	27	1024	12
甘　肃	Gansu	377	105	8	84	42	15	327	6
青　海	Qinghai	199	316	9	310	14	3	176	3
宁　夏	Ningxia	311	27	1	7	32	12	278	7
新　疆	Xinjiang	646	183	30	129	130	42	486	12

2-4 2013年已建成水库数量和库容（按水资源分区分）

Number and Storage Capacity of Completed Reservoirs in 2013 (by Water Resources Sub-region)

水资源一级区	Grade-Ⅰ Water Resources Sub-region	已建成水库 Completed Reservoirs		大型水库 Large Reservoir		中型水库 Medium Reservoir		小型水库 Small Reservoir	
		座数/座 Number/unit	总库容/亿立方米 Total Storage Capacity /10^8m^3	座数/座 Number/unit	总库容/亿立方米 Total Storage Capacity /10^8m^3	座数/座 Number/unit	总库容/亿立方米 Total Storage Capacity /10^8m^3	座数/座 Number/unit	总库容/亿立方米 Total Storage Capacity /10^8m^3
合　计	**Total**	**97721**	**8298**	**687**	**6529**	**3774**	**1070**	**93260**	**700**
松花江区	Songhua River	2786	567	47	467	211	69	2528	32
辽河区	Liaohe River	1159	470	46	424	111	32	1002	14
海河区	Haihe River	2104	357	39	286	172	52	1893	20
黄河区	Yellow River	3278	822	32	706	223	73	3023	42
淮河区	Huaihe River	10992	546	63	397	314	87	10615	64
长江区	Yangtze River	51801	3031	250	2321	1476	395	50075	313
东南诸河区	Rivers in Southeast	7364	620	46	480	318	86	7000	54
珠江区	Pearl River	15649	1395	105	1062	703	198	14841	133
西南诸河区	Rivers in Southwest	1712	287	26	251	89	23	1597	13
西北诸河区	Rivers in Northwest	876	202	33	134	157	51	686	15

2-5　2013 年已建成水库数量和库容（按水资源分区和地区分）

Number and Storage Capacity of Completed Reservoirs in 2013 (by Water Resources Sub-region and Region)

地区	Region	已建成水库 Completed Reservoirs		大型水库 Large Reservoir		中型水库 Medium Reservoir		小型水库 Small Reservoir	
		座数/座 Number/unit	总库容/亿立方米 Total Storage Capacity /10^8m^3	座数/座 Number/unit	总库容/亿立方米 Total Storage Capacity /10^8m^3	座数/座 Number/unit	总库容/亿立方米 Total Storage Capacity /10^8m^3	座数/座 Number/unit	总库容/亿立方米 Total Storage Capacity /10^8m^3
松花江区	**Songhua River**	**2786**	**567**	**47**	**467**	**211**	**69**	**2528**	**32**
内蒙古	Inner Mongolia	92	32	4	21	25	10	63	2
吉　林	Jilin	1561	272	16	232	89	28	1456	13
黑龙江	Heilongjiang	1133	263	27	214	97	31	1009	17
辽河区	**Liaohe River**	**1159**	**470**	**46**	**424**	**111**	**32**	**1002**	**14**
内蒙古	Inner Mongolia	196	49	10	39	22	7	164	3
辽　宁	Liaoning	899	359	33	327	76	22	790	10
吉　林	Jilin	64	62	3	58	13	3	48	1
海河区	**Haihe River**	**2104**	**357**	**39**	**286**	**172**	**52**	**1893**	**20**
北　京	Beijing	86	52	3	46	17	5	66	1
天　津	Tianjin	28	27	3	22	11	4	14	
河　北	Hebei	1078	206	23	182	47	17	1008	8
山　西	Shanxi	402	48	8	29	49	13	345	6
内蒙古	Inner Mongolia	35	2			8	2	27	1
辽　宁	Liaoning	12						12	
山　东	Shandong	222	8			21	5	201	3
河　南	Henan	241	14	2	7	19	6	220	1
黄河区	**Yellow River**	**3278**	**822**	**32**	**706**	**223**	**73**	**3023**	**42**
山　西	Shanxi	240	21	4	11	19	7	217	3
内蒙古	Inner Mongolia	217	17	1	1	28	11	188	5
山　东	Shandong	967	54	3	43	23	6	941	6
河　南	Henan	564	264	6	251	31	7	527	6
陕　西	Shaanxi	614	42	5	11	60	22	549	8
甘　肃	Gansu	185	84	4	74	19	6	162	4
青　海	Qinghai	180	313	8	308	11	2	161	3
宁　夏	Ningxia	311	27	1	7	32	12	278	7
淮河区	**Huaihe River**	**10992**	**546**	**63**	**397**	**314**	**87**	**10615**	**64**
江　苏	Jiangsu	630	23	3	9	26	8	601	7
安　徽	Anhui	3434	234	10	196	74	21	3350	18
山　东	Shandong	5229	156	34	87	158	41	5037	27
河　南	Henan	1699	133	16	105	56	17	1627	12

2-5 续表 continued

地区	Region	已建成水库 Completed Reservoirs 座数/座 Number/unit	已建成水库 Completed Reservoirs 总库容/亿立方米 Total Storage Capacity $/10^8m^3$	大型水库 Large Reservoir 座数/座 Number/unit	大型水库 Large Reservoir 总库容/亿立方米 Total Storage Capacity $/10^8m^3$	中型水库 Medium Reservoir 座数/座 Number/unit	中型水库 Medium Reservoir 总库容/亿立方米 Total Storage Capacity $/10^8m^3$	小型水库 Small Reservoir 座数/座 Number/unit	小型水库 Small Reservoir 总库容/亿立方米 Total Storage Capacity $/10^8m^3$
长江区	**Yangtze River**	**51801**	**3031**	**250**	**2321**	**1476**	**395**	**50075**	**313**
上海	Shanghai	4	5	1	5	1		2	
江苏	Jiangsu	447	11	3	3	19	4	425	4
浙江	Zhejiang	686	24	8	13	20	8	658	3
安徽	Anhui	2330	89	6	67	36	9	2288	12
江西	Jiangxi	10796	304	28	176	258	62	10510	66
河南	Henan	159	7	1	1	15	5	143	2
湖北	Hubei	6544	1216	75	1090	281	78	6188	48
湖南	Hunan	13701	492	42	334	343	88	13316	69
广西	Guangxi	384	23	4	10	21	8	359	5
重庆	Chongqing	2982	117	17	75	87	23	2878	18
四川	Sichuan	8081	322	33	222	191	54	7857	46
贵州	Guizhou	1974	279	18	238	70	23	1886	18
云南	Yunnan	3190	86	6	40	114	27	3070	19
陕西	Shaanxi	496	47	6	39	15	5	475	3
甘肃	Gansu	17	6	1	5	3	1	13	
青海	Qinghai	10	3	1	3	2		7	
东南诸河区	**Rivers in Southeast**	**7364**	**620**	**46**	**480**	**318**	**86**	**7000**	**54**
浙江	Zhejiang	3645	420	25	357	136	37	3484	25
安徽	Anhui	57	1			1	1	56	
福建	Fujian	3662	199	21	123	181	48	3460	29
珠江区	**Pearl River**	**15649**	**1395**	**105**	**1062**	**703**	**198**	**14841**	**133**
湖南	Hunan	388	5			11	3	377	2
广东	Guangdong	8410	445	36	286	342	94	8032	65
广西	Guangxi	4160	651	53	548	207	59	3900	43
海南	Hainan	1094	105	8	70	74	22	1012	12
贵州	Guizhou	342	154	4	146	19	4	319	3
云南	Yunnan	1255	35	4	12	50	16	1201	8
西南诸河区	**Rivers in Southwest**	**1712**	**287**	**26**	**251**	**89**	**23**	**1597**	**13**
云南	Yunnan	1615	253	19	222	78	19	1518	12
西藏	Tibet	97	34	7	29	11	4	79	1
青海	Qinghai								
西北诸河区	**Rivers in Northwest**	**876**	**202**	**33**	**134**	**157**	**51**	**686**	**15**
内蒙古	Inner Mongolia	46	2			6	1	40	1
甘肃	Gansu	175	16	3	5	20	8	152	2
青海	Qinghai	9	1			1		8	
新疆	Xinjiang	646	183	30	129	130	42	486	12

2-6 历年堤防长度、保护耕地、保护人口和达标长度

Length of Embankment and Dyke, Protected Farmland and Population, Length of Up-to-Standard Embankment and Dyke by Year

年份 Year	长度 /千米 Length /km	保护耕地 /千公顷 Protected Farmland /10³ha	保护人口 /万人 Protected Population /10⁴ persons	累计达标堤防长度 /千米 Accumulated Up-to-Standard Embankment and Dyke /km	#1级、2级堤防 Grade-Ⅰ and Grade-Ⅱ Embankment and Dyke	新增达标堤防长度 /千米 Newly-increased Up-to-Standard Embankment and Dyke /km	主要堤防 Key Embankment & Dyke: 长度 /千米 Length /km	主要堤防 Key Embankment & Dyke: 保护面积 /千公顷 Protected Farmland /10³ha	一般堤防 General Embankment & Dyke: 长度 /千米 Length /km	一般堤防 General Embankment & Dyke: 保护面积 /千公顷 Protected Farmland /10³ha
1975	149141	29245					46041	19931	103100	9315
1976	158285	32204					46370	22521	111915	9683
1977	165774	32197					43110	20990	122664	11207
1978	164585	31924					44024	21235	120561	10689
1979	168276	32086					43349	20374	124927	11712
1980	170645	33621					43257	22363	127388	11258
1981	170644	33621					43256	22363	127388	11258
1982	170645	33621					43256	22363	127389	11258
1983	175499	33882					46125	22335	129374	11547
1984	178958	35459					53046	22912	125912	12547
1985	177048	31060					53739	20714	123309	10346
1986	185045	31665					55706	21279	129339	10387
1987	200175	32205					56067	21131	144108	11073
1988	203709	32330					56267	21115	147442	11215
1989	216979	31966					56634	20785	160345	11180
1990	225770	31616					57499	20954	168271	10661
1991	237746	29507					59536	18257	178210	11251
1992	242246	29565					60112	18521	182134	11044
1993	245130	30885					61140	18639	183990	12246
1994	245876	30246					61803	18337	184073	11910
1995	246680	30609					63423	18777	183257	11833
1996	248243	32686					64706	21638	183537	11048
1997	250815	40476					65729	26982	185086	13493
1998	258600	36289					69879	24840	188721	11449
1999	266278	38575					74021	26014	192257	12561
2000	270364	39595	46586				76769	27458	193595	12137
2001	273401	40671	47939	76532	15875	8369				
2002	273786	42862	50049	82395	21181	11426				
2003	275171	43875	51304	88030	22854	5634				
2004	277305	43934	53065	94634	22679	6647				
2005	277450	44121	54174	98147	23240	3856				
2006	280850	45486	55403	106334	23609	5883				
2007	283770	45518	56487	109349	24347	4243				
2008	286896	45712	57289	112837	25309	5115				
2009	291420	46547	58978	116739	26256	4515				
2010	294104	46831	59853	121440	27865	4697				
2011	299911	42625	57216	128557	28419	7413				
2012	271661	42597	56566	177490	27949	11080				
2013	276823	42573	57138	179763	29452	9170				

2-7 2013 年堤防长度、保护耕地、保护人口和达标长度（按地区分）

Length of Embankment and Dyke, Protected Farmland and Population, Length of Up-to-Standard Embankment and Dyke in 2013 (by Region)

地区	Region	长度 /千米 Length /km	保护耕地 /千公顷 Protected Farmland /10^3ha	保护人口 /万人 Protected Population /10^4persons	累计达标堤防长度 /千米 Accumulated Length of Up-to-Standard Embankment and Dyke /km	#1 级、2 级堤防 Grade-Ⅰ and Grade-Ⅱ Embankment and Dyke	新增达标堤防长度 /千米 Newly-increased Length of Up-to-Standard Embankment and Dyke /km
合 计	**Total**	**276823**	**42573**	**57138**	**179763**	**29452**	**9170**
北 京	Beijing	1421	205	342	1306	515	13
天 津	Tianjin	2162	377	1080	791	636	114
河 北	Hebei	9861	5707	5696	4178	1495	98
山 西	Shanxi	6067	400	642	4502	465	230
内蒙古	Inner Mongolia	5650	1535	1045	3959	1010	248
辽 宁	Liaoning	11624	959	1154	9572	2318	150
吉 林	Jilin	6787	1691	828	3678	1264	102
黑龙江	Heilongjiang	12677	3439	1094	4482	758	579
上 海	Shanghai	1954	184	820	1714	750	
江 苏	Jiangsu	49534	2105	3519	39303	4565	616
浙 江	Zhejiang	17633	1226	3405	14409	999	524
安 徽	Anhui	21150	2581	3509	12329	2530	325
福 建	Fujian	4212	343	1276	3206	211	248
江 西	Jiangxi	7098	509	1086	3489	333	159
山 东	Shandong	22054	5920	6638	16288	3853	359
河 南	Henan	14940	6900	7880	10383	1377	361
湖 北	Hubei	17627	1893	3625	4569	1218	189
湖 南	Hunan	12013	1556	2004	3725	1071	253
广 东	Guangdong	21136	1099	4461	11723	2182	84
广 西	Guangxi	2119	148	793	1270	119	163
海 南	Hainan	601	12	43	417	36	21
重 庆	Chongqing	1338	66	426	1255	53	206
四 川	Sichuan	4321	645	1859	3809	172	384
贵 州	Guizhou	2181	196	549	2088	202	331
云 南	Yunnan	5035	364	618	3949	163	459
西 藏	Tibet	1221	6	13	1224	126	323
陕 西	Shaanxi	4294	551	965	3455	595	606
甘 肃	Gansu	4918	346	740	4247	209	1160
青 海	Qinghai	995	46	79	916	127	262
宁 夏	Ningxia	819	8	5	757		51
新 疆	Xinjiang	3380	1556	942	2771	99	555

2-8　2013 年堤防长度、保护耕地、保护人口和达标长度（按水资源分区分）

Length of Embankment and Dyke, Protected Farmland and Population, Length of Up-to-Standard Embankment and Dyke in 2013 (by Water Resources Sub-region)

水资源一级区	Grade-Ⅰ Water Resources Sub-region	长度/千米 Length /km	保护耕地/千公顷 Protected Farmland /10^3ha	保护人口/万人 Protected Population /10^4 persons	累计达标堤防长度/千米 Accumulated Length of Up-to-Standard Embankment and Dyke /km	#1 级、2 级堤防 Grade-Ⅰ and Grade-Ⅱ Embankment and Dyke	新增达标堤防长度/千米 Newly-increased Length of Up-to-Standard Embankment and Dyke /km
合　计	**Total**	**276823**	**42573**	**57138**	**179763**	**29452**	**9170**
松花江区	Songhua River	20415	5414	2187	9143	2194	681
辽河区	Liaohe River	14030	1406	1564	10892	2623	242
海河区	Haihe River	21921	7685	10594	12403	4412	423
黄河区	Yellow River	16132	8404	7019	13250	2436	1775
淮河区	Huaihe River	66979	7853	9741	50004	7143	924
长江区	Yangtze River	90320	7419	15374	52134	7396	2654
东南诸河区	Rivers in Southeast	12782	1073	3623	9966	604	619
珠江区	Pearl River	26151	1372	5522	15140	2348	419
西南诸河区	Rivers in Southwest	3251	197	320	2956	126	605
西北诸河区	Rivers in Northwest	4842	1749	1194	3876	170	829

2-9 2013 年堤防长度、保护耕地、保护人口和达标长度（按水资源分区和地区分）

Length of Embankment and Dyke, Protected Farmland and Population, Length of Up-to-Standard Embankment and Dyke in 2013 (by Water Resources Sub-region and Region)

地区	Region	长度 /千米 Length /km	保护耕地 /千公顷 Protected Farmland /10^3ha	保护人口 /万人 Protected Population /10^4persons	累计达标堤防长度 /千米 Accumulated Length of Up-to-Standard Embankment and Dyke /km	#1 级、2 级堤防 Grade-Ⅰ and Grade-Ⅱ Embankment and Dyke	新增达标堤防长度 /千米 Newly-increased Length of Up-to-Standard Embankment and Dyke /km
松花江区	**Songhua River**	**20415**	**5414**	**2187**	**9143**	**2194**	**681**
内蒙古	Inner Mongolia	1205	331	358	1200	178	6
吉林	Jilin	6533	1643	735	3462	1258	96
黑龙江	Heilongjiang	12677	3439	1094	4482	758	579
辽河区	**Liaohe River**	**14030**	**1406**	**1564**	**10892**	**2623**	**242**
内蒙古	Inner Mongolia	2217	402	317	1198	302	86
辽宁	Liaoning	11559	957	1154	9478	2315	150
吉林	Jilin	254	48	93	216	6	6
海河区	**Haihe River**	**21921**	**7685**	**10594**	**12403**	**4412**	**423**
北京	Beijing	1421	205	342	1306	515	13
天津	Tianjin	2162	377	1080	791	636	114
河北	Hebei	9861	5707	5696	4178	1495	98
山西	Shanxi	1970	162	245	1327	182	71
内蒙古	Inner Mongolia	94	3	24	91		48
辽宁	Liaoning	65	2	1	94	3	
山东	Shandong	5627	883	971	3964	1369	69
河南	Henan	720	346	2235	651	210	10
黄河区	**Yellow River**	**16132**	**8404**	**7019**	**13250**	**2436**	**1775**
山西	Shanxi	4096	237	397	3175	282	159
内蒙古	Inner Mongolia	1873	789	311	1275	530	83
山东	Shandong	837	2779	2885	583	37	36
河南	Henan	2317	4025	2200	2051	788	69
陕西	Shaanxi	2711	399	736	2171	551	409
甘肃	Gansu	2751	153	438	2529	124	749
青海	Qinghai	728	15	47	709	124	220
宁夏	Ningxia	819	8	5	757		51
淮河区	**Huaihe River**	**66979**	**7853**	**9741**	**50004**	**7143**	**924**
江苏	Jiangsu	30430	1424	1721	23648	2591	347
安徽	Anhui	9895	1914	2174	7586	1726	42
山东	Shandong	15591	2259	2782	11740	2447	253
河南	Henan	11063	2255	3064	7030	379	282

2-9 续表 continued

地区	Region	长度/千米 Length /km	保护耕地/千公顷 Protected Farmland /10³ha	保护人口/万人 Protected Population /10⁴persons	累计达标堤防长度/千米 Accumulated Length Up-to-Standard Embankment and Dyke /km	#1级、2级堤防 Grade-Ⅰ and Grade-Ⅱ Embankment and Dyke	新增达标堤防长度/千米 Newly-increased Length of Up-to-Standard Embankment and Dyke /km
长江区	**Yangtze River**	**90320**	**7419**	**15374**	**52134**	**7396**	**2654**
上海	Shanghai	1954	184	820	1714	750	
江苏	Jiangsu	19105	680	1799	15655	1974	270
浙江	Zhejiang	9063	496	1058	7649	605	153
安徽	Anhui	11255	667	1335	4743	804	283
江西	Jiangxi	7098	509	1086	3489	333	159
河南	Henan	840	273	381	652		
湖北	Hubei	17627	1893	3625	4569	1218	189
湖南	Hunan	11929	1547	1981	3648	1071	241
广西	Guangxi	36	22	46	34		27
重庆	Chongqing	1338	66	426	1255	53	206
四川	Sichuan	4321	645	1859	3809	172	384
贵州	Guizhou	1525	154	452	1407	191	227
云南	Yunnan	1431	92	161	1228	163	127
陕西	Shaanxi	1583	152	229	1284	45	197
甘肃	Gansu	1176	40	116	957	18	174
青海	Qinghai	40		2	40		18
东南诸河区	**Rivers in Southeast**	**12782**	**1073**	**3623**	**9966**	**604**	**619**
浙江	Zhejiang	8570	730	2347	6760	394	371
安徽	Anhui						
福建	Fujian	4212	343	1276	3206	211	248
珠江区	**Pearl River**	**26151**	**1372**	**5522**	**15140**	**2348**	**419**
湖南	Hunan	84	9	23	77		13
广东	Guangdong	21136	1099	4461	11723	2182	84
广西	Guangxi	2082	127	747	1236	119	136
海南	Hainan	601	12	43	417	36	21
贵州	Guizhou	655	42	98	681	12	104
云南	Yunnan	1592	82	149	1005		60.5
西南诸河区	**Rivers in Southwest**	**3251**	**197**	**320**	**2956**	**126**	**605**
云南	Yunnan	2012	190	307	1715		271
西藏	Tibet	1221	6	13	1224	126	323
青海	Qinghai	18			18		11
西北诸河区	**Rivers in Northwest**	**4842**	**1749**	**1194**	**3876**	**170**	**829**
内蒙古	Inner Mongolia	261	10	35	195		25
甘肃	Gansu	992	153	187	761	68	237
青海	Qinghai	209	31	30	149	3	13
新疆	Xinjiang	3380	1556	942	2771	99	555

2-10 历年水闸数量

Number of Water Gates by Year

单位：座 unit: unit

年份 Year	合计 Total	按过闸流量大小分 Classified According to Flow			按作用分 Classified According to Functions				
		大型 Large Gate	中型 Medium Gate	小型 Small Gate	分洪闸 Flood Diversion Gate	节制闸 Control Gate	排水闸 Drainage Gate	引水闸 Water Diversion Gate	挡潮闸 Tide Gate
1975	20998	224	1433	19341					
1976	23036	249	1513	21274					
1977	27073	256	1607	25210					
1978	25909	266	1732	23911					
1979	25694	241	1802	23651					
1980	26656	250	1783	24623					
1981	26834	252	1837	24745					
1982	24906	253	1949	22704					
1983	24980	263	1912	22805					
1984	24862	290	1941	22631					
1985	24816	294	1957	22565					
1986	25315	299	2032	22984					
1987	26131	299	2060	23772					
1988	26319	300	2060	23959					
1989	26739	308	2086	24345					
1990	27649	316	2126	25207					
1991	29390	320	2228	26842					
1992	30571	322	2296	27953					
1993	30730	325	2676	27729					
1994	31097	320	2740	28037					
1995	31434	333	2794	28307					
1996	31427	333	2821	28273					
1997	31697	340	2836	28521					
1998	31742	353	2910	28479					
1999	32918	359	3025	29534					
2000	33702	402	3115	30185					
2001	36875	410							
2002	39144	431							
2003	39834	416							
2004	39313	413							
2005	39839	405							
2006	41209	426	3495	37288					
2007	41110	438	3531	37141	2656	11663	14288	7562	4941
2008	41626	504	4182	36940	2647	11904	14381	7686	5008
2009	42523	565	4661	37297	2672	12824	14488	7895	4644
2010	43300	567	4692	38041	2797	12951	14676	8182	4694
2011	44306	599	4767	38940	2878	13313	14937	8427	4751
2012	97256	862	6308	90086	7962	55297	17229	10955	5813
2013	98192	870	6336	90986	7985	55758	17509	11106	5834

2-11　2013 年水闸数量（按地区分）

Number of Water Gates in 2013 (by Region)

单位：座　　　　unit: unit

地区	Region	合计 Total	按过闸流量大小分 Classified According to Flow			按作用分 Classified According to Functions				
			大型 Large Gate	中型 Medium Gate	小型 Small Gate	分洪闸 Flood Diversion Gate	节制闸 Control Gate	排水闸 Drainage Gate	引水闸 Water Diversion Gate	挡潮闸 Tide Gate
合 计	**Total**	**98192**	**870**	**6336**	**90986**	**7985**	**55758**	**17509**	**11106**	**5834**
北 京	Beijing	629	10	60	559	43	402	102	82	
天 津	Tianjin	1081	13	55	1013	53	486	245	285	12
河 北	Hebei	3082	10	249	2823	257	1754	548	485	38
山 西	Shanxi	730	3	53	674	66	438	98	128	
内蒙古	Inner Mongolia	1742	7	97	1638	269	939	59	475	
辽 宁	Liaoning	1457	38	303	1116	101	731	266	293	66
吉 林	Jilin	466	22	62	382	61	230	85	90	
黑龙江	Heilongjiang	1264	6	67	1191	243	369	377	275	
上 海	Shanghai	2174		63	2111		1816	1	11	346
江 苏	Jiangsu	18330	37	461	17832	304	14929	1442	1384	271
浙 江	Zhejiang	8674	18	313	8343	258	5101	1415	211	1689
安 徽	Anhui	4067	58	338	3671	555	1726	1418	368	
福 建	Fujian	2395	48	268	2079	424	471	645	113	742
江 西	Jiangxi	4458	25	230	4203	945	1765	1189	559	
山 东	Shandong	5155	87	583	4485	285	2977	925	888	80
河 南	Henan	3595	38	325	3232	165	1630	1250	550	
湖 北	Hubei	6777	21	154	6602	644	2915	1895	1323	
湖 南	Hunan	11998	151	1121	10726	1011	9200	925	862	
广 东	Guangdong	8308	144	726	7438	821	1481	3445	388	2173
广 西	Guangxi	1552	49	144	1359	243	277	511	170	351
海 南	Hainan	416	3	26	387	71	187	28	64	66
重 庆	Chongqing	28	2	14	12	3	10		15	
四 川	Sichuan	1307	46	103	1158	364	658	56	229	
贵 州	Guizhou	28		2	26	2	2	17	7	
云 南	Yunnan	1526	4	170	1352	103	1248	38	137	
西 藏	Tibet	15		2	13		13		2	
陕 西	Shaanxi	428	2	6	420	41	151	106	130	
甘 肃	Gansu	1316	4	72	1240	163	897	66	190	
青 海	Qinghai	216	2	12	202	1	121	23	71	
宁 夏	Ningxia	367		16	351	20	185	102	60	
新 疆	Xinjiang	4611	22	241	4348	469	2649	232	1261	

2-12　2013 年水闸数量（按水资源分区分）

Number of Water Gates in 2013 (by Water Resources Sub-region)

单位：座　　unit: unit

水资源一级区	Grade-Ⅰ Water Resources Region	合计 Total	按过闸流量大小分 Classified According to Flow			按作用分 Classified According to Functions				
			大型 Large Gate	中型 Medium Gate	小型 Small Gate	分洪闸 Flood Diversion Gate	节制闸 Control Gate	排水闸 Drainage Gate	引水闸 Water Diversion Gate	挡潮闸 Tide Gate
合计	**Total**	**98192**	**870**	**6336**	**90986**	**7985**	**55758**	**17509**	**11106**	**5834**
松花江区	Songhua River	1913	17	140	1756	315	696	478	424	
辽河区	Liaohe River	2104	55	368	1681	298	1018	283	439	66
海河区	Haihe River	7385	54	562	6769	527	4083	1309	1392	74
黄河区	Yellow River	2582	16	125	2441	233	1239	481	611	18
淮河区	Huaihe River	22019	175	1299	20545	714	14977	3819	2213	296
长江区	Yangtze River	38198	264	2046	35888	3513	25306	5449	3556	374
东南诸河区	Rivers in Southeast	7261	66	529	6666	606	2513	1422	304	2416
珠江区	Pearl River	10645	197	942	9506	1161	2220	3988	686	2590
西南诸河区	Rivers in Southwest	131	1	21	109	10	99	8	14	
西北诸河区	Rivers in Northwest	5954	25	304	5625	608	3607	272	1467	

2-13 2013年水闸数量（按水资源分区和地区分）

Number of Water Gates in 2013 (by Water Resources Sub-region and Region)

单位：座 unit: unit

地区	Region	合计 Total	按过闸流量大小分 Classified According to Flow			按作用分 Classified According to Functions				
			大型 Large Gate	中型 Medium Gate	小型 Small Gate	分洪闸 Flood Diversion Gate	节制闸 Control Gate	排水闸 Drainage Gate	引水闸 Water Diversion Gate	挡潮闸 Tide Gate
松花江区	**Songhua River**	**1913**	**17**	**140**	**1756**	**315**	**696**	**478**	**424**	
内蒙古	Inner Mongolia	235	1	19	215	20	127	24	64	
吉 林	Jilin	414	10	54	350	52	200	77	85	
黑龙江	Heilongjiang	1264	6	67	1191	243	369	377	275	
辽河区	**Liaohe River**	**2104**	**55**	**368**	**1681**	**298**	**1018**	**283**	**439**	**66**
内蒙古	Inner Mongolia	595	5	57	533	188	257	9	141	
辽 宁	Liaoning	1457	38	303	1116	101	731	266	293	66
吉 林	Jilin	52	12	8	32	9	30	8	5	
海河区	**Haihe River**	**7385**	**54**	**562**	**6769**	**527**	**4083**	**1309**	**1392**	**74**
北 京	Beijing	629	10	60	559	43	402	102	82	
天 津	Tianjin	1081	13	55	1013	53	486	245	285	12
河 北	Hebei	3082	10	249	2823	257	1754	548	485	38
山 西	Shanxi	495	1	33	461	47	284	62	102	
内蒙古	Inner Mongolia	13			13				13	
辽 宁	Liaoning									
山 东	Shandong	1316	17	114	1185	52	722	255	263	24
河 南	Henan	769	3	51	715	75	435	97	162	
黄河区	**Yellow River**	**2582**	**16**	**125**	**2441**	**233**	**1239**	**481**	**611**	**18**
山 西	Shanxi	235	2	20	213	19	154	36	26	
内蒙古	Inner Mongolia	733	1	17	715	46	444	25	218	
山 东	Shandong	204	6	20	178	77		109		18
河 南	Henan	406	2	22	382	18	186	81	121	
陕 西	Shaanxi	314	2	6	306	13	125	82	94	
甘 肃	Gansu	152	1	13	138	39	57	27	29	
青 海	Qinghai	171	2	11	158	1	88	19	63	
宁 夏	Ningxia	367		16	351	20	185	102	60	
淮河区	**Huaihe River**	**22019**	**175**	**1299**	**20545**	**714**	**14977**	**3819**	**2213**	**296**
江 苏	Jiangsu	13357	32	346	12979	169	10488	1292	1150	258
安 徽	Anhui	2855	47	264	2544	327	1335	976	217	
山 东	Shandong	3635	64	449	3122	156	2255	561	625	38
河 南	Henan	2172	32	240	1900	62	899	990	221	

2-13 续表 continued

地区	Region	合计 Total	按过闸流量大小分 Classified According to Flow			按作用分 Classified According to Functions				
			大型 Large Gate	中型 Medium Gate	小型 Small Gate	分洪闸 Flood Diversion Gate	节制闸 Control Gate	排水闸 Drainage Gate	引水闸 Water Diversion Gate	挡潮闸 Tide Gate
长江区	**Yangtze River**	**38198**	**264**	**2046**	**35888**	**3513**	**25306**	**5449**	**3556**	**374**
上 海	Shanghai	2174		63	2111		1816	1	11	346
江 苏	Jiangsu	4973	5	115	4853	135	4441	150	234	13
浙 江	Zhejiang	3819	1	52	3766	76	3065	640	23	15
安 徽	Anhui	1201	10	74	1117	228	385	440	148	
江 西	Jiangxi	4458	25	230	4203	945	1765	1189	559	
河 南	Henan	248	1	12	235	10	110	82	46	
湖 北	Hubei	6777	21	154	6602	644	2915	1895	1323	
湖 南	Hunan	11998	151	1121	10726	1011	9200	925	862	
广 西	Guangxi	79		1	78	10	31	22	16	
重 庆	Chongqing	28	2	14	12	3	10		15	
四 川	Sichuan	1307	46	103	1158	364	658	56	229	
贵 州	Guizhou	21		2	19		1	17	3	
云 南	Yunnan	969	2	104	863	59	857	4	49	
陕 西	Shaanxi	114			114	28	26	24	36	
甘 肃	Gansu									
青 海	Qinghai	32		1	31		26	4	2	
东南诸河区	**Rivers in Southeast**	**7261**	**66**	**529**	**6666**	**606**	**2513**	**1422**	**304**	**2416**
浙 江	Zhejiang	4855	17	261	4577	182	2036	775	188	1674
安 徽	Anhui	11	1		10		6	2	3	
福 建	Fujian	2395	48	268	2079	424	471	645	113	742
珠江区	**Pearl River**	**10645**	**197**	**942**	**9506**	**1161**	**2220**	**3988**	**686**	**2590**
湖 南	Hunan									
广 东	Guangdong	8308	144	726	7438	821	1481	3445	388	2173
广 西	Guangxi	1473	49	143	1281	233	246	489	154	351
海 南	Hainan	416	3	26	387	71	187	28	64	66
贵 州	Guizhou	7			7	2	1		4	
云 南	Yunnan	441	1	47	393	34	305	26	76	
西南诸河区	**Rivers in Southwest**	**131**	**1**	**21**	**109**	**10**	**99**	**8**	**14**	
云 南	Yunnan	116	1	19	96	10	86	8	12	
西 藏	Tibet	15		2	13		13		2	
青 海	Qinghai									
西北诸河区	**Rivers in Northwest**	**5954**	**25**	**304**	**5625**	**608**	**3607**	**272**	**1467**	
内蒙古	Inner Mongolia	166		4	162	15	111	1	39	
甘 肃	Gansu	1164	3	59	1102	124	840	39	161	
青 海	Qinghai	13			13		7		6	
新 疆	Xinjiang	4611	22	241	4348	469	2649	232	1261	

2-14 历年水旱灾害

Flood and Drought Disasters by Year

年份 Year	洪灾 Flood Disasters							旱灾 Drought Disasters		
	受灾 /千公顷 Disaster-affected Area /10³ha	成灾 /千公顷 Damaged Area /10³ha	成灾率 /% Percentage of Damaged Area /%	受灾人口 /万人 Affected Population /10⁴persons	死亡人口 /人 Death Toll /person	直接经济总损失 /亿元 Total Direct Economic Loss /10⁸yuan	水利设施经济损失 /亿元 Economic Loss of Water Facilities /10⁸yuan	受灾 /千公顷 Disaster-affected Area /10³ha	成灾 /千公顷 Damaged Area /10³ha	成灾率 /% Percentage of Damaged Area /%
1949	9282								52	
1950	6559	4710	71.8		1982			2398	589	24.6
1951	4173	1476	35.4		7819			7829	2299	29.4
1952	2794	1547	55.4		4162			4236	2565	60.6
1953	7187	3285	45.7		3308			8616	1341	15.6
1954	16131	11305	70.1		42447			2988	560	18.7
1955	5247	3067	58.5		2718			13433	4024	30.0
1956	14377	10905	75.9		10676			3127	2051	65.6
1957	8083	6032	74.6		4415			17205	7400	43.0
1958	4279	1441	33.7		3642			22361	5031	22.5
1959	4813	1817	37.8		4540			33807	11173	33.1
1960	10155	4975	49.0		6033			38125	16177	42.4
1961	8910	5356	60.1		5074			37847	18654	49.3
1962	9810	6318	64.4		4350			20808	8691	41.8
1963	14071	10479	74.5		10441			16865	9021	53.5
1964	14933	10038	67.2		4288			4219	1423	33.7
1965	5587	2813	50.3		1906			13631	8107	59.5
1966	2508	950	37.9		1901			20015	8106	40.5
1967	2599	1407	54.1		1095			6764	3065	45.3
1968	2670	1659	62.1		1159			13294	7929	59.6
1969	5443	3265	60.0		4667			7624	3442	45.1
1970	3129	1234	39.4		2444			5723	1931	33.7
1971	3989	1481	37.1		2323			25049	5319	21.2
1972	4083	1259	30.8		1910			30699	13605	44.3
1973	6235	2577	41.3		3413			27202	3928	14.4
1974	6431	2737	42.6		1849			25553	2296	9.0
1975	6817	3467	50.9		29653			24832	5318	21.4
1976	4197	1329	31.7		1817			27492	7849	28.5
1977	9095	4989	54.9		3163			29852	7005	23.5
1978	2820	924	32.8		1796			40169	17969	44.7
1979	6775	2870	42.4		3446			24646	9316	37.8
1980	9146	5025	54.9		3705			26111	12485	47.8
1981	8625	3973	46.1		5832			25693	12134	47.2

2-14 续表 continued

年份 Year	洪灾 Flood Disasters							旱灾 Drought Disasters		
	受灾 /千公顷 Disaster-affected Area /10³ha	成灾 /千公顷 Damaged Area /10³ha	成灾率 /% Percentage of Damaged Area /%	受灾人口 /万人 Affected Population /10⁴persons	死亡人口 /人 Death Toll /person	直接经济总损失 /亿元 Total Direct Economic Loss /10⁸yuan	水利设施经济损失 /亿元 Economic Loss of Water Facilities /10⁸yuan	受灾 /千公顷 Disaster-affected Area /10³ha	成灾 /千公顷 Damaged Area /10³ha	成灾率 /% Percentage of Damaged Area /%
1982	8361	4463	53.4		5323			20697	9972	48.2
1983	12162	5747	47.3		7238			16089	7586	47.2
1984	10632	5361	50.4		3941			15819	7015	44.3
1985	14197	8949	63.0		3578			22989	10063	43.8
1986	9155	5601	61.2		2761			31042	14765	47.6
1987	8686	4104	47.2		3749			24920	13033	52.3
1988	11949	6128	51.3		4094			32904	15303	46.5
1989	11328	5917	52.2		3270			29358	15262	52.0
1990	11804	5605	47.5		3589	239		18175	7805	42.9
1991	24596	14614	59.4		5113	779		24914	10559	42.4
1992	9423	4464	47.4		3012	413		32980	17049	51.7
1993	16387	8610	52.5		3499	642		21098	8659	41.0
1994	18859	11490	60.9	21523	5340	1797		30282	17049	56.3
1995	14367	8001	55.7	20070	3852	1653		23455	10374	44.2
1996	20388	11823	58.0	25384	5840	2208		20151	6247	31.0
1997	13135	6515	49.6	18067	2799	930		33514	20010	59.7
1998	22292	13785	61.8	18655	4150	2551	287	14237	5068	35.6
1999	9605	5389	56.1	13013	1896	930	132	30153	16614	55.1
2000	9045	5396	59.7	12936	1942	712	103	40541	26777	66.0
2001	7138	4253	59.6	11087	1605	623	98	38480	23702	61.6
2002	12384	7439	60.1	15204	1819	838	166	22207	13247	59.7
2003	20366	13000	63.8	22572	1551	1301	173	24852	14470	58.2
2004	7782	4017	51.6	10673	1282	714	113	17255	7951	46.1
2005	14967	8217	54.9	20026	1660	1662	249	16028	8479	52.9
2006	10522	5592	53.2	13882	2276	1333	208	20738	13411	64.7
2007	12549	5969	47.6	17698	1230	1123	177	29386	16170	55.0
2008	8867	4537	51.2	14047	633	955	172	12137	6798	56.0
2009	8748	3796	43.4	11102	538	846	148	29259	13197	45.1
2010	17867	8728	48.9	21085	3222	3745	692	13259	8987	67.8
2011	7192	3393	47.2	8942	519	1301	210	16304	6599	40.4
2012	11218	5871	52.3	12367	673	2675	468	9333	3509	37.6
2013	11901	6623	55.7	12022	775	3146	445	11220	6971	62.1

2-15　2013年水旱灾害（按地区分）

Flood and Drought Disasters in 2013 (by Region)

地区	Region	洪灾 Flood Disasters						旱灾 Drought Disasters	
		受灾/千公顷 Disaster-Affected Area /10^3ha	成灾/千公顷 Damaged Area /10^3ha	受灾人口/万人 Affected Population /10^4persons	死亡人口/人 Death Toll /person	直接经济总损失/亿元 Total Direct Economic Loss /10^8yuan	水利设施经济损失/亿元 Economic Loss of Water Facilities /10^8yuan	受灾/千公顷 Disaster-Affected Area /10^3ha	成灾/千公顷 Damaged Area /10^3ha
合　计	**Total**	**11900.96**	**6622.91**	**12021.57**	**775**	**3145.61**	**445.12**	**11219.9**	**6971.2**
北　京	Beijing	34.14	21.82	23.72		7.17	0.11		
天　津	Tianjin	7.54	6.80	0.30		1.62	0.20		
河　北	Hebei	281.53	182.08	240.22	2	32.37	2.76	250.3	138.9
山　西	Shanxi	145.11	88.69	109.07	12	31.36	3.14	168.8	103.1
内蒙古	Inner Mongolia	388.10	294.48	107.58	48	50.29	3.49	561.9	432.8
辽　宁	Liaoning	336.13	203.26	178.06	77	114.19	21.74	274.8	187.8
吉　林	Jilin	614.91	322.24	235.57	20	111.23	23.70	5.3	5.3
黑龙江	Heilongjiang	2654.04	1850.15	541.59	7	327.47	30.73	92.9	21.1
上　海	Shanghai	27.29	8.49	13.41	2	10.03	1.48		
江　苏	Jiangsu	243.79	40.20	116.31		9.28	1.66	284.2	150.9
浙　江	Zhejiang	679.36	317.27	1140.50	9	602.85	46.18	431.6	247.0
安　徽	Anhui	316.36	194.79	577.23	16	64.62	14.77	405.6	234.3
福　建	Fujian	271.32	112.84	302.15	9	143.08	24.29	31.8	15.8
江　西	Jiangxi	344.54	172.20	397.86	13	46.08	10.32	576.1	334.2
山　东	Shandong	993.39	675.72	463.29		76.64	6.57	245.1	87.1
河　南	Henan	64.46	3.95	112.71	7	2.69	0.52	571.3	323.0
湖　北	Hubei	455.69	157.59	470.55	16	24.17	4.25	1278.4	738.5
湖　南	Hunan	376.72	200.04	671.62	28	65.17	14.87	1482.7	1134.6
广　东	Guangdong	1119.99	442.73	2168.71	134	477.45	62.85	8.4	4.9
广　西	Guangxi	531.90	153.51	544.57	41	54.57	9.68	82.9	36.1
海　南	Hainan	160.66	92.86	371.70	26	36.71	3.47		
重　庆	Chongqing	98.37	46.55	231.21	7	23.06	3.15	229.0	132.7
四　川	Sichuan	779.42	431.20	1714.20	116	429.62	96.18	505.3	199.4
贵　州	Guizhou	129.31	47.65	318.33	12	12.61	1.01	1117.8	693.3
云　南	Yunnan	188.13	113.00	262.77	59	34.31	6.01	1177.4	829.9
西　藏	Tibet	8.86	3.88	9.59	3	4.81	0.75		
陕　西	Shaanxi	237.85	153.92	243.86	45	124.37	15.79	265.3	54.3
甘　肃	Gansu	284.17	196.85	366.18	23	199.67	28.40	766.4	566.2
青　海	Qinghai	40.02	25.74	22.39	33	4.95	1.17	41.7	24.4
宁　夏	Ningxia	31.79	18.53	30.37	6	6.48	1.91	194.1	113.2
新　疆	Xinjiang	56.08	43.86	35.94	4	16.70	3.97	171.1	162.4

2-16 历年除涝面积和治碱面积

Drainage and Saline Control Areas by Year

单位：千公顷 unit: 10^3ha

年份 Year	易涝面积 Waterlogging Area	除涝面积 合计 Total Drainage Control Area	3~5年 3-5 Years	5年以上 More than 5 Years	盐碱耕地面积 Area of Saline and Alkaline Farmland	盐碱耕地改良面积 Area of Improved Saline and Alkaline Farmland
1974	23337.33	17370.00	7238.00	10132.00	6705.33	3652.67
1975	22080.67	16060.67	7042.67	9018.00	7062.00	3885.33
1976	22228.67	16688.67	7059.33	9629.33	7132.00	4186.00
1977	22277.33	16881.33	7219.33	9662.00	7262.00	4040.67
1978	22554.00	17281.33	7416.67	9864.67	7258.67	4131.33
1979	23218.00	17748.67	7539.33	10209.33	7302.00	4132.00
1980	23410.00	17847.33	7316.00	10531.33	7145.33	4235.33
1981	23776.67	17896.00	7174.00	10722.00	7243.33	4262.67
1982	23776.67	18092.67	7210.67	10882.00	7243.33	4265.33
1983	24066.00	18200.67	7194.67	11006.00	7357.33	4391.33
1984	24235.33	18399.33	7157.33	11242.00	7331.33	4474.00
1985	24086.67	18584.00	7217.33	11366.67	7692.00	4569.33
1986	24229.33	18760.67	7430.67	11330.00	7606.67	4623.33
1987	24337.33	18958.00	7521.33	11436.67	7636.00	4755.33
1988	24348.00	19064.00	7532.00	11532.00	7672.00	4830.00
1989	24425.33	19229.33	7566.00	11663.33	7538.67	4883.33
1990	24466.67	19336.66	7671.33	11665.33	7539.33	4995.09
1991	24424.00	19580.30	8004.00	11576.30	7617.83	5110.09
1992	24410.00	19769.76	7996.88	11772.88	7633.22	5210.21
1993		19883.48	8068.40	11815.08	7655.82	5304.62
1994		19678.55	8172.43	11506.12	7655.82	5350.83
1995		20055.64	8241.97	11813.67	7655.83	5433.91
1996		20278.74	8367.67	11911.07		5513.15
1997		20525.80	8540.54	11985.26		5612.25
1998		20680.73	8645.98	12034.75		5653.94
1999		20838.48	8878.23	11960.25		5736.82
2000		20989.70	8812.76	12176.94		5841.36
2001		21021.33	8841.33	12180.00		5750.67
2002		21097.11	8916.94	12180.17		5282.86
2003		21137.31	8918.54	12218.77		5864.59
2004		21198.00				5961.56
2005		21339.74	9272.60	12067.14		
2006		21376.31	9197.50	12178.80		
2007		21419.14	9208.24	12210.90		
2008		21424.55	9334.67	12089.87		
2009		21584.32	9370.59	12213.73		
2010		21691.74	9427.39	12264.35		
2011		21721.62	9505.51	12216.11		
2012		21857.33	9515.22	12342.11		
2013		21943.10	9517.05	12426.05		

2-17 2013年除涝面积（按地区分）

Drainage Control Area in 2013 (by Region)

单位：千公顷 unit: 10^3ha

地区	Region	除涝面积合计 Total Drainage Control Area	3～5年 3-5 Years	5～10年 5-10 Years	10年以上 More than 10 Years	新增除涝面积 Increase Area of Drainage Control
合 计	**Total**	**21943.10**	**9517.05**	**8495.08**	**3930.97**	**500.71**
北 京	Beijing	149.77			149.77	
天 津	Tianjin	369.32	104.84	201.45	63.03	
河 北	Hebei	1645.13	804.37	758.08	82.68	0.80
山 西	Shanxi	89.13	60.06	28.84	0.23	
内蒙古	Inner Mongolia	277.00	157.76	84.87	34.37	
辽 宁	Liaoning	911.24	180.08	412.79	318.37	2.17
吉 林	Jilin	1026.53	144.32	353.65	528.56	2.89
黑龙江	Heilongjiang	3378.10	2421.02	891.96	65.12	12.28
上 海	Shanghai	58.42	1.82	10.53	46.07	0.90
江 苏	Jiangsu	2853.25	657.18	1094.82	1101.25	72.94
浙 江	Zhejiang	507.30	128.64	196.05	182.61	6.22
安 徽	Anhui	2287.70	933.40	1261.78	92.52	15.42
福 建	Fujian	145.25	87.01	44.44	13.80	5.87
江 西	Jiangxi	385.44	185.38	180.88	19.18	2.48
山 东	Shandong	2914.09	1407.92	1359.06	147.11	224.67
河 南	Henan	1884.63	1373.56	490.54	20.53	92.39
湖 北	Hubei	1260.79	205.76	494.87	560.16	4.40
湖 南	Hunan	416.87	130.57	220.21	66.09	4.70
广 东	Guangdong	524.56	56.24	92.11	376.21	3.52
广 西	Guangxi	230.93	124.58	96.22	10.13	16.28
海 南	Hainan	11.64	8.62	1.82	1.20	0.89
重 庆	Chongqing					
四 川	Sichuan	99.97	51.86	43.14	4.97	4.26
贵 州	Guizhou	53.49	27.07	15.49	10.93	6.52
云 南	Yunnan	261.33	177.24	72.13	11.96	8.31
西 藏	Tibet	21.96	0.30	21.66		0.04
陕 西	Shaanxi	132.61	74.74	52.60	5.27	2.04
甘 肃	Gansu	12.47	6.31	2.02	4.14	
青 海	Qinghai					
宁 夏	Ningxia	12.83	1.20	0.53	11.10	10.73
新 疆	Xinjiang	21.33	5.19	12.53	3.61	

2-18　2013 年除涝面积（按水资源分区分）

Drainage Control Area in 2013 (by Water Resources Sub-region)

单位：千公顷 unit: 10^3ha

水资源一级区	Grade- Ⅰ Water Resources Sub-region	除涝面积合计 Total Drainage Control Area	3～5 年 3-5 Years	5～10 年 5-10 Years	10 年以上 More than 10 Years	新增除涝面积 Increase Area of Drainage Control
合　计	**Total**	**21943.10**	**9517.05**	**8495.08**	**3930.97**	**500.71**
松花江区	Songhua River	4438.14	2651.89	1209.08	577.17	15.17
辽河区	Liaohe River	1111.43	224.15	518.53	368.75	2.17
海河区	Haihe River	3481.28	1623.39	1514.06	343.83	205.88
黄河区	Yellow River	579.49	371.08	173.02	35.39	17.35
淮河区	Huaihe River	6636.84	3031.83	2768.87	836.14	141.51
长江区	Yangtze River	4313.80	1121.23	1888.27	1304.30	83.51
东南诸河区	Rivers in Southeast	394.22	180.59	148.05	65.58	6.94
珠江区	Pearl River	848.65	235.88	221.53	391.24	20.87
西南诸河区	Rivers in Southwest	116.59	70.50	41.13	4.97	7.32
西北诸河区	Rivers in Northwest	22.66	6.52	12.53	3.61	

2-19　2013 年除涝面积（按水资源分区和地区分）

Drainage Control Area in 2013 (by Water Resources Sub-region and Region)

单位：千公顷　　　　unit: 10^3ha

地区	Region	除涝面积合计 Total Drainage Control Area	3～5 年 3-5 Years	5～10 年 5-10 Years	10 年以上 More than 10 Years	新增除涝面积 Increase Area of Drainage Control
松花江区	**Songhua River**	**4438.14**	**2651.89**	**1209.08**	**577.17**	**15.17**
内蒙古	Inner Mongolia	106.86	89.85	17.01		
吉　林	Jilin	953.18	141.02	300.11	512.05	2.89
黑龙江	Heilongjiang	3378.10	2421.02	891.96	65.12	12.28
辽河区	**Liaohe River**	**1111.43**	**224.15**	**518.53**	**368.75**	**2.17**
内蒙古	Inner Mongolia	126.84	40.77	52.20	33.87	
辽　宁	Liaoning	911.24	180.08	412.79	318.37	2.17
吉　林	Jilin	73.35	3.30	53.54	16.51	
海河区	**Haihe River**	**3481.28**	**1623.39**	**1514.06**	**343.83**	**205.88**
北　京	Beijing	149.77			149.77	
天　津	Tianjin	369.32	104.84	201.45	63.03	
河　北	Hebei	1645.13	804.37	758.08	82.68	0.80
山　西	Shanxi	32.48	21.84	10.41	0.23	
内蒙古	Inner Mongolia	0.91	0.91			
辽　宁	Liaoning					
山　东	Shandong	1085.86	537.44	500.82	47.60	198.92
河　南	Henan	197.81	153.99	43.30	0.52	6.16
黄河区	**Yellow River**	**579.49**	**371.08**	**173.02**	**35.39**	**17.35**
山　西	Shanxi	56.65	38.22	18.43		
内蒙古	Inner Mongolia	42.39	26.23	15.66	0.50	
山　东	Shandong	86.02	27.42	41.03	17.57	0.40
河　南	Henan	257.19	209.63	46.75	0.81	4.20
陕　西	Shaanxi	120.98	67.78	48.60	4.60	2.02
甘　肃	Gansu	3.43	0.60	2.02	0.81	
青　海	Qinghai					
宁　夏	Ningxia	12.83	1.20	0.53	11.10	10.73
淮河区	**Huaihe River**	**6636.84**	**3031.83**	**2768.87**	**836.14**	**141.51**
江　苏	Jiangsu	1940.49	519.56	750.70	670.23	53.15
安　徽	Anhui	1744.50	807.91	871.82	64.77	8.43
山　东	Shandong	1742.21	843.06	817.21	81.94	25.35
河　南	Henan	1209.64	861.30	329.14	19.20	54.58

2-19 续表 continued

地区	Region	除涝面积合计 Total Drainage Control Area				新增除涝面积 Increase Area of Drainage Control
			3～5 年 3-5 Years	5～10 年 5-10 Years	10 年以上 More than 10 Years	
长江区	**Yangtze River**	**4313.80**	**1121.23**	**1888.27**	**1304.30**	**83.51**
上 海	Shanghai	58.42	1.82	10.53	46.07	0.90
江 苏	Jiangsu	912.76	137.62	344.12	431.02	19.79
浙 江	Zhejiang	258.33	35.06	92.44	130.83	5.15
安 徽	Anhui	543.20	125.49	389.96	27.75	6.99
江 西	Jiangxi	385.44	185.38	180.88	19.18	2.48
河 南	Henan	219.99	148.64	71.35		27.45
湖 北	Hubei	1260.80	205.76	494.87	560.16	4.40
湖 南	Hunan	413.89	128.20	219.64	66.05	4.70
广 西	Guangxi	2.55	0.81	1.45	0.29	1.61
重 庆	Chongqing					
四 川	Sichuan	99.97	51.86	43.14	4.97	4.26
贵 州	Guizhou	38.13	17.53	10.08	10.52	5.07
云 南	Yunnan	100.97	71.71	25.81	3.45	0.69
陕 西	Shaanxi	11.63	6.96	4.00	0.67	0.02
甘 肃	Gansu	7.71	4.38		3.33	
青 海	Qinghai					
东南诸河区	**Rivers in Southeast**	**394.22**	**180.59**	**148.05**	**65.58**	**6.94**
浙 江	Zhejiang	248.97	93.58	103.61	51.78	1.07
安 徽	Anhui					
福 建	Fujian	145.25	87.01	44.44	13.80	5.87
珠江区	**Pearl River**	**848.65**	**235.88**	**221.53**	**391.24**	**20.87**
湖 南	Hunan	2.98	2.37	0.57	0.04	
广 东	Guangdong	524.56	56.24	92.11	376.21	3.52
广 西	Guangxi	228.38	123.77	94.77	9.84	14.67
海 南	Hainan	11.64	8.62	1.82	1.20	0.89
贵 州	Guizhou	15.36	9.54	5.41	0.41	1.45
云 南	Yunnan	65.73	35.337	26.853	3.54	0.34
西南诸河区	**Rivers in Southwest**	**116.59**	**70.50**	**41.13**	**4.965**	**7.32**
云 南	Yunnan	94.63	70.20	19.47	4.965	7.28
西 藏	Tibet	21.96	0.3	21.66		0.04
青 海	Qinghai					
西北诸河区	**Rivers in Northwest**	**22.66**	**6.52**	**12.53**	**3.61**	
内蒙古	Inner Mongolia					
甘 肃	Gansu	1.33	1.33			
青 海	Qinghai					
新 疆	Xinjiang	21.33	5.19	12.53	3.61	

主要统计指标解释

已建成水库座数　在江河上筑坝（闸）所形成的能拦蓄水量、调节径流的蓄水区的数量。

大型水库：总库容在1亿立方米及以上。

中型水库：总库容在1000万（含1000万）～1亿立方米。

小型水库：库容在10万（含10万）～1000万立方米。

水库库容　从设计规模和统计角度规定如下：

（1）总库容：即校核水位以上的库容。包括死库容、兴利库容、防洪库容（减掉和兴利库容重复部分）之综合，称总库容。

（2）兴利库容：一般为正常高水位至死水位之间的库容。

（3）调洪库容或防洪库容：指校核洪水位与防洪限制水位（也叫汛期限制水位）之间的库容。防汛限制水位，是水库在汛期的下限水位，这个水位以上的库容在汛期专供滞蓄防洪标准内的洪水使用，洪水到来之前水库蓄水不允许超过此水位。

堤防长度　建成或基本建成的在江、河、湖、海岸边用于防洪、防潮的工程长度之总和，包括新中国成立前建成以及需要加固加高培厚的老堤防。但不包括单纯除涝河道的堤防和弃土形成的堤防，也不包括子埝和生产堤。所谓基本建成，是指按设计标准已经完成并能发挥设计效益，但还留有少量尾工的工程。

堤防保护人口　报告期堤防保护范围内的全部人口数。也就是假设河流在设计最大洪水通过时，如没有堤防或一旦堤防决口，所能淹及的最大范围内在报告期当年年末全部人口数。

堤防保护耕地面积　堤防保护范围内的耕地。即按设计最大洪水通过时，假设不修堤防的情况下，洪水所能淹及的最大范围内的耕地面积。

累计达标堤防长度　根据国家《防洪标准》（GB 50201—94）和江河防洪规划，已达到国家所认定的堤防等级的堤防长度。根据《防洪标准》规定，由于堤防保护的耕地面积和人口不同，以及城市、工矿企业、交通干线等防护对象的重要性程度不同，堤防工程的防洪标准不一样。达标堤防是指按国家标准堤防工程设计规范进行堤防工程标准设计，施工完成后达到设计规定要求的堤防。

堤防工程的级别　按防洪标准分为五个级别。堤防工程防护对象的防洪标准应按照《防洪标准》确定。

主要堤防　保护耕地面积在30万亩以上（包括30万亩）或保护重要工矿、企业、交通干线、国防设施、机场、主要城镇的河道堤防及海堤（海塘）。

水闸数量　水利工程中用以控制水流、水位、通航的水工建筑物的数量。关闭或开启闸门起到调节闸上、下游水位，控制泄流以达到防洪、引水、排水、通航、发电等作用。按流量划分：大型水闸指校核过闸流量1000立方米每秒及以上水闸；中型水闸指校核过闸流量100～1000立方米每秒的水闸；小型水闸指校核过闸流量10～100立方米每秒的水闸。

分洪闸　为了保护河道下游堤防及重要城镇、工厂、矿区的安全，在河道遇到特大洪水时宣泄部分洪水进入湖泊、洼地等分洪区（或滞洪区）中，以削减洪峰，免除洪水泛滥所造成的灾害而在河岸边修的水闸。

节制闸　为控制河渠、湖泊水位，保证引水、供水要求而修建的水闸。这种闸一般是拦河、渠而修建的，又称拦河闸。

排水闸　为排除内涝积水在河道两岸修建的闸。或在分洪区（或滞洪闸）出口处设置的尾水闸、退水闸。

引水闸（渠首闸）　从河流、湖泊、水库中引水进行灌溉、发电等而在引水源口处设置的水闸，其功能主要是引水。

挡潮闸　在沿海河口附近修建的发挥排水、挡潮作用的水闸。

洪涝灾害　因降雨、融雪、冰凌、溃坝（堤）、风暴潮、热带气旋等造成的江河洪水、渍涝、山洪、滑坡和泥石流等，以及由其引发的次生灾害。

受灾面积　因洪涝灾害造成在田农作物产量损失一成（含一成）以上的播种面积（含成灾、绝收面积），同一地块的当季农作物遭受一次以上洪涝灾害时，只计其中最重的一次。

成灾面积　因洪涝灾害造成在田农作物受灾面积中，产量损失三成（含三成）以上的播种面积（含绝收面积）。

干旱灾害　因降水少、水资源短缺，对城乡居民生活、工农业生产造成直接影响的旱情，以及旱情发生后给工农业生产造成的旱灾损失。

作物受灾面积　在受旱面积中作物产量比正常年产量减产一成以上的面积。

作物成灾面积　在受旱面积中作物产量比正常年产量减产三成（含三成）以上的面积。

易涝面积　抗涝能力标准低的低洼涝耕地面积。2003年年报开始只统计“十五”现状数，即2001年初的时点数，包括未治理的易涝耕地面积和排涝设施严重老化毁损的易涝面积。

除涝面积　通过水利工程如围埝、抽水等对易涝面积进行治理，使易涝耕地免除淹涝称除涝面积。按除涝的标准分为3～5年、5～10年和10年以上。易涝面积虽经过治理，但标准尚未达到3年一遇标准的，不作为除涝面积统计。

盐碱耕地面积 土壤中含有盐碱、影响农作物生长甚至接近不能耕种的面积。

盐碱耕地改良面积 在新、老盐碱耕地上进行水利、农业和土壤改良等措施，在正常年景使农作物出苗率达到70%以上的面积。

Explanatory Notes of Main Statistical Indicators

Number of completed reservoirs The storage area that is formed by constructing a dam (gate) to detain and store water and regulate runoff.

Large reservoir: the total storage capacity is over 100 million m^3 (including 100 million m^3).

Medium reservoir: the total storage capacity is between 10 million m^3 (including 10 million m^3) to 100 million m^3.

Small reservoir: the total storage capacity is between 0.1 million m^3 (including 0.1 million m^3) to 10 million m^3.

Storage capacity of reservoir Following indicators are defined according to the scale of design and needs of statistics.

1. Total storage capacity: refers to storage capacity above the check water level, total storage capacity includes dead storage capacity, usable storage capacity, and flood control storage capacity (deducting the repeating part of usable storage).

2. Usable storage capacity: refers to storage capacity between levels of normal high to dead water.

3. Flood regulation capacity or flood control storage capacity: refers to storage capacity between check floodwater to floodwater limit (also termed limited water level in flood season). Floodwater limit refers to the lowest level of reservoir in flood season, which is used to store and detain floods specified by flood control standard; before floodwater comes, water level of reservoirs is not allowed to exceed this limit.

Length of embankment Total length of embankment is the sum of completed or mostly completed levees or dykes along a river and lake, sea dike, polder and flood control wall etc., including old embankments built before the founding of People's Republic of China in 1949 and those need to be strengthened, heightened and thickened, but excluding embankment purely for waterlogging control and spoil dike, as well as sub-cofferdam or production dikes. Mostly completed embankment refers to a project that has a few of works to end up, but it can put into use and generate benefit according to design standard.

Protected population of embankment Total population protected by embankment during report period. In another word, the total population inundated by flood as a maximum at the end of the year when the design maximum flood passes river courses and if no embankment or break of embankment exists.

Protected farmland of embankment Cultivated land under the protection of embankment, i.e. inundated farmland of flood as a maximum if design maximum flood passes and no embankment exists.

Accumulated length of up-to-standard embankment Total length of embankment that has reached national standard, in accordance of "National Standards for Flood Control" and river flood control planning. According to the current "National Standards for Flood Control", the standards of embankment can be varied in accordance with protected cultivated area or population and importance of protected target such as a city, industrial and mining enterprises or key transportation line. Up-to-standard embankment refers to those designed and constructed according to national standards, and meet all requirements of original design upon completion.

Classification of embankment Embankment is classified into five categories according to flood control standards; the category of embankment for a protected target is determined according to the current National Standards for Flood Control.

Key embankment and dyke Embankment or levees along the river or sea dikes used for protecting farmlands of above 300,000 mu (including 300,000 mu), or important pastures land, and those areas less than 300,000 mu but where have important mine, enterprise, transportation line, national defense facilities, airport and key cities and towns.

Number of water gates Number of hydraulic structures employed for controlling flow and water level or for navigation. When the gate is open or close, water level at upper and down stream and discharge can be controlled in order to realize flood prevention, water diversion, drainage, navigation, and power generation. According to water flow, large size refers to the gate with a check flow of 1000 m^3/s or above; medium size refers to gate with a check flow of 100–1000 m^3/s, and small size refers to gate with a check flow of 10–100 m^3/s.

Flood diversion gates Water gates are constructed beside river banks to protect the safety of dikes, major cities, factories, mines in lower reaches, and drain water into lakes, low ground or flood detention basins, in order to reduce flood peak and prevent flooding when severe flood happens.

Control gates Water gates are built to control water level of rivers, canals or lakes to ensure water diversion and water supply. Water control gates are also termed barrage gates.

Drainage gates Water gates are located beside river banks to drain waterlogging, or constructed in the outlets of flood detention basins (flood retarding gates) as tail locks and waste locks.

Water diversion gates (head gates) Water gates are built in water sources to divert water from rivers, lakes and reservoirs to irrigate, generate hydropower, etc., but its main purpose is to divert water.

Tide gates Water gates are located in coastal estuaries to drain water or prevent tides.

Flood & waterlogging disasters River flood, waterlogging or inland inundation, mountain flood, landslide and mudflow caused by rainfall, snow melting, river ice jam, dam failure, storm tide and tropical cyclone, as well as secondary disasters induced by them.

Affected area Cultivated area (including damaged area and no harvest area) where loss of crop yield is more than 10% (including 10%) due to flood and waterlogging disasters; The most serious damage is calculated only when crop in same land suffer from more than one flood and waterlogging disaster during the same season.

Damaged area Cultivated area (including no harvest area) where loss of crop yield is more than 30% (including 30%) due to flood and waterlogging disasters.

Drought disaster It refers to a disaster that results in direct impact on life of people, industrial and agricultural production in urban and rural areas because of less precipitation and water shortage.

Drought affected area It refers to drought-affected area where loss of crop yield is 10% more than normal years.

Drought damaged area It refers to drought-affected area where loss of crop yield is 30% more (including 30%) than normal years.

Waterlogging area It refers to low-lying farmland with a poor capacity of waterlogging control. Starting from the year of 2003, the annual report only provides statistics of current status in the 10th Five-Year Plan Period, i.e. the data in the early 2001, including waterlogging-prone farmland areas without control measures or those with severely damaged or aged facilities.

Drainage control area The area of prone-waterlogging farmland controlled by waterworks such as cofferdams and water pump. The standard for waterlogging control is divided into 3-5 years, 5-10 years and above 10 years. Drainage control area do not include the farmland that has not reach to the waterlogging control standard of once in three years return period, even though efforts have been made to make improvement.

Area of saline and alkaline farmland The area cannot be or almost cannot be cultivated because the soil contains salt and alkaline that affects the growing of crops.

Reclaimed area of saline and alkaline farmland The reclaimed area of old or newly-emerged saline and alkaline farmlands that have a percentage of seedling emergence at and above 70% in normal years, thanks to the measure of water conservation, agricultural technology and soil improvement.

3　农业灌溉

Agricultural Irrigation

简要说明

农业灌溉统计资料主要包括农田水利设施的数量和产生的效益，分为灌溉面积、灌区、机电排灌站以及节水灌溉面积等四大类。

农业灌溉资料按水资源一级分区和地区分组。

1. 灌溉面积统计范围：已建成或基本建成的灌溉工程、水利综合利用工程、农田水利工程的灌溉面积，包括水利、农业等部门建设的灌溉面积。

2. 按耕地灌溉面积达到万亩以上的统计口径调整2008年数据；2012年，灌区统计口径调整为设计灌溉面积2000亩及以上灌区。

3. 节水灌溉面积只统计利用工程措施节水的面积。

4. 万亩以上灌区、机电排灌站历史资料汇总1974年至今数据；灌溉面积、农田排灌机械、机电灌溉面积历史资料汇总1949年至今数据；机电井历史资料汇总1961年至今数据。

5. 灌溉面积、灌区、机电井数据已与2011年水利普查数据进行了衔接。

Brief Introduction

Statistical data of agricultural irrigation mainly covers number of farm irrigation facilities and benefit generation, and is divided into four types of irrigated area, irrigation district, electromechanical irrigation station and water-saving irrigated area.

The data of agricultural irrigation is grouped in accordance with Grade-Ⅰ water resources regions and regions.

1. Scope of statistics for irrigated area covers completed or mostly completed irrigation projects, multiple-purpose projects, irrigation and drainage systems, including the statistical data of water and agricultural departments and others.

2. The data in 2008 is adjusted based on irrigated area up to ten thousand mu. The data in 2012 is adjusted based on irrigation district with a designed irrigated area of two thousand mu and above.

3. Water-saving irrigated area only includes those with structure measures.

4. Historical data of irrigation district with an irrigated area up to ten thousand mu as well as electro-mechanical drainage stations are collected from 1974 until present. Data of irrigated area, farmland mechanical equipment for irrigation and drainage, electro-mechanical irrigated area are collected from 1949 until present; the data of electro-mechanical wells are collected from 1961 until present.

5. The data of irrigated area, irrigation district and electro-mechanical wells is integrated with the First National Census for Water.

3-1 主 要 指 标

Key Indicators

指标名称	Item	单位	unit	2007	2008	2009	2010	2011	2012	2013
灌溉面积	Irrigated Area	千公顷	10^3ha	63413	64120	65165	66352	67743	67783	69481
耕地灌溉面积	Irrigated Area of Cultivated Land	千公顷	10^3ha	57782	58472	59261	60348	61682	62491	63473
占耕地面积	In Total Cultivated Land	%	%	47.47	48.03	48.69	49.58	50.82	51.3	52.9
林地灌溉面积	Irrigated Area of Forest Land	千公顷	10^3ha	1598	1649	1775	1822	1899	1767	2111
牧草灌溉面积	Irrigated Area of Grassland	千公顷	10^3ha	1225	1214	1247	1258	1265	819	1059
耕地实灌面积	Actual Irrigated Cultivated Land	千公顷	10^3ha	49937	50666	51807	52589	53982		53105
占耕地灌溉面积	In Irrigated Area of Cultivated Land	%	%	86.42	86.65	87.42	87.14	87.52		83.67
节水灌溉面积	Water-saving Irrigated Area	千公顷	10^3ha	23489	24436	25755	27314	29179	31217	27109
万亩以上灌区数量	Irrigation District with an area of 10,000 mu and above	处	unit	5869	5851	5844	5795	5824	7756	7709
其中：30 万亩以上	Among Which: Irrigated Area up to 300,000 mu and above	处	unit	294	325	335	349	348	456	456
万亩以上灌区耕地灌溉面积	Irrigated Area of Irrigation District with an Area of 10,000 mu and above	千公顷	10^3ha	28341	29440	29562	29415	29748	30087	30216
其中：30 万亩以上	Among Which: Irrigated Area up to 300,000 mu and above	千公顷	10^3ha	14667	15401	15575	15658	15786	11260	11252
机电排灌面积	Irrigated and Drainage Area with Mechanical and Electrical Equipment	千公顷	10^3ha	38716	39277	40016	40751	41465	42491	
其中：机电提灌面积	Among Which: Lifting Irrigated Area	千公顷	10^3ha	34265	34659	35581	36401	37079	38152	
排灌机械保有量	Registered Irrigation and Drainage Mechinery and Equipment	千千瓦	10^3kW	86684	85883	87530	87201	88237	102222	
固定机电排灌站	Fixed Irrigation and Drainage Stations	万处	10^4unit	44.35	44.62	44.65	43.53	42.33	43.41	

3-2 历年万亩以上灌区数量和耕地灌溉面积

Irrigation Districts with an Area above 10,000 mu, by Year

年份 Year	合计 Total		#50 万亩以上灌区 Irrigation Districts with an Area up to 500,000 mu and above		#30 万～50 万亩灌区 Irrigation Districts with an Area from 300,000 to 500,000 mu	
	处数 /处 Number /unit	耕地灌溉面积 /千公顷 Irrigated Area of Cultivated Land /10^3ha	处数 /处 Number /unit	耕地灌溉面积 /千公顷 Irrigated Area of Cultivated Land /10^3ha	处数 /处 Number /unit	耕地灌溉面积 /千公顷 Irrigated Area of Cultivated Land /10^3ha
1975	5133	18922	68	5323	68	1709
1976	5288	19997	69	5591	74	1809
1977	5322	20303	71	5656	74	1872
1978	5249	20227	74	5751	74	1849
1979	5227	20219	72	5793	71	1789
1980	5289	20486	66	5737	72	1817
1981	5247	20363	66	5720	71	1777
1982	5252	20578	66	5788	72	1825
1983	5288	20941	67	5941	76	1789
1984	5319	20775	71	5994	69	1738
1985	5281	20777	71	5996	66	1670
1986	5299	20869	70	5988	71	1793
1987	5343	21144	70	6014	75	1889
1988	5302	21075	71	6066	75	1877
1989	5331	21177	72	6119	78	1933
1990	5363	21231	72	6048	76	1896
1991	5665	23292	73	6169	91	2186
1992	5531	23632	74	6184	92	2270
1993	5567	24483	74	6239	92	2318
1994	5523	22353	74	6288	98	2429
1995	5562	22499	74	6314	99	2444
1996	5606	22062	75	6150	108	2665
1997	5579	22495	77	6408	115	2862
1998	5611	22747	79	6692	114	2769
1999	5648	23580	90	7632	123	3093
2000	5683	24493	101	7883	141	3440
2001	5686	24766	108	8617	169	4054
2002	5691	25030	110	9158	168	4072
2003	5729	25244	112	9381	169	4084
2004	5800	25506	111	9714	169	4057
2005	5860	26419	117	10230	170	4080
2006	5894	28021	119	10520	166	4092
2007	5869	28341	120	10519	174	4148
2008	5851	29440	120	10768	205	4633
2009	5844	29562	125	10828	210	4747
2010	5795	29415	131	10918	218	4740
2011	5824	29748	129	10990	219	4796
2012	7756	30191	177	6243	280	5017
2013	7709	30216	176	6241	280	5010

3-3 2013年万亩以上灌区数量和耕地灌溉面积（按地区分）

Irrigation Districts with an Area above 10,000 mu in 2013 (by Region)

地区	Region	合计 Total		#50万亩以上灌区 Irrigation Districts up to 500,000 mu and above		#30万～50万亩灌区 Irrigation Districts from 300,000 to 500,000 mu	
		处数 /处 Number /unit	耕地灌溉面积 /千公顷 Irrigated Area of Cultivated Land /10^3ha	处数 /处 Number /unit	耕地灌溉面积 /千公顷 Irrigated Area of Cultivated Land /10^3ha	处数 /处 Number /unit	耕地灌溉面积 /千公顷 Irrigated Area of Cultivated Land /10^3ha
合　计	**Total**	**7709**	**30216**	**176**	**6241**	**280**	**5010**
北　京	Beijing	11	42		28	1	0
天　津	Tianjin	80	201		0	1	28
河　北	Hebei	151	1240	6	90	15	274
山　西	Shanxi	188	818	6	0	6	92
内蒙古	Inner Mongolia	211	1386	10	753	4	158
辽　宁	Liaoning	86	465	6	162	5	68
吉　林	Jilin	137	372	5	0	5	25
黑龙江	Heilongjiang	386	882	3	126	22	71
上　海	Shanghai	1	3		0		0
江　苏	Jiangsu	300	2108	7	250	28	526
浙　江	Zhejiang	207	591	4	38	8	91
安　徽	Anhui	499	2083	7	712	3	148
福　建	Fujian	152	236		0	4	0
江　西	Jiangxi	313	762	5	39	13	82
山　东	Shandong	501	2752	19	877	34	733
河　南	Henan	334	2390	18	671	19	462
湖　北	Hubei	563	2337	15	466	25	418
湖　南	Hunan	683	1529	5	0	17	123
广　东	Guangdong	488	784	2	0	1	22
广　西	Guangxi	358	649	3	0	8	22
海　南	Hainan	44	119	1	0		19
重　庆	Chongqing	127	131		0		0
四　川	Sichuan	372	1186	6	164	4	215
贵　州	Guizhou	115	71		0	0	0
云　南	Yunnan	333	714	2	0	10	127
西　藏	Tibet	65	56		0	1	0
陕　西	Shaanxi	180	703	8	47	4	120
甘　肃	Gansu	239	1203	4	203	19	347
青　海	Qinghai	89	107		0		0
宁　夏	Ningxia	30	475	4	33	1	41
新　疆	Xinjiang	466	3821	31	1583	22	797

3-4 2013年万亩以上灌区数量和耕地灌溉面积（按水资源分区分）

Irrigation Districts with an Area above 10,000 mu and Irrigated Area of Cultivated Land in 2013 (by Water Resources Sub-region)

水资源一级区	Grade-I Water Resources Sub-region	合计 Total		#50万亩以上灌区 Irrigated Area up to 500,000 mu and above		#30万～50万亩灌区 Irrigated Area from 300,000 to 500,000 mu	
		处数/处 Number/unit	耕地灌溉面积/千公顷 Irrigated Area of Cultivated Land /10^3ha	处数/处 Number/unit	耕地灌溉面积/千公顷 Irrigated Area of Cultivated Land /10^3ha	处数/处 Number/unit	耕地灌溉面积/千公顷 Irrigated Area of Cultivated Land /10^3ha
合　计	**Total**	**7709**	**30216**	**176**	**6241**	**280**	**5010**
松花江区	Songhua River	571	1348	9	147	26	99
辽河区	Liaohe River	173	856	9	241	10	146
海河区	Haihe River	487	3684	11	796	36	631
黄河区	Yellow River	737	3907	25	979	19	682
淮河区	Huaihe River	1029	5482	39	1031	56	1109
长江区	Yangtze River	2752	7536	38	1321	73	986
东南诸河区	Rivers in Southeast	285	730	3	38	11	69
珠江区	Pearl River	934	1721	7		8	130
西南诸河区	Rivers in Southwest	200	323	1		3	52
西北诸河区	Rivers in Northwest	542	4629	34	1688	38	1109

3-5 2013 年万亩以上灌区数量和耕地灌溉面积（按水资源分区和地区分）

Irrigation Districts with an Area above 10,000 mu in 2013 (by Water Resources Sub-region and Region)

地区	Region	合计 Total		#50 万亩以上灌区 Irrigation Districts up to 500,000 mu and above		#30 万～50 万亩灌区 Irrigation Districts from 300,000 to 500,000 mu	
		处数 /处 Number /unit	耕地灌溉面积 /千公顷 Irrigated Area of Cultivated Land /10^3ha	处数 /处 Number /unit	耕地灌溉面积 /千公顷 Irrigated Area of Cultivated Land /10^3ha	处数 /处 Number /unit	耕地灌溉面积 /千公顷 Irrigated Area of Cultivated Land /10^3ha
松花江区	**Songhua River**	**571**	**1348**	**9**	**147**	**26**	**99**
内蒙古	Inner Mongolia	53	112	1	21		
吉　林	Jilin	132	354	5		4	28
黑龙江	Heilongjiang	386	882	3	126	22	71
辽河区	**Liaohe River**	**173**	**856**	**9**	**241**	**10**	**146**
内蒙古	Inner Mongolia	82	373	3	79	4	78
辽　宁	Liaoning	86	465	6	162	5	68
吉　林	Jilin	5	18			1	
海河区	**Haihe River**	**487**	**3684**	**11**	**796**	**36**	**631**
北　京	Beijing	11	42		28	1	
天　津	Tianjin	80	201			1	28
河　北	Hebei	151	1240	6	90	15	274
山　西	Shanxi	97	290			3	50
内蒙古	Inner Mongolia	5	2				
辽　宁	Liaoning						
山　东	Shandong	88	1115		588	13	201
河　南	Henan	55	794	5	90	2	79
黄河区	**Yellow River**	**737**	**3907**	**25**	**979**	**19**	**692**
山　西	Shanxi	91	528	5		5	53
内蒙古	Inner Mongolia	68	892	5	650		70
山　东	Shandong	58	575		128	3	350
河　南	Henan	87	317	2	16	3	51
陕　西	Shaanxi	151	615	7	47	4	93
甘　肃	Gansu	174	414	2	104	3	35
青　海	Qinghai	78	91				
宁　夏	Ningxia	30	475	4	33	1	41
淮河区	**Huaihe River**	**1029**	**5482**	**39**	**1031**	**55**	**1109**
江　苏	Jiangsu	251	1941	6	211	28	504
安　徽	Anhui	264	1402	5	592	2	95
山　东	Shandong	355	1062	19	161	18	183
河　南	Henan	160	1077	9	67	7	332

3-5 续表 continued

地区	Region	合计 Total		#50万亩以上灌区 Irrigation Districts up to 500,000 mu and above		#30万～50万亩灌区 Irrigation Districts from 300,000 to 500,000 mu	
		处数/处 Number/unit	耕地灌溉面积/千公顷 Irrigated Area of Cultivated Land/10^3ha	处数/处 Number/unit	耕地灌溉面积/千公顷 Irrigated Area of Cultivated Land/10^3ha	处数/处 Number/unit	耕地灌溉面积/千公顷 Irrigated Area of Cultivated Land/10^3ha
长江区	**Yangtze River**	**2752**	**7536**	**38**	**1321**	**75**	**986**
上 海	Shanghai	1	3				
江 苏	Jiangsu	49	167	1	39		38
浙 江	Zhejiang	75	102	1			22
安 徽	Anhui	234	676	2	158	1	53
江 西	Jiangxi	313	762	5	39	13	82
河 南	Henan	32	202	2	455	7	
湖 北	Hubei	563	2337	15	466	25	418
湖 南	Hunan	683	1529	5		17	123
广 西	Guangxi	40	65			2	
重 庆	Chongqing	127	131				
四 川	Sichuan	372	1186	6	164	4	215
贵 州	Guizhou	92	46				
云 南	Yunnan	137	238			6	8
陕 西	Shaanxi	29	88	1			27
甘 肃	Gansu	1	1				
青 海	Qinghai	3	3				
东南诸河区	**Rivers in Southeast**	**285**	**730**	**3**	**38**	**12**	**69**
浙 江	Zhejiang	132	489	3	38	8	69
安 徽	Anhui	1	5				
福 建	Fujian	152	236			4	
珠江区	**Pearl River**	**934**	**1721**	**7**		**8**	**130**
湖 南	Hunan						
广 东	Guangdong	488	784	2		1	22
广 西	Guangxi	318	584	3		6	22
海 南	Hainan	44	119	1			19
贵 州	Guizhou	23	25				
云 南	Yunnan	61	210	1		1	67
西南诸河区	**Rivers in Southwest**	**200**	**323**	**1**		**3**	**52**
云 南	Yunnan	135	267	1		2	52
西 藏	Tibet	65	56			1	
青 海	Qinghai						
西北诸河区	**Rivers in Northwest**	**542**	**4629**	**34**	**1688**	**38**	**1109**
内蒙古	Inner Mongolia	4	7	1	6		
甘 肃	Gansu	64	788	2	99	16	312
青 海	Qinghai	8	13				
新 疆	Xinjiang	466	3821	31	1583	22	797

3-6 历年机电排灌站处数和装机容量

Installed Capacity of Irrigation and Drainage Stations with Mechanical and Electrical Equipment, by Year

年份 Year	机电排灌站装机容量 /千千瓦 Installed Capacity /10³kW	固定机电排灌站 Fixed Irrigation and Drainage Stations				流动机装机容量 /千千瓦 Installed Capacity of Mobile Equipment /10³kW	喷滴灌装机容量 /千千瓦 Installed Capacity of Sprinkler and Drip /10³kW
		处数 /处 Number /unit	机械 Mechanical Equipment	电力 Electrical Equipment	装机容量 /千千瓦 Installed Capacity /10³kW		
1977		405472	162486	242986	13933		
1978		415898	160142	255756	15028		
1979		431730	155529	276201	16494		
1980		524426	234029	290397	17976		
1981		472299	175243	297056	18043		
1982		470819	166225	304594	18566		
1983		475350	159120	316230	19055		
1984		478130	151055	327075	19249		
1985		462269	133519	328750	19148		
1986		455616	122806	332810	19182		
1987		462100	115602	346498	19558		
1988		461085	107156	353929	19854		
1989		465377			19978		
1990		473680			20065		
1991		481566			23213		
1992		493599			22200		
1993		493501			21142		
1994		494349			21086		
1995		495700			21061		
1996		498063			21418		
1997		502861			21530		
1998		503805			21797		
1999		513883			21987		
2000	41570	506067			21798	17837	1934
2001	46670	516743			23510	20891	2269
2002	43604	507397			22881	18170	2553
2003	43039	502165			21988	18316	2735
2004	43748	494172			21912	19016	2820
2005	43599	489921			22176	18515	2908
2006	44726	473349			24531	20196	
2007	45789	443504			23953	18590	3247
2008	44378	446151			22327	18379	3671
2009	45174	446494			24474	16688	4011
2010	43987	435320			23305	16734	3947
2011	44030	423335			23111	16628	4291
2012	52791	434062			27158	19598	6034

注 2006 年流动机装机容量包含了喷滴灌装机容量。

Note The installed capacity of mobile equipment includes those of sprinklers and drips in 2006.

3-7 历年农田排灌机械保有量和装机容量

Registered Mechanical Equipment for Irrigation and Drainage, by Year

单位：千千瓦　　　　unit: 10^3kW

年份 Year	排灌机械保有量合计 Total Registered Machinery and Equipment for Irrigation and Drainage	#电动机 Motor	配套机电井装机容量 Installed Capacity of Counterpart Wells	机电排灌站装机容量 Installed Capacity of Irrigation and Drainage Stations	#固定机电排灌站 Fixed Irrigation and Drainage Stations
1951	84				
1952	94				
1953	104				
1954	121				
1955	153				
1956	282				
1957	415	71			
1958	886				
1959	2299	383			
1960	3540	624			
1961	3948	1016			
1962	4521	1648			
1963	5101	2164			
1964	5579	2675			
1965	6674	3259			
1970	13421				
1971	14598	6299			
1972	18126	10218			
1973	25442	12867			
1974	28894	14798			
1975	34810	17064	15765		11285
1976	39850	19824	18200		12730
1977	42920	21084	18453		13933
1978	47224	24200	20732		15028
1979	51329	25988	20616		16494
1980	53840	27355	20740		17976
1981	54548	28563	21228		18043
1982	55618	29894	21907		18566
1983	57923	31731	22814		19055
1984	59575	32942	22857		19249
1985	59414	33192	23151		19148
1986	59793	34059	22774		19182
1987	62422	35459	23706		19558
1988	64367	36424	25378		19854
1989	66354	37400	25932		19978
1990	68055	38311	26594		20065
1991	70485	39907	26451		23213
1992	65968	39895	27257		22200
1993	65845	39806	27648		21142
1994	66905	40706	27988		21086
1995	68241	41764	29001		21061
1996	70196	43034	30468		21418
1997	72686		32215		21530
1998	75594		33606		21797
1999	77009		35242		21987
2000	77477		35908	41570	21798
2001	87999		41329	46670	23510
2002	81295		37692	43604	22881
2003	80780		37741	43039	21988
2004	82159		38411	43748	21912
2005	82469		38871	43599	22176
2006	85443		40718	44726	24531
2007	86684		40894	45789	23953
2008	85883		41505	44378	22327
2009	87530		42356	45174	24474
2010	87201		43215	43987	23305
2011	88237		44207	44030	23111
2012	102222		49431	52791	27158

3-8 历年机电井眼数和装机容量

Mechanical and Electrical Wells, by Year

年份 Year	机电井眼数 /万眼 Number of Mechanical and Electrical Wells /10^4unit	#灌溉机电井 Mechanical and Electrical Wells for Irrigation	配套机电井眼数 /万眼 Number of Counterpart Mechanical and Electrical Wells /10^4unit	#灌溉机电井 Mechanical and Electrical Wells for Irrigation	配套机电井装机容量 /千千瓦 Installed Capacity of Counterpart Mechanical and Electrical Wells /10^3kW	#灌溉机电井 Mechanical and Electrical Wells for Irrigation
1964		13.83		10.51		
1965		19.42		19.42		
1966		22.84		15.26		
1969		74.87		43.41		
1970		91.89		62.70		
1971		113.31		80.67		
1972		134.91		100.76		
1973		170.02		130.35		
1974		194.62		157.09		
1975		217.46		181.75		15765
1976		240.73		203.32		18200
1977		254.59		210.88		18463
1978		265.87		221.83		20732
1979		273.25		229.37		20616
1980		269.10		229.06		20740
1981		266.47		229.77		21228
1982		271.46		234.31		21901
1983		278.12		241.30		22814
1984		279.86		240.31		22857
1985		277.00		237.04		23151
1986		276.65		236.39		22774
1987		282.31		243.02		23706
1988		291.83		251.90		25378
1989		305.47		263.29		25932
1990		314.92		273.11		26594
1991		324.64		283.27		26451
1992		335.39		294.58		27257
1993		342.48		302.16		27648
1994		345.59		306.30		27988
1995		355.91		316.98		29001
1996		373.00		332.55		30468
1997		399.84		355.07		32215
1998		417.88		371.75		33606
1999		434.06		386.67		35242
2000		444.81		398.96		35908
2001		454.66		409.23		41329
2002		465.57		418.35		37692
2003		470.94		422.43		37741
2004		475.58		426.24		38411
2005		478.57		428.20		38871
2006		485.85		436.53		40718
2007	511.80	484.90	461.39	438.84	46286	40894
2008	522.58	488.74	474.12	443.86	46571	41505
2009	529.31	493.82	482.56	450.80	49859	42356
2010	533.71	501.21	487.20	458.18	51446	43215
2011	541.38	507.90	494.83	464.94	54048	43757
2012	454.33					
2013	458.36					

注 2006年以前（含2006年）只统计灌溉机电井，2007年以后还包括供水机电井。

Note Before 2006 (including 2006), the statistical data only includes mechanical and electrical wells for irrigation; after 2007 it also include wells for water supply.

3-9 历年灌溉面积

Irrigated Area by Year

单位：千公顷 unit: 10^3ha

年份 Year	灌溉面积 总计 Total Irrigated Area	耕地灌溉面积 Irrigated Area of Cultivated Land	林地 Forestry	果园 Fruit Garden	牧草 Pasture Land	其他 Others	耕地实灌面积 Actual Irrigated Area	旱涝保收面积 Harvest Area Guaranteed in Case of Flood and Drought
1952		19335.3						
1953		22250.7						
1954		23222.7						
1955		24609.3						
1957		25004.7						
1962		28696.7						
1965		32036.0						
1972		40642.0						
1973		43810.7						
1974		45707.3						
1975		46120.7					39281.3	
1976		45463.3					40825.3	
1977		48186.7					40559.3	
1978		48053.3					41714.7	
1979		48318.7					41663.3	
1980		48888.0					39906.0	
1981		48600.0					39656.7	
1982		48663.3					40177.3	
1983		48546.0					39383.3	
1984		48400.0					39933.3	
1985		47932.7					38671.3	
1986		47872.7					39938.0	
1987		47966.7					39861.3	33349.3
1988		47980.7					41188.7	33570.7
1989		48337.3					40695.3	33994.0
1990		48389.3					41437.3	34365.3
1991		48951.3					42884.0	34720.0
1992		49464.0					43501.3	35374.0
1993		49839.3					42914.0	35631.3
1994		49938.0					43610.7	36140.0
1995		50412.7					44102.0	36636.0
1996		51160.7					44768.7	37187.3
1997		52268.7					46187.3	38102.0
1998		53400.0					47036.0	38760.7
1999		54366.0					47709.3	39375.3
2000	59341.6	55013.2	1072.8	1601.3	1001.3	653.0	47965.2	40164.3
2001	60025.4	55517.0	1136.5	1665.7	1035.9	670.1	48398.4	40532.2
2002	60753.1	55857.9	1252.0	1759.6	1194.9	660.9	48434.6	40594.9
2003	61056.1	55900.6	1468.2	1835.1	1186.7	665.5	47383.2	40852.5
2004	61511.2	56252.1	1573.3	1862.5	1185.0	638.3	47783.9	40740.6
2005	61897.9	56562.4	1636.6	1861.0	1172.0	672.5	47968.7	41337.7
2006	62559.1	57078.4	1562.1	1988.6	1201.2	728.8	49024.5	41335.0
2007	63413.5	57782.4	1598.4	2039.4	1225.5	767.8	49936.9	41745.7
2008	64119.7	58471.7	1648.9	2065.0	1214.4	719.7	50665.5	42024.9
2009	65164.6	59261. 5	1774.7	2088.6	1246.9	793.0	51806.6	42358.2
2010	66352.3	60347.7	1821.9	2151.4	1257.6	773.7	52589.0	42871.5
2011	67742.9	61681.6	1899.2	2178.2	1264.7	719.2	53982.2	43383.4
2012	67782.7	62490.5	1766.8	2189.8	819.4	516.2		
2013	69481.4	63473.3	2111.3	2315.1	1059.4	522.2	53105.4	

3-10 历年人均耕地灌溉面积和机电灌溉占有效灌溉比重

Irrigated Area Per Capita and Proportion of Mechanical & Electrical Equipment in Effective Irrigated Area, by Year

年份 Year	人均耕地灌溉面积/亩每人 Irrigated Area Per Capita/(mu/person)		机电排灌面积占耕地灌溉面积的比重/% Proportion of Total Mechanical and Electrical Equipment in Effective Irrigated Area /%
	按总人口 Based on Total Population	按乡村人口 Based on Total Rural Population	
1950	0.45	0.54	
1951	0.49	0.58	
1952	0.50	0.59	1.6
1953	0.57	0.67	
1954	0.58	0.68	
1955	0.60	0.71	
1957	0.58	0.69	4.8
1962	0.64	0.77	
1965	0.66	0.80	25.3
1972	0.70	0.83	
1973	0.74	0.87	
1974	0.76	0.89	
1975	0.75	0.89	51.8
1976	0.79	0.93	
1977	0.76	0.90	
1978	0.75	0.89	52.7
1979	0.74	0.89	54.4
1980	0.74	0.90	54.1
1982	0.72	0.87	54.1
1983	0.71	0.87	54.3
1984	0.70	0.87	54.1
1985	0.69	0.86	54.9
1986	0.68	0.80	55.0
1987	0.67	0.84	55.7
1988	0.66	0.83	55.8
1989	0.66	0.83	55.9
1990	0.63	0.81	56.3
1991	0.64	0.82	56.1
1992	0.64	0.82	57.4
1993	0.63	0.83	57.3
1994	0.63	0.83	57.4
1995	0.62	0.82	57.7
1996	0.63	0.83	58.2
1997	0.63	0.86	58.6
1998	0.64	0.88	59.1
1999	0.65	0.86	59.2
2000	0.65	0.87	59.3
2001	0.65	0.89	59.4
2002	0.66	0.90	59.5
2003	0.65	0.89	59.6
2004	0.65	0.90	58.4
2005	0.65	0.89	66.9
2006	0.65	0.90	65.8
2007	0.66	1.19	67.0
2008	0.66	1.22	67.2
2009	0.67	1.25	67.5
2010	0.68	1.34	67.5
2011	0.69	1.41	67.2
2012	0.69	1.46	68.0
2013	0.70	1.51	—

3-11　2013 年灌溉面积（按地区分）
Irrigated Area in 2013 (by Region)

单位：千公顷　　　　unit: 10^3ha

地区	Region	灌溉面积总计 Total Irrigated Area	耕地灌溉面积 Irrigated Area of Cultivated Land	林地灌溉面积 Irrigated Area of Forest	果园灌溉面积 Irrigated Area of Fruit Garden	牧草灌溉面积 Irrigated Area of Pasture Land	其他灌溉面积 Others
合　计	**Total**	**69481.4**	**63473.3**	**2111.3**	**2315.1**	**1059.4**	**522.2**
北　京	Beijing	234.4	153.0	38.5	37.7	1.0	4.2
天　津	Tianjin	326.6	308.9	11.5	6.3		0.0
河　北	Hebei	4685.5	4349.0	103.5	216.9	8.9	7.1
山　西	Shanxi	1419.8	1382.8	17.7	16.8	0.5	2.0
内蒙古	Inner Mongolia	3527.1	2957.8	82.3	9.5	477.5	0.0
辽　宁	Liaoning	1531.7	1407.8	11.1	71.6	5.8	35.4
吉　林	Jilin	1557.4	1510.1	2.6	8.4	14.0	22.2
黑龙江	Heilongjiang	5361.0	5342.1	4.8	7.6	4.7	1.7
上　海	Shanghai	321.4	184.1	97.1	21.3		18.9
江　苏	Jiangsu	4077.8	3785.3	121.6	115.2	6.2	49.5
浙　江	Zhejiang	1521.8	1409.4	25.4	63.9	0.9	22.2
安　徽	Anhui	4387.0	4305.5	28.9	46.0	0.8	5.7
福　建	Fujian	1216.7	1122.4	30.2	49.2	3.4	11.4
江　西	Jiangxi	2055.6	1995.6	16.7	43.2		0.1
山　东	Shandong	5320.1	4739.6	156.2	318.4	5.6	100.3
河　南	Henan	5088.5	4969.1	59.9	44.7	0.1	14.8
湖　北	Hubei	3074.1	2791.4	69.0	71.5	5.7	136.6
湖　南	Hunan	3180.2	3084.3	30.0	42.3	0.5	23.1
广　东	Guangdong	2050.7	1770.8	39.8	238.3		1.8
广　西	Guangxi	1648.9	1586.4	11.1	51.4		0.0
海　南	Hainan	310.7	250.4	37.2	19.2	0.6	3.4
重　庆	Chongqing	679.3	675.2		4.1		0.0
四　川	Sichuan	2842.2	2616.5	88.2	124.1	7.3	6.1
贵　州	Guizhou	933.8	931.4		0.2		2.2
云　南	Yunnan	1749.9	1660.3	17.4	55.5	4.4	12.3
西　藏	Tibet	443.9	239.3	29.1	30.7	143.9	1.0
陕　西	Shaanxi	1330.8	1209.9	9.1	96.9	1.7	13.2
甘　肃	Gansu	1475.3	1284.1	145.0	30.6	15.6	0.0
青　海	Qinghai	259.3	182.4	31.2	6.8	38.9	0.0
宁　夏	Ningxia	581.7	498.6	35.5	25.3	17.7	4.8
新　疆	Xinjiang	6288.2	4769.9	760.5	441.4	294.1	22.3

3-12　2013 年灌溉面积（按水资源分区分）

Irrigated Area in 2013 (by Water Resources Sub-region)

单位：千公顷　　unit: 10^3ha

水资源一级区	Grade- I Water Resources Region	灌溉面积 总计 Total Irrigated Area	耕地灌溉面积 Irrigated Area of Cultivated Land	林地灌溉面积 Irrigated Area of Forest	果园灌溉面积 Irrigated Area of Fruit Garden	牧草灌溉面积 Irrigated Area of Pasture Land	其他灌溉面积 Others
合　计	**Total**	**69481.4**	**63473.3**	**2111.3**	**2315.1**	**1059.4**	**522.2**
松花江区	Songhua River	7432.7	7310.2	10.4	16.1	72.4	23.6
辽河区	Liaohe River	2760.4	2460.9	33.1	70.5	160.2	35.7
海河区	Haihe River	8069.6	7463.2	228.5	324.0	22.9	31.1
黄河区	Yellow River	5866.3	5305.2	170.1	181.9	182.3	26.7
淮河区	Huaihe River	11862.6	11180.7	195.2	370.4	6.0	110.4
长江区	Yangtze River	17752.9	16690.9	404.0	405.0	19.7	233.4
东南诸河区	Rivers in Southeast	2244.6	2061.9	50.5	104.0	4.2	23.8
珠江区	Pearl River	4559.2	4147.4	85.7	317.2	0.7	8.2
西南诸河区	Rivers in Southwest	1358.0	1108.4	33.9	64.7	144.1	7.0
西北诸河区	Rivers in Northwest	7575.0	5744.5	899.9	461.3	446.9	22.3

3-13 2013年灌溉面积（按水资源分区和地区分）

Irrigated Area in 2013 (by Water Resources Sub-region and Region)

单位：千公顷　　unit: 10^3ha

地区	Region	灌溉面积总计 Total Irrigated Area	耕地灌溉面积 Irrigated Area of Cultivated Land	林地灌溉面积 Irrigated Area of Forest	果园灌溉面积 Irrigated Area of Fruit Garden	牧草灌溉面积 Irrigated Area of Pasture Land	其他灌溉面积 Others
松花江区	**Songhua River**	**7432.67**	**7310.22**	**10.39**	**16.07**	**72.38**	**23.61**
内蒙古	Inner Mongolia	531.38	474.74	2.91	0.05	53.68	
吉　林	Jilin	1540.29	1493.36	2.63	8.40	14.02	21.88
黑龙江	Heilongjiang	5361.00	5342.12	4.85	7.62	4.68	1.73
辽河区	**Liaohe River**	**2760.43**	**2460.90**	**33.11**	**70.51**	**160.18**	**35.73**
内蒙古	Inner Mongolia	1224.63	1046.10	22.18	1.99	154.36	
辽　宁	Liaoning	1518.71	1398.03	10.93	68.52	5.82	35.41
吉　林	Jilin	17.09	16.77				0.32
海河区	**Haihe River**	**8069.64**	**7463.23**	**228.48**	**323.96**	**22.89**	**31.07**
北　京	Beijing	234.35	153.02	38.48	37.70	0.97	4.18
天　津	Tianjin	326.61	308.87	11.48	6.26		
河　北	Hebei	4685.48	4349.03	103.52	216.94	8.86	7.14
山　西	Shanxi	499.47	489.67	6.23	3.31	0.26	
内蒙古	Inner Mongolia	71.68	63.46	0.29		7.93	
辽　宁	Liaoning	13.03	9.81	0.17	3.05		
山　东	Shandong	1600.68	1474.73	60.75	49.61	4.87	10.72
河　南	Henan	638.33	614.64	7.56	7.10		9.03
黄河区	**Yellow River**	**5866.27**	**5305.21**	**170.12**	**181.89**	**182.30**	**26.74**
山　西	Shanxi	920.30	893.12	11.51	13.47	0.20	2.00
内蒙古	Inner Mongolia	1473.04	1266.74	48.32	7.05	150.93	
山　东	Shandong	335.40	305.51	5.79	19.47		4.63
河　南	Henan	771.32	737.78	19.08	9.43	0.05	4.98
陕　西	Shaanxi	1141.61	1032.97	5.94	91.08	1.23	10.38
甘　肃	Gansu	474.67	432.78	26.22	12.49	3.19	
青　海	Qinghai	168.20	137.75	17.76	3.64	9.05	
宁　夏	Ningxia	581.72	498.56	35.50	25.26	17.65	4.75
淮河区	**Huaihe River**	**11862.63**	**11180.66**	**195.19**	**370.39**	**6.02**	**110.37**
江　苏	Jiangsu	2590.26	2440.58	67.10	53.88	5.18	23.52
安　徽	Anhui	2685.79	2633.35	10.08	41.14	0.10	1.11
山　东	Shandong	3384.01	2959.33	89.62	249.34	0.74	84.98
河　南	Henan	3202.57	3147.39	28.39	26.03		0.76

3-13 续表 continued

地区	Region	灌溉面积 总计 Total Irrigated Area	耕地 灌溉面积 Irrigated Area of Cultivated Land	林地 灌溉面积 Irrigated Area of Forest	果园 灌溉面积 Irrigated Area of Fruit Garden	牧草 灌溉面积 Irrigated Area of Pasture Land	其他 灌溉面积 Others
长江区	**Yangtze River**	**17752.94**	**16690.91**	**403.97**	**405.00**	**19.67**	**233.39**
上 海	Shanghai	321.38	184.09	97.09	21.34		18.86
江 苏	Jiangsu	1487.53	1344.69	54.52	61.32	0.99	26.01
浙 江	Zhejiang	493.89	469.90	5.09	9.06	0.08	9.76
安 徽	Anhui	1701.21	1672.18	18.81	4.89	0.70	4.63
江 西	Jiangxi	2055.61	1995.60	16.67	43.20		0.13
河 南	Henan	476.28	469.30	4.88	2.10		
湖 北	Hubei	3074.13	2791.41	68.99	71.49	5.65	136.59
湖 南	Hunan	3137.20	3042.46	30.04	41.18	0.48	23.05
广 西	Guangxi	68.97	62.60	4.16	2.21		
重 庆	Chongqing	679.32	675.18		4.14		
四 川	Sichuan	2842.18	2616.54	88.18	124.12	7.25	6.09
贵 州	Guizhou	728.81	728.77		0.04		
云 南	Yunnan	467.10	434.41	10.89	12.29	4.07	5.45
陕 西	Shaanxi	189.23	176.97	3.19	5.81	0.44	2.82
甘 肃	Gansu	29.96	26.71	1.45	1.80		
青 海	Qinghai	0.14	0.10	0.01	0.01	0.01	
东南诸河区	**Rivers in Southeast**	**2244.56**	**2061.91**	**50.54**	**104.04**	**4.25**	**23.82**
浙 江	Zhejiang	1027.89	939.49	20.33	54.79	0.84	12.43
安 徽	Anhui						
福 建	Fujian	1216.66	1122.42	30.20	49.24	3.40	11.40
珠江区	**Pearl River**	**4559.18**	**4147.35**	**85.70**	**317.18**	**0.72**	**8.23**
湖 南	Hunan	42.98	41.84		1.10		0.04
广 东	Guangdong	2050.67	1770.76	39.78	238.34		1.80
广 西	Guangxi	1579.92	1523.77	6.98	49.17		
海 南	Hainan	310.71	250.38	37.22	19.15	0.60	3.36
贵 州	Guizhou	205.03	202.65		0.21		2.17
云 南	Yunnan	369.88	357.96	1.72	9.21	0.12	0.87
西南诸河区	**Rivers in Southwest**	**1358.03**	**1108.37**	**33.90**	**64.70**	**144.08**	**6.97**
云 南	Yunnan	912.90	867.90	4.81	34.01	0.17	6.02
西 藏	Tibet	443.93	239.27	29.09	30.69	143.91	0.96
青 海	Qinghai	1.20	1.20				
西北诸河区	**Rivers in Northwest**	**7575.03**	**5744.55**	**899.93**	**461.34**	**446.95**	**22.26**
内蒙古	Inner Mongolia	226.41	106.72	8.63	0.44	110.62	
甘 肃	Gansu	970.64	824.60	117.33	16.34	12.38	
青 海	Qinghai	89.81	43.34	13.44	3.19	29.84	
新 疆	Xinjiang	6288.17	4769.89	760.53	441.37	294.11	22.26

3-14 历年耕地灌溉面积减少原因

Reasons of Decrease of Irrigated Area, by Year

单位：千公顷 unit: 10^3ha

年份 Year	耕地灌溉面积 Irrigated Area of Cultivated Land		耕地灌溉面积减少原因 Reasons of Decrease of Irrigated Area					
	新增 Newly-increased	减少 Decrease	工程老化、毁损 Aging and Damage of Structures	机井报废 Abortion of Wells	建设占地 Land Occupation by Construction	长期水源不足 Long-term Insufficiency of Water Sources	退耕 Converting Farmland to Other Usage	其他 Others
2001	1169.38	665.58	306.33	10.88	112.93		48.00	187.44
2002	1251.42	901.21	325.95	12.27	197.74		141.17	224.09
2003	1226.08	1183.39	404.32	19.96	216.77		228.24	314.09
2004	1159.95	808.45	281.74	14.98	206.02		100.59	205.13
2005	1012.35	697.34	237.31	14.91	199.94		68.43	176.76
2006	1343.11	796.86	183.12		123.67	100.06	39.69	350.32
2007	1344.05	608.63	192.26		125.89	54.62	51.93	183.93
2008	1318.27	648.41	239.55		97.04	96.52	22.95	192.35
2009	1533.10	742.85	245.13		126.19	79.36	25.62	266.55
2010	1721.64	659.17	250.41		91.06	87.38	47.55	182.78
2011	2129.97	803.32	294.03		104.05	88.81	19.16	297.28
2012	2151.38	743.78	335.11		107.92	78.55	17.48	204.72
2013	1552.29	473.27	85.99		87.22	73.24	59.54	167.28

3-15　2013年耕地灌溉面积减少原因（按地区分）

Reasons of Decrease of Irrigated Area in 2013 (by Region)

单位：千公顷　　unit: 10^3ha

地区	Region	耕地灌溉面积 Irrigated Area of Cultivated Land		耕地灌溉面积减少原因 Reasons of Decrease of Irrigated Area				
		新增 Newly-increased	减少 Decrease	工程老化、毁损 Aging and Damage of Structures	建设占地 Land Occupation by Construction	长期水源不足 Long-term Insufficiency of Water Sources	退耕 Converting Farmland to Other Usage	其他 Others
合　计	**Total**	**1552.29**	**473.27**	**85.99**	**87.22**	**73.24**	**59.54**	**167.28**
北　京	Beijing	1.68	3.33		0.66		0.95	1.72
天　津	Tianjin							
河　北	Hebei	133.54	38.54	10.50	4.92	10.31	3.43	9.38
山　西	Shanxi	75.65	11.93	1.43	1.78	2.50	0.18	6.04
内蒙古	Inner Mongolia	30.40	2.33	0.03	0.70		1.60	
辽　宁	Liaoning	134.58	20.74	3.80	0.02	7.64		9.28
吉　林	Jilin	58.20	0.14	0.14				
黑龙江	Heilongjiang	282.63	10.51	0.95	4.66			4.90
上　海	Shanghai		14.93					14.93
江　苏	Jiangsu	66.53	10.86	2.71	3.25			4.89
浙　江	Zhejiang	24.04	5.63	1.32	1.22	0.79	0.14	2.16
安　徽	Anhui	43.30	2.27	0.90	1.29		0.08	0.00
福　建	Fujian	16.49	7.26	1.22	1.84	0.53	0.08	3.59
江　西	Jiangxi	22.38	35.55	0.28	6.39	0.74	0.05	28.09
山　东	Shandong	86.48	15.32	1.52	12.51	0.42	0.50	0.37
河　南	Henan	202.35	110.08	47.41	11.41	27.99	3.89	19.38
湖　北	Hubei	35.50	22.19		0.39	11.71	4.17	5.92
湖　南	Hunan	16.20	2.73	0.18	0.34	1.69	0.05	0.47
广　东	Guangdong	9.41	8.79		0.11			8.68
广　西	Guangxi	12.35	0.59		0.25	0.15	0.05	0.14
海　南	Hainan	4.24	1.18		0.68			0.50
重　庆	Chongqing	14.34	0.30		0.30			
四　川	Sichuan	68.48	18.71	2.31	8.03	0.49	0.45	7.43
贵　州	Guizhou	24.21	2.38	0.05	0.42			1.91
云　南	Yunnan	56.75	14.29	1.21	6.92	1.71	1.19	3.26
西　藏	Tibet	8.33						
陕　西	Shaanxi	38.76	36.29	8.91	12.49	5.99	1.42	7.48
甘　肃	Gansu	9.99	11.87	0.19	0.42			11.26
青　海	Qinghai							
宁　夏	Ningxia	4.11	0.30		0.18			0.12
新　疆	Xinjiang	71.36	64.23	0.94	6.03	0.58	41.32	15.36

3-16 2013年耕地灌溉面积减少原因（按水资源分区分）

Reasons of Decrease of Irrigated Area in 2013 (by Water Resources Sub-region)

单位：千公顷 unit: 10^3ha

水资源一级区	Grade-Ⅰ Water Resources Sub-region	耕地灌溉面积 Irrigated Area of Cultivated Land		耕地灌溉面积减少原因 Reasons of Decrease of Irrigated Area				
		新增 Newly-increased	减少 Decrease	工程老化、毁损 Aging and Damage of Structures	建设占地 Land Occupation by Construction	长期水源不足 Long-term Insufficiency of Water Sources	退耕 Converting Farmland to Other Usage	其他 Others
合 计	**Total**	**1552.29**	**473.27**	**85.99**	**87.22**	**73.24**	**59.54**	**167.28**
松花江区	Songhua River	363.93	10.65	1.09	4.66			4.90
辽河区	Liaohe River	134.54	20.74	3.80	0.02	7.64		9.28
海河区	Haihe River	188.71	72.20	14.44	17.33	15.81	4.63	19.99
黄河区	Yellow River	127.01	51.86	11.74	13.64	9.39	2.94	14.15
淮河区	Huaihe River	283.17	81.42	42.97	11.52	14.79	3.36	8.77
长江区	Yangtze River	265.58	126.96	7.73	24.94	22.29	6.63	65.38
东南诸河区	Rivers in Southeast	35.84	11.80	2.41	2.52	1.06	0.11	5.70
珠江区	Pearl River	41.50	12.52	0.05	1.90	0.70	0.29	9.58
西南诸河区	Rivers in Southwest	38.13	9.50	0.83	4.65	0.98	0.14	2.90
西北诸河区	Rivers in Northwest	73.88	75.62	0.94	6.03	0.58	41.45	26.62

3-17　2013 年耕地灌溉面积减少原因（按水资源分区和地区分）

Reasons of Decrease of Irrigated Area in 2013 (by Water Resources Sub-region and Region)

单位：千公顷　　　　unit: 10^3ha

地区	Region	耕地灌溉面积 Irrigated Area of Cultivated Land		耕地灌溉面积减少原因 Reasons of Decrease of Irrigated Area				
		新增 Newly-increased	减少 Decrease	工程老化、毁损 Aging and Damage of Structures	建设占地 Land Occupation by Construction	长期水源不足 Long-term Insufficiency of Water Sources	退耕 Converting Farmland to Other Usage	其他 Others
松花江区	**Songhua River**	**363.93**	**10.65**	**1.09**	**4.66**			**4.90**
内蒙古	Inner Mongolia	23.10						
吉　林	Jilin	58.20	0.14	0.14				
黑龙江	Heilongjiang	282.63	10.51	0.95	4.66			4.90
辽河区	**Liaohe River**	**134.54**	**20.74**	**3.80**	**0.02**	**7.64**		**9.28**
内蒙古	Inner Mongolia							
辽　宁	Liaoning	134.54	20.74	3.80	0.02	7.64		9.28
吉　林	Jilin							
海河区	**Haihe River**	**188.71**	**72.20**	**14.44**	**17.33**	**15.81**	**4.63**	**19.99**
北　京	Beijing	1.68	3.33		0.66		0.95	1.72
天　津	Tianjin							
河　北	Hebei	133.54	38.54	10.50	4.92	10.31	3.43	9.38
山　西	Shanxi	20.36	2.42	0.48	0.85	0.96		0.13
内蒙古	Inner Mongolia	2.13						
辽　宁	Liaoning	0.04						
山　东	Shandong	9.72	8.29	0.10	7.99		0.2	
河　南	Henan	21.24	19.62	3.36	2.91	4.54	0.05	8.76
黄河区	**Yellow River**	**127.01**	**51.86**	**11.74**	**13.64**	**9.39**	**2.94**	**14.15**
山　西	Shanxi	55.29	9.51	0.95	0.93	1.54	0.18	5.91
内蒙古	Inner Mongolia	2.92	2.20	0.03	0.7		1.47	
山　东	Shandong	10.16	0.70	0.53	0.04	0.12		0.01
河　南	Henan	14.30	8.58	2.32	2.2	2.42		1.64
陕　西	Shaanxi	31.68	29.96	7.72	9.17	5.31	1.29	6.47
甘　肃	Gansu	8.55	0.61	0.19	0.42			
青　海	Qinghai							
宁　夏	Ningxia	4.11	0.30		0.18			0.12
淮河区	**Huaihe River**	**283.17**	**81.42**	**42.97**	**11.52**	**14.79**	**3.36**	**8.77**
江　苏	Jiangsu	40.60	3.13	2.71	0.39			0.03
安　徽	Anhui	35.71	1.66	0.90	0.76			
山　东	Shandong	66.60	6.33	0.89	4.48	0.30	0.3	0.36
河　南	Henan	140.26	70.30	38.47	5.897	14.49	3.06	8.38

3-17 续表 continued

地区	Region	耕地灌溉面积 Irrigated Area of Cultivated Land		耕地灌溉面积减少原因 Reasons of Decrease of Irrigated Area				
		新增 Newly-increased	减少 Decrease	工程老化、毁损 Aging and Damage of Structures	建设占地 Land Occupation by Construction	长期水源不足 Long-term Insufficiency of Water Sources	退耕 Converting Farmland to Other Usage	其他 Others
长江区	**Yangtze River**	**265.58**	**126.96**	**7.73**	**24.94**	**22.29**	**6.63**	**65.38**
上 海	Shanghai		14.93					14.93
江 苏	Jiangsu	25.93	7.73		2.87			4.86
浙 江	Zhejiang	4.69	1.09	0.13	0.54	0.26	0.11	0.05
安 徽	Anhui	7.59	0.61		0.53		0.08	0.003
江 西	Jiangxi	22.38	35.55	0.28	6.39	0.74	0.05	28.09
河 南	Henan	26.55	11.58	3.26	0.4	6.54	0.78	0.60
湖 北	Hubei	35.50	22.19		0.39	11.71	4.17	5.92
湖 南	Hunan	14.95	1.99	0.18	0.24	1.25	0.03	0.29
广 西	Guangxi	0.19						
重 庆	Chongqing	14.34	0.30		0.3			
四 川	Sichuan	68.48	18.71	2.31	8.03	0.49	0.45	7.43
贵 州	Guizhou	19.63	2.31		0.40			1.91
云 南	Yunnan	17.10	3.64	0.38	1.53	0.62	0.83	0.28
陕 西	Shaanxi	7.08	6.33	1.19	3.32	0.68	0.13	1.01
甘 肃	Gansu	1.17						
青 海	Qinghai							
东南诸河区	**Rivers in Southeast**	**35.84**	**11.80**	**2.41**	**2.52**	**1.06**	**0.11**	**5.70**
浙 江	Zhejiang	19.35	4.54	1.19	0.68	0.53	0.03	2.11
安 徽	Anhui							
福 建	Fujian	16.49	7.26	1.22	1.84	0.53	0.08	3.59
珠江区	**Pearl River**	**41.50**	**12.52**	**0.05**	**1.90**	**0.70**	**0.29**	**9.58**
湖 南	Hunan	1.25	0.74		0.10	0.44	0.02	0.18
广 东	Guangdong	9.41	8.79		0.11			8.68
广 西	Guangxi	12.16	0.59		0.25	0.15	0.05	0.14
海 南	Hainan	4.24	1.18		0.68			0.50
贵 州	Guizhou	4.58	0.07	0.05	0.02			
云 南	Yunnan	9.86	1.15		0.74	0.11	0.22	0.08
西南诸河区	**Rivers in Southwest**	**38.13**	**9.50**	**0.83**	**4.65**	**0.98**	**0.14**	**2.90**
云 南	Yunnan	29.79	9.50	0.83	4.65	0.98	0.14	2.90
西 藏	Tibet	8.33						
青 海	Qinghai							
西北诸河区	**Rivers in Northwest**	**73.88**	**75.62**	**0.94**	**6.03**	**0.58**	**41.45**	**26.62**
内蒙古	Inner Mongolia	2.25	0.13				0.13	
甘 肃	Gansu	0.27	11.26					11.26
青 海	Qinghai							
新 疆	Xinjiang	71.36	64.23	0.94	6.03	0.58	41.32	15.36

3-18 历年机电灌溉面积
Lifting Irrigated Area by Year

单位：千公顷 unit: 10^3ha

年份 Year	机电排灌面积 Irrigated and Drainage Area with Mechanical and Electrical Equipment	机电提灌面积合计 Total Lifting Irrigated Area				纯排面积 Drainage Area Only
			#机电井 Mechanical and Electrical Well	固定站 Fixed Station	流动机 Mobile Equipment	
1951	285.33					
1952	317.33					
1953	349.33					
1954	396.00					
1955	529.33					
1956	786.00					
1957	1202.00					
1961	4932.67					
1962	6135.33					
1963	5474.00					
1964	6246.00					
1965	8093.33					
1970	14992.00					
1971	16063.33					
1972	19549.33					
1973	21976.00					
1974	24588.67					
1975		23908.00				
1976	28850.67					
1977	28778.67					
1978	30368.00	25335.33				
1979		26305.33				
1980		26440.00				
1982		26316.00				
1983		26302.67				
1984		26182.67				
1985		26298.00				
1986		26346.00				
1987	30763.33	26729.33	11087.33			
1988	30729.33	26728.67	11216.67			
1989	31032.00	27038.00	11435.33			
1990	31225.33	27235.33	11739.33			
1991	31489.33	27449.33	12111.33			
1992	32496.00	28379.33	12253.33			
1993	32596.00	28550.00	12487.33			
1994	32739.33	28642.00	12526.00			
1995	33274.00	29070.00	12789.33			
1996	34005.33	29751.33	13358.00			
1997	34915.33	30654.00	14131.33			
1998	35874.00	31570.00	14702.67			
1999	36554.00	32191.33	15000.67			
2000	36854.65	32617.80	15127.02	12203.14	3637.82	4236.85
2001	37107.41	33004.01	16309.19	12330.34	3630.53	4103.40
2002	37323.30	33209.58	16411.35	12312.55	3636.75	4113.73
2003	37354.03	33294.28	16512.60	12259.25	3596.13	4059.76
2004	36978.56	32873.33	16936.66	12205.17	3598.49	4105.13
2005	37867.51	33516.94	17046.12	12062.57	3515.88	4349.34
2006	37563.34	33091.40	16798.61	11350.62	2736.21	4471.94
2007	38715.60	34264.86	16893.65	11409.77	3131.62	4450.74
2008	39277.47	34659.23	17163.39	11152.60	3157.11	4618.25
2009	40016.33	35580.95	17480.25	11360.22	3199.92	4435.39
2010	40750.57	36400.59	17807.31	11414.81	3261.04	4349.98
2011	41464.71	37079.32	18249.96	11404.50	3322.12	4385.39
2012	42491.40	38151.53	18474.24	11637.42	3294.36	4340.71

3-19 历年节水灌溉面积

Water-saving Irrigated Area by Year

单位：千公顷 unit: 10^3ha

年份 Year	节水灌溉面积合计 Total Area of Water-saving Irrigation	喷灌 Sprinkler	微灌 Micro-irrigation	低压管灌 Low-pressure Pipe Irrigation	渠道防渗 Canal Lining	其他 Others
1998	15235.33					
1999	15051.06					
2000	16388.86	2131.40	152.58	3567.92	6361.33	4175.63
2001	17446.38	2364.21	215.39	3903.69	6925.30	4037.79
2002	18627.05	2473.21	278.76	4156.77	7570.88	4147.42
2003	19442.80	2633.67	371.10	4476.17	8071.47	3890.39
2004	20346.23	2674.83	479.64	4706.29	8561.95	3923.53
2005	21338.15	2746.28	621.76	4991.84	9133.16	3845.12
2006	22425.96	2823.84	754.89	5263.75	9593.65	3989.83
2007	23489.46	2876.47	976.98	5573.92	10058.12	4003.97
2008	24435.52	2821.18	1249.62	5873.00	10447.73	4044.00
2009	25755.11	2926.71	1669.27	6249.36	11166.07	3743.71
2010	27313.87	3025.44	2115.68	6680.04	11580.30	3912.41
2011	29179.47	3181.79	2613.94	7130.37	12175.04	4078.33
2012	31216.69	3373.48	3226.29	7526.03	12823.39	4264.34

年份 Year	节水灌溉面积合计 Total Area of Water-saving Irrigation	喷灌 Sprinkler	微灌 Micro-irrigation	低压管灌 Low-pressure Pipe Irrigation	其他 Others
2013	27108.62	2990.62	3856.54	7424.25	12837.2

3-20　2013年节水灌溉面积（按地区分）

Water-saving Irrigated Area in 2013 (by Region)

单位：千公顷　　　　unit: 10^3ha

地区	Region	节水灌溉面积合计 Total Area of Water-saving Irrigation	喷灌 Sprinkler	微灌 Micro-irrigation	低压管灌 Low-pressure Pipe Irrigation
合　计	**Total**	**27108.62**	**2990.62**	**3856.54**	**7424.25**
北　京	Beijing	203.60	38.20	11.72	129.82
天　津	Tianjin	177.33	3.55	2.51	119.20
河　北	Hebei	2901.94	136.31	65.10	2345.17
山　西	Shanxi	818.36	74.45	25.56	507.32
内蒙古	Inner Mongolia	2073.58	405.49	293.26	546.65
辽　宁	Liaoning	602.12	131.08	180.84	156.29
吉　林	Jilin	473.04	257.66	86.48	97.82
黑龙江	Heilongjiang	1472.89	1135.13	167.18	10.38
上　海	Shanghai	139.91	2.49	0.57	68.44
江　苏	Jiangsu	2005.43	46.31	34.20	204.67
浙　江	Zhejiang	1039.93	26.00	22.12	50.93
安　徽	Anhui	826.67	82.44	12.39	43.69
福　建	Fujian	621.61	94.99	36.07	137.72
江　西	Jiangxi	426.55	11.38	7.28	4.85
山　东	Shandong	2574.67	159.00	84.31	1466.63
河　南	Henan	1295.84	113.29	21.32	705.91
湖　北	Hubei	315.66	81.64	3.71	30.29
湖　南	Hunan	328.11	2.64	0.81	5.77
广　东	Guangdong	239.80	8.49	6.36	20.83
广　西	Guangxi	800.47	20.06	18.44	17.43
海　南	Hainan	75.36	4.64	9.77	21.49
重　庆	Chongqing	181.24	8.09	1.33	32.23
四　川	Sichuan	1461.54	6.34	8.46	48.78
贵　州	Guizhou	304.37	22.62	20.56	69.60
云　南	Yunnan	637.72	10.45	10.90	75.08
西　藏	Tibet	63.88	6.03		38.21
陕　西	Shaanxi	824.60	27.05	25.82	243.90
甘　肃	Gansu	786.58	16.01	81.75	98.41
青　海	Qinghai	106.41	2.20	3.05	8.13
宁　夏	Ningxia	185.26	19.15	57.28	22.95
新　疆	Xinjiang	3144.15	37.44	2557.39	95.65

3-21 2013 年节水灌溉面积（按水资源分区分）

Water-saving Irrigated Area in 2013 (by Water Resources Sub-region)

单位：千公顷 unit: 10^3ha

水资源一级区	Grade- I Water Resources Sub-region	节水灌溉面积合计 Total Area of Water-saving Irrigation	喷灌 Sprinkler	微灌 Micro-irrigation	低压管灌 Low-pressure Pipe Irrigation
合 计	**Total**	**27108.62**	**2990.62**	**3856.54**	**7424.25**
松花江区	Songhua River	2252.18	1584.36	268.12	171.69
辽河区	Liaohe River	1192.17	171.29	351.39	435.08
海河区	Haihe River	4522.52	277.34	120.55	3203.63
黄河区	Yellow River	3382.69	218.26	169.60	1154.66
淮河区	Huaihe River	4220.32	296.76	93.61	1494.48
长江区	Yangtze River	4829.05	186.07	76.31	424.71
其中：太湖流域	Among Which: Taihu Lake	505.46	7.79	4.96	106.26
东南诸河区	Rivers in Southeast	1301.31	115.73	53.80	151.06
珠江区	Pearl River	1328.24	48.74	50.81	112.40
西南诸河区	Rivers in Southwest	333.69	9.94	2.62	65.32
西北诸河区	Rivers in Northwest	3746.46	82.13	2669.73	211.22

3-22　2013年节水灌溉面积（按水资源分区和地区分）

Water-saving Irrigated Area in 2013 (by Water Resources Sub-region and Region)

单位：千公顷　　unit: 10^3ha

地区	Region	节水灌溉面积合计 Total Area of Water-saving Irrigation	喷灌 Sprinkler	微灌 Micro-irrigation	低压管灌 Low-pressure Pipe Irrigation
松花江区	**Songhua River**	**2252.18**	**1584.36**	**268.12**	**171.69**
内蒙古	Inner Mongolia	306.72	192.02	14.48	63.49
吉　林	Jilin	472.57	257.21	86.46	97.82
黑龙江	Heilongjiang	1472.89	1135.13	167.18	10.38
辽河区	**Liaohe River**	**1192.17**	**171.29**	**351.39**	**435.08**
内蒙古	Inner Mongolia	598.08	39.94	174.88	282.77
辽　宁	Liaoning	593.61	130.90	176.49	152.31
吉　林	Jilin	0.47	0.45	0.02	
海河区	**Haihe River**	**4522.52**	**277.34**	**120.55**	**3203.63**
北　京	Beijing	203.60	38.20	11.72	129.82
天　津	Tianjin	177.33	3.55	2.51	119.20
河　北	Hebei	2901.94	136.31	65.10	2345.17
山　西	Shanxi	277.54	21.90	7.79	166.22
内蒙古	Inner Mongolia	66.70	38.56	14.97	8.75
辽　宁	Liaoning	8.51	0.18	4.35	3.98
山　东	Shandong	544.33	8.06	6.84	245.31
河　南	Henan	342.57	30.58	7.26	185.18
黄河区	**Yellow River**	**3382.69**	**218.26**	**169.60**	**1154.66**
山　西	Shanxi	540.82	52.55	17.77	341.10
内蒙古	Inner Mongolia	953.38	92.64	42.72	144.08
山　东	Shandong	252.77	8.84	5.86	182.40
河　南	Henan	326.17	8.10	5.74	192.80
陕　西	Shaanxi	711.87	22.53	23.33	235.66
甘　肃	Gansu	325.23	13.50	16.22	28.20
青　海	Qinghai	87.19	0.95	0.67	7.46
宁　夏	Ningxia	185.26	19.15	57.28	22.95
淮河区	**Huaihe River**	**4220.32**	**296.76**	**93.61**	**1494.48**
江　苏	Jiangsu	1331.80	22.90	13.43	141.44
安　徽	Anhui	618.25	66.36	4.88	32.60
山　东	Shandong	1777.57	142.10	71.61	1038.92
河　南	Henan	492.70	65.40	3.69	281.52

3-22 续表 continued

地区	Region	节水灌溉面积合计 Total Area of Water-saving Irrigation	喷灌 Sprinkler	微灌 Micro-irrigation	低压管灌 Low-pressure Pipe Irrigation
长江区	**Yangtze River**	**4829.05**	**186.07**	**76.31**	**424.71**
上 海	Shanghai	139.91	2.49	0.57	68.44
江 苏	Jiangsu	673.63	23.41	20.77	63.23
浙 江	Zhejiang	360.23	5.27	4.39	37.59
安 徽	Anhui	208.42	16.08	7.51	11.09
江 西	Jiangxi	426.55	11.38	7.28	4.85
河 南	Henan	134.40	9.21	4.62	46.41
湖 北	Hubei	315.66	81.64	3.71	30.29
湖 南	Hunan	322.96	2.55	0.66	5.06
广 西	Guangxi	26.00	0.07	0.15	0.17
重 庆	Chongqing	181.24	8.09	1.33	32.23
四 川	Sichuan	1461.54	6.34	8.46	48.78
贵 州	Guizhou	225.80	8.03	5.58	47.36
云 南	Yunnan	213.27	5.60	7.01	18.36
陕 西	Shaanxi	112.73	4.52	2.49	8.24
甘 肃	Gansu	26.61	1.40	1.78	2.52
青 海	Qinghai	0.10			0.10
东南诸河区	**Rivers in Southeast**	**1301.31**	**115.73**	**53.80**	**151.06**
浙 江	Zhejiang	679.70	20.73	17.73	13.34
安 徽	Anhui				
福 建	Fujian	621.61	94.99	36.07	137.72
珠江区	**Pearl River**	**1328.24**	**48.74**	**50.81**	**112.40**
湖 南	Hunan	5.15	0.09	0.15	0.71
广 东	Guangdong	239.80	8.49	6.36	20.83
广 西	Guangxi	774.47	19.99	18.29	17.26
海 南	Hainan	75.36	4.64	9.77	21.49
贵 州	Guizhou	78.57	14.59	14.98	22.24
云 南	Yunnan	154.88	0.94	1.27	29.86
西南诸河区	**Rivers in Southwest**	**333.69**	**9.94**	**2.62**	**65.32**
云 南	Yunnan	269.57	3.91	2.62	26.86
西 藏	Tibet	63.88	6.03		38.21
青 海	Qinghai	0.25			0.25
西北诸河区	**Rivers in Northwest**	**3746.46**	**82.13**	**2669.73**	**211.22**
内蒙古	Inner Mongolia	148.70	42.33	46.21	47.56
甘 肃	Gansu	434.74	1.11	63.75	67.69
青 海	Qinghai	18.87	1.25	2.38	0.32
新 疆	Xinjiang	3144.15	37.44	2557.39	95.65

主要统计指标解释

万亩以上灌区处数 在蓄水、引水、提水等灌溉工程中，灌溉设备齐全、渠系配套完整，自成灌溉体系，有统一管理的灌溉区域的数量。

灌溉面积 一个地区当年农、林、牧等灌溉面积的总和。总灌溉面积=耕地灌溉面积+林地灌溉面积+果园灌溉面积+牧草灌溉面积+其他灌溉面积。

耕地灌溉面积 灌溉工程或设备已基本配套，有一定水源，土地比较平整，在一般年景可以进行正常灌溉的农田或耕地灌溉面积。

耕地实灌面积 利用灌溉工程和设施，在耕地灌溉面积中当年实际已进行正常（灌水一次以上）灌溉的耕地面积。在同一亩耕地上，报告期内无论灌水几次，都应按一亩计算，而不应按灌溉亩次计算。凡是肩挑、人抬、马拉抗旱点种的面积，一律不算实灌面积。耕地实灌面积不大于耕地灌溉面积。

机电排灌面积 由固定站、流动站、机电井、喷灌机械等所有机械、电动力设备进行排水、灌溉的耕地面积。其中，只要有固定的机械排灌的设施，能够进行正常排灌，不论当年是否进行排灌，都应统计为机电排灌面积（含灌排结合面积）。

旱涝保收面积 耕地灌溉面积中，遇旱能灌，遇涝能排的面积。灌溉设施的抗旱能力，按各地不同情况，应达到30～50天；适宜发展双季稻的地方，应达到50～70天。除涝达到5年一遇以上标准，防洪一般达到20年一遇标准的耕地灌溉面积。

农田排灌机械保有量 机、电动力抽水设备提水灌溉和排水统称排灌机械。排灌机械按使用动力分为电动与内燃机。按工程设施分为固定机电排灌站、流动机电排灌、喷滴灌机电排灌及机电井机电排灌4类。

固定机电排灌站处数 以江河、湖泊、水库、渠道等地面水为水源，在固定地点建设的以电动机、柴油机、汽油机等为动力带动水泵抽水灌溉、排水，并已发挥效益的灌溉站、排水站、排灌站的数量。

固定机电排灌站装机容量 等于电动机排灌站装机容量与内燃机排灌站装机容量之和。

机电井眼数 安装柴油机、汽油机、电动机或其他动力机械带动水泵抽取地下水灌溉耕地、牧草地，包括已装机配套的和待装机配套的水井眼数。

配套机电井眼数 已经安装机电提水设备（包括线路）可以进行正常灌溉的机电井眼数。在几眼井上使用一台设备，但能适时灌溉的和一机多用而主要用于机、电井的，均应视为“已配套机电井”。包括由于提水设备或机井本身损坏待修理，暂时不能用的“已配套机电井”。

机电井装机容量 水利工程机组设备的容量，以机组铭牌的容量为准，包括停机检修和事故备用容量。

配套机电井装机容量 包括机配井装机容量与电配井装机容量之和。

流动机装机容量 等于电动机装机容量与内燃机装机容量之和。

喷滴灌装机容量 用于喷滴灌技术灌溉农用地的喷滴灌使用的机械动力数，只统计喷滴灌机的动力，不包括给喷滴灌机输入、送水源的动力。

Explanatory Notes of Main Statistical Indicators

Number of irrigation district with an area above 10,000 mu Total number of districts above 10,000 mu designed for irrigation purpose and having complete irrigation facilities and sub-canal systems, as self-established irrigation system under unified management, and located in the irrigation schemes for water storage, diversion or lifting.

Irrigated area The sum of irrigated areas for agriculture, forest, pasture and grassland in a particular region. The total irrigated area is equal to the sum of irrigated areas of cultivated land (arable land), forest, fruit garden or orchard, grassland and others. Irrigated areas in the current year mean the total irrigated areas at the end of the year.

Irrigated areas of cultivated land It refers to farmland or cultivated land installed with irrigation facilities and having water source and relatively leveled land, which is being irrigated in normal years.

Actual irrigated area It refers to the area being irrigated (once or more than once) in the statistical year, with irrigation system or facilities. No matter how many times of irrigation is made in the same area of land within report period, it is all counted as one mu. The areas irrigated by means of people or animal carrying water for drought-relief are not included. Actual irrigated area equals to or less than the irrigated area of cultivated land.

Irrigated and drainage areas with mechanical and electrical equipment The areas are drained or irrigated by electrical and mechanical facilities, including fixed or movable irrigation and drainage facilities, electromechanical wells and sprinklers. No matter farmland is irrigated in the statistical year or not, if fixed irrigation facilities are placed, the area should be included (including area for both irrigation and drainage).

Harveat-guaranteed area in case of flood and drought It refers to farmland that can be irrigated in drought season or drained in flood season. The irrigation facility should be able to release drought for 30-50 days based on local conditions in different regions; and release drought for 50-70 days in paddy fields suit for double cropping Waterlogging control in the irrigated areas should reach the standard of once in five years return period and flood control should reach the standard of once in twenty years return period.

Registered machinery and equipment for Irrigation and Drainage It refers to machinery and equipment driven by mechanical or electrical power for pumping or lifting. According to the source of power, they are divided into electrical power and internal combustion engine. It is also grouped into four types: fixed electric-mechanical irrigation and drainage station, mobile electric-mechanical irrigation and drainage facility, sprinkler and drip, and borehole and tube wells or electric-mechanical wells.

Number of fixed irrigation and drainage stations The total of irrigation and drainage stations that already generate benefits, use surface water such as river, lake, reservoir and canal as sources for pumping water, and are equipped with electric motor, diesel or gasoline engine in a fixed place for irrigation and drainage.

Installed capacity of fixed irrigation and drainage station Sum of installed capacity of fixed electric-mechanical irrigation and drainage station and fixed irrigation and drainage facilities empowered by diesel engine.

Number of mechanical and electrical wells The total number of boreholes and tube wells with installed counterpart facilities or shall be installed according to the plan, which use diesel or gasoline engine, electric motor or other power machines to pump or lift water for irrigation of farmlands and pasture lands.

Number of counterpart mechanical and electric wells Boreholes and tube wells, installed with pumping facilities (including lines), can be used for irrigation; It also includes wells that share one pump but can ensure timely irrigation and temporarily unused wells because of damage and waiting for repair.

Installed capacity of mechanical and electric wells Installed capacity of electric-mechanical equipment based on brand instruction, including repair or overhaul and accident spare capacity.

Installed capacity of counterpart mechanical and electric wells Total of installed capacity of wells equipped with mechanical equipment and installed capacity of wells equipped by electrical equipment.

Installed capacity of mobile equipment Total of installed capacity of electrical motors and installed capacity of internal combustion engines.

Installed capacity of sprinkler and drip It refers to the installed capacity of sprinklers and drips, but excludes the power for conveying water to sprinkler and drip systems.

4 供用水

Water Supply and Water Use

简要说明

供用水统计资料主要包括水利工程设施供水及农村饮水安全等。

供用水量及饮水安全情况按水资源一级分区和地区分组。

1. 供水按受水区分地表水源、地下水源和其他水源统计。

2. 蓄水工程、引水工程、机电井工程与泵站工程供水量统计范围为水利系统管理的工程。

3. 农村饮水安全人口统计范围只限于农村，2004 年及以前年份统计“解决饮水困难人口”指标，2005 年后统计“饮水安全人口”指标。

4. 供水量历史资料汇总 1997 年至今历史数据；饮水安全情况汇总 1975 年至今数据。

Brief Introduction

Statistical data of water supply and utilization mainly covers comsumption and water supply utilities as well as status of drinking water safety in rural areas.

Quantity of water supply and safety condition of drinking water is classified in accordance with Grade- I water resources region and region.

1. Water supply is grouped based on sources of water-receiving areas, like surface water, groundwater or others.

2. Statistical data of water supply only includes storage works, water diversion canals and electro-mechanical wells and pumping stations operated by the organs under the Ministry of Water Resources.

3. Statistical data of population access to safe drinking water is only limited to rural areas. Index of “population with drinking water” is used in 2004 and before; the index of “population with safe drinking water” is used in 2005 and after.

4. Historical data of volume of water supply is collected from 1997 until present, data of safe drinking water is collected from 1975 until present.

4-1 历年供用水量

Water Supply and Water Use, by Year

单位：亿立方米 unit: 10^8m^3

年份 Year	供水量 合计 Total Water Supply	地表水 Surface Water	地下水 Ground-water	其他 Others	用水量 合计 Total Water Use	农业 Agricultural	工业 Industrial	生活 Domestic	生态 Ecological
1998	5469.8	4419.6	1028.9	21.4	5435.4	3766.2	1126.2	542.9	
1999	5613.3	4514.2	1074.6	24.5	5590.9	3869.2	1159.0	562.8	
2000	5530.7	4440.4	1069.2	21.1	5497.6	3783.5	1139.1	574.9	
2001	5567.4	4450.7	1094.9	21.9	5567.4	3825.7	1141.8	599.9	
2002	5497.3	4404.4	1072.4	20.5	5497.3	3736.2	1142.4	618.7	
2003	5320.4	4286.0	1018.1	16.3	5320.4	3432.8	1177.2	630.9	79.5
2004	5547.8	4504.2	1026.4	17.2	5547.8	3585.7	1228.9	651.2	82.0
2005	5633.0	4572.2	1038.8	22.0	5633.0	3580.0	1285.2	675.1	92.7
2006	5795.0	4706.8	1065.5	22.7	5795.0	3664.4	1343.8	693.8	93.0
2007	5818.7	4723.5	1069.5	25.7	5818.7	3598.5	1404.1	710.4	105.7
2008	5909.9	4796.4	1084.8	28.7	5909.9	3663.4	1397.1	729.2	120.2
2009	5965.2	4839.5	1094.5	31.2	5965.2	3723.1	1390.9	748.2	103.0
2010	6022.0	4881.6	1107.3	33.1	6022.0	3689.1	1447.3	765.8	119.8
2011	6107.2	4953.3	1109.1	44.8	6107.2	3743.6	1461.8	789.9	111.9
2012	6131.2	4952.8	1133.8	44.6	6131.2	3902.5	1380.7	739.7	108.3
2013	6183.4	5007.3	1126.2	49.9	6183.4	3921.5	1406.4	750.1	105.4

4-2 2013 年供用水量（按地区分）

Water Supply and Water Use in 2013 (by Region)

单位：亿立方米 unit: $10^8 m^3$

地区	Region	供水量 合计 Total Water Supply	供水量 地表水 Surface Water	供水量 地下水 Ground-water	供水量 其他 Others	用水量 合计 Total Water Use	用水量 农业 Agricultural	用水量 工业 Industrial	用水量 生活 Domestic	用水量 生态 Ecological
合　计	**Total**	**6183.4**	**5007.3**	**1126.2**	**49.9**	**6183.4**	**3921.5**	**1406.4**	**750.1**	**105.4**
北　京	Beijing	36.4	8.3	20.0	8.0	36.4	9.1	5.1	16.3	5.9
天　津	Tianjin	23.8	16.2	5.7	1.8	23.8	12.4	5.4	5.1	0.9
河　北	Hebei	191.3	43.1	144.6	3.6	191.3	137.6	25.2	23.8	4.7
山　西	Shanxi	73.8	33.2	36.1	4.5	73.8	43.1	14.9	12.3	3.5
内蒙古	Inner Mongolia	183.2	91.4	88.9	2.9	183.2	132.5	23.6	10.7	16.4
辽　宁	Liaoning	142.1	78.4	60.0	3.7	142.1	90.8	22.8	23.4	5.1
吉　林	Jilin	131.5	86.9	44.0	0.6	131.5	88.8	26.5	12.3	3.9
黑龙江	Heilongjiang	362.3	194.9	167.4	0.0	362.3	308.3	34.0	17.1	3.0
上　海	Shanghai	123.2	123.1	0.1	0.0	123.2	16.3	80.4	25.7	0.8
江　苏	Jiangsu	576.7	567.4	9.3	0.0	576.7	301.9	220.1	51.4	3.2
浙　江	Zhejiang	198.3	194.6	2.5	1.2	198.3	91.9	58.8	42.5	5.2
安　徽	Anhui	296.0	260.9	33.4	1.8	296.0	162.1	98.4	31.5	4.1
福　建	Fujian	204.8	197.7	6.5	0.7	204.8	95.7	75.0	30.9	3.2
江　西	Jiangxi	264.8	255.3	9.5	0.0	264.8	175.7	60.1	26.9	2.1
山　东	Shandong	217.9	124.9	86.9	6.1	217.9	149.7	28.9	33.3	6.1
河　南	Henan	240.6	101.0	138.8	0.7	240.6	141.7	59.4	33.4	6.1
湖　北	Hubei	291.8	282.6	9.2	0.0	291.8	159.6	92.4	39.4	0.4
湖　南	Hunan	332.5	314.8	17.7	0.0	332.5	195.3	94.4	40.0	2.9
广　东	Guangdong	443.2	425.6	15.9	1.7	443.2	223.7	119.6	94.8	5.2
广　西	Guangxi	308.2	295.9	11.6	0.7	308.2	209.4	57.4	38.3	3.0
海　南	Hainan	43.2	40.0	3.1	0.1	43.2	32.3	3.8	6.9	0.2
重　庆	Chongqing	83.9	82.2	1.6	0.1	83.9	24.6	40.4	18.1	0.8
四　川	Sichuan	242.5	219.7	16.4	6.4	242.5	139.4	58.3	40.1	4.7
贵　州	Guizhou	92.0	90.0	1.9	0.1	92.0	48.2	27.0	16.0	0.7
云　南	Yunnan	149.7	143.7	4.8	1.2	149.7	102.7	25.3	20.5	1.3
西　藏	Tibet	30.3	26.8	3.5	0.0	30.3	27.6	1.7	1.0	0.0
陕　西	Shaanxi	89.2	54.6	33.5	1.1	89.2	58.1	13.8	15.1	2.3
甘　肃	Gansu	122.0	90.9	29.4	1.6	122.0	99.2	13.1	7.9	1.8
青　海	Qinghai	28.2	24.3	3.8	0.1	28.2	22.8	2.9	2.3	0.2
宁　夏	Ningxia	72.1	66.4	5.6	0.2	72.1	63.4	5.0	1.6	2.0
新　疆	Xinjiang	588.0	472.2	114.7	1.2	588.0	557.7	12.8	11.7	5.8

4-3 2013年供用水量（按水资源分区分）

Water Supply and Water Use in 2013 (by Water Resources Sub-region)

单位：亿立方米 unit: 10^8m^3

水资源一级区	Grade- I Water Resources Sub-region	供水量 合计 Total Water Supply	供水量 地表水 Surface Water	供水量 地下水 Ground-water	供水量 其他 Others	用水量 合计 Total Water Use	用水量 农业 Agricultural	用水量 工业 Industrial	用水量 生活 Domestic	用水量 生态 Ecological
合 计	**Total**	**6183.4**	**5007.3**	**1126.2**	**49.9**	**6183.4**	**3921.5**	**1406.4**	**750.1**	**105.4**
松花江区	Songhua River	509.9	290.2	218.8	0.9	509.9	407.1	60.4	28.6	13.8
辽河区	Liaohe River	203.9	97.3	102.7	3.9	203.9	134.9	33.6	29.3	6.0
海河区	Haihe River	370.9	129.9	224.6	16.4	370.9	242.3	55.5	58.1	15.0
黄河区	Yellow River	397.2	259.8	128.5	8.9	397.2	282.2	62.4	42.1	10.5
淮河区	Huaihe River	640.3	458.4	176.2	5.7	640.3	445.2	104.2	80.6	10.2
长江区	Yangtze River	2057.3	1970.4	78.6	8.3	2057.3	1019.7	742.7	275.0	19.9
其中：太湖流域	Among Which: Taihu Lake	364.3	363.7	0.2	0.4	364.3	90.8	217.3	53.1	3.0
东南诸河区	Rivers in Southeast	339.1	329.1	8.6	1.4	339.1	152.0	117.3	62.7	7.1
珠江区	Pearl River	859.3	822.8	33.6	2.9	859.3	502.6	198.9	149.1	8.8
西南诸河区	Rivers in Southwest	105.7	100.9	4.6	0.2	105.7	86.0	9.8	9.4	0.4
西北诸河区	Rivers in Northwest	699.9	548.4	150.0	1.5	699.9	649.5	21.5	15.2	13.6

4-4 历年解决农村人口和牲畜饮水情况

Drinking Water for Rural Population and Livestock, by Year

年份 Year	累计解决的数量 Accumulated Number Access to Drinking Water			饮水安全总人口 /万人 Total Population with Safe Drinking Water /10⁴persons		新增饮水安全达标人口 /万人 Newly-increased Population with Safe Drinking Water /10⁴persons
	人数 /万人 Population /10⁴persons	#新解决 Population with Safe Drinking Water	牲畜 /万头 Livestock /10⁴head		#只达到基本安全人口 Population with Fairly Safe Drinking Water	
1976	3037		1417			
1977	3431		1701			
1978	3796		1995			
1979	4005		2096			
1980	5294		3092			
1981	5792		3390			
1982	6382		3597			
1983	6660		3991			
1984	7673		4319			
1985	8467		4609			
1986	9390		5576			
1987	10571		6213			
1988	11487		6756			
1989	12314		7303			
1990	13278		7906			
1991	14024		8355			
1992	15148		8917			
1993	15907		9377			
1994	16499		9793			
1995	17353		10360			
1996	18353		10654			
1997	19611		12220			
1998	20886		13357			
1999	21674		14557			
2000	22520		14698			
2001	23813		15509			
2002	26373		17131			
2003	28189		18214			
2004	29662	1473	19094			
2005	30355	701		61836		1104
2006				55939		2945
2007				58339	27659	4468
2008				62329	28287	5378
2009				62721	25149	7295
2010				67070	26082	6717
2011				70305	25563	6397
2012				74942	24715	7294
2013				80650		5696

4-5 2013年农村饮水安全人口（按地区分）

Rural Population with Safe Drinking Water in 2013 (by Region)

单位：万人　　　　unit: 10^4persons

地区	Region	饮水安全总人口 Total Population with Safe Drinking Water	新增饮水安全达标人口 Newly-increased Population with Safe Drinking Water
合　计	**Total**	**80650**	**5696**
北　京	Beijing	739	
天　津	Tianjin	360	21
河　北	Hebei	4890	412
山　西	Shanxi	2385	59
内蒙古	Inner Mongolia	1756	106
辽　宁	Liaoning	2282	83
吉　林	Jilin	1437	48
黑龙江	Heilongjiang	1949	122
上　海	Shanghai	36	
江　苏	Jiangsu	4479	274
浙　江	Zhejiang	2960	77
安　徽	Anhui	4621	329
福　建	Fujian	1712	266
江　西	Jiangxi	1454	131
山　东	Shandong	6628	273
河　南	Henan	5757	611
湖　北	Hubei	2479	211
湖　南	Hunan	4634	211
广　东	Guangdong	5492	217
广　西	Guangxi	3569	425
海　南	Hainan	375	5
重　庆	Chongqing	1798	192
四　川	Sichuan	6225	272
贵　州	Guizhou	2826	261
云　南	Yunnan	3204	369
西　藏	Tibet	151	26
陕　西	Shaanxi	2637	268
甘　肃	Gansu	1806	278
青　海	Qinghai	357	43
宁　夏	Ningxia	386	1
新　疆	Xinjiang	1266	107

4-6 2013年农村饮水安全人口（按水资源分区分）

Rural Population with Safe Drinking Water in 2013 (by Water Resources Sub-region)

单位：万人 unit: 10^4persons

水资源一级区	Grade- Ⅰ Water Resources Sub-region	饮水安全总人口 Total Population with Safe Drinking Water	新增饮水安全达标人口 Newly-increased Population with Safe Drinking Water
合 计	**Total**	**80650**	**5696**
松花江区	Songhua River	3651	168
辽河区	Liaohe River	2902	85
海河区	Haihe River	8777	600
黄河区	Yellow River	7922	643
淮河区	Huaihe River	13559	1048
长江区	Yangtze River	25929	1744
东南诸河区	Rivers in Southeast	3971	266
珠江区	Pearl River	10726	819
西南诸河区	Rivers in Southwest	1464	166
西北诸河区	Rivers in Northwest	1749	158

4-7 2013年农村饮水安全人口（按水资源分区和地区分）

Rural Population with Safe Drinking Water in 2013 (by Water Resources Sub-region and Region)

单位：万人 unit: 10^4persons

地区	Region	饮水安全总人口 Total Population with Safe Drinking Water	新增饮水安全达标人口 Newly-increased Population with Safe Drinking Water
松花江区	**Songhua River**	**3651**	**168**
内蒙古	Inner Mongolia	324	
吉 林	Jilin	1378	46
黑龙江	Heilongjiang	1949	122
辽河区	**Liaohe River**	**2902**	**85**
内蒙古	Inner Mongolia	593	
辽 宁	Liaoning	2250	83
吉 林	Jilin	59	2
海河区	**Haihe River**	**8777**	**600**
北 京	Beijing	739	
天 津	Tianjin	360	21
河 北	Hebei	4890	412
山 西	Shanxi	767	19
内蒙古	Inner Mongolia	66	
辽 宁	Liaoning	33	
山 东	Shandong	1198	63
河 南	Henan	724	85
黄河区	**Yellow River**	**7922**	**643**
山 西	Shanxi	1618	40
内蒙古	Inner Mongolia	621	106
山 东	Shandong	564	10
河 南	Henan	1191	76
陕 西	Shaanxi	1980	174
甘 肃	Gansu	1248	202
青 海	Qinghai	313	35
宁 夏	Ningxia	386	1
淮河区	**Huaihe River**	**13559**	**1048**
江 苏	Jiangsu	2717	250
安 徽	Anhui	2951	210
山 东	Shandong	4866	200
河 南	Henan	3026	387

4-7 续表 continued

地区	Region	饮水安全总人口 Total Population with Safe Drinking Water	新增饮水安全达标人口 Newly-increased Population with Safe Drinking Water
长江区	**Yangtze River**	**25929**	**1744**
上 海	Shanghai	36	
江 苏	Jiangsu	1762	24
浙 江	Zhejiang	702	77
安 徽	Anhui	1670	118
江 西	Jiangxi	1454	131
河 南	Henan	817	63
湖 北	Hubei	2479	211
湖 南	Hunan	4567	211
广 西	Guangxi	118	
重 庆	Chongqing	1798	192
四 川	Sichuan	6225	272
贵 州	Guizhou	2275	183
云 南	Yunnan	1105	137
陕 西	Shaanxi	657	93
甘 肃	Gansu	254	30
青 海	Qinghai	11	2
东南诸河区	**Rivers in Southeast**	**3971**	**266**
浙 江	Zhejiang	2259	
安 徽	Anhui		
福 建	Fujian	1712	266
珠江区	**Pearl River**	**10726**	**819**
湖 南	Hunan	67	
广 东	Guangdong	5492	217
广 西	Guangxi	3452	425
海 南	Hainan	375	5
贵 州	Guizhou	551	77
云 南	Yunnan	789	95
西南诸河区	**Rivers in Southwest**	**1464**	**166**
云 南	Yunnan	1310	138
西 藏	Tibet	151	26
青 海	Qinghai	3	1
西北诸河区	**Rivers in Northwest**	**1749**	**158**
内蒙古	Inner Mongolia	151	
甘 肃	Gansu	303	45
青 海	Qinghai	29	6
新 疆	Xinjiang	1266	107

主要统计指标解释

供水量 各种水源为用水户提供的包括输水损失在内的毛水量。

用水量 各类用水户取用的包括输水损失在内的毛水量，又称取水量。

累计解决农村饮水困难人口(或牲畜) 截至报告期，通过修建水利设施，解决了水源、改良了水质，而改善、解决饮水困难的农村人口（或牲畜）的数量。

农村饮水安全标准 农村饮用水安全卫生评价指标体系分安全和基本安全 2 个档次，由水质、水量、方便程度和保证率 4 项指标组成。4 项指标中只要有一项低于安全或基本安全最低值，就不能定为饮用水安全或基本安全。水质：符合国家《生活饮用水卫生标准》要求的为安全；符合《农村实施〈生活饮用水卫生标准〉准则》要求的为基本安全。水量：每人每天可获得的水量不低于 40～60 升为安全；不低于 20～40 升为基本安全。根据气候特点、地形、水资源条件和生活习惯，将全国分为 5 个类型区，不同地区的具体水量标准可参照附表确定。方便程度：人力取水往返时间不超过 10 分钟为安全；取水往返时间不超过 20 分钟为基本安全。保证率：供水保证率不低于 95%为安全；不低于 90%为基本安全。

农村饮水安全总人口 满足农村饮水基本安全标准的农村地区（即城市及县城关镇以外地区）年末常住人口。农村饮水包括农村居民餐饮、洗涤以及散养畜禽等日常生活用水。按照水利部、卫生部联合下发的《关于印发农村饮用水安全卫生评价指标体系的通知》的要求，农村饮水安全主要采用水质、水量、取水方便程度以及供水保证率 4 项指标进行评价，并对 5 类地区分安全饮水和基本安全饮水 2 个档次设置标准，只有当上述 4 项指标均达到饮水安全标准的人口，才算饮水安全达标人口。

农业灌溉供水量 水利工程为农田、林地、果园、牧草灌溉实际毛供水量的总和。

工业生产供水量 水利工程为工业生产的供水量。1991 年以前乡镇工业供水统计在农业供水中，从 1992 年开始统计在工业供水中。乡镇企业供水指水利工程为乡镇工业及农副产品加工实际毛供水量。

城镇生活供水量 水利工程对城镇居民生活供水量，还包括用于餐饮、服务以及市政环卫等公共服务方面的供水。生活供水主要统计各类水利工程向自来水厂或城镇居民供应的原水量，即未经任何处理的水量。

乡村生活供水量 水利工程为乡村居民生活的供水量，除乡村居民生活用水外，还包括牲畜用水。

生态环境供水量 主要指通过水利工程设施向城镇、乡村生态脆弱地区或恶化地区以及其他地区补水，以维持、控制、恢复、改善原有的生态环境状态，如为了避免湿地萎缩、维持地下水位、防止海水入侵、维持河川基流、恢复原有湖泊、保护植被等目的，以及为了维持人类居住地的生态环境需要所进行的补水。

Explanatory Notes of Main Statistical Indicators

Water supply Gross amount of water provided by all kinds of water sources, including loss during transportation.

Water use Gross amount of water used by all kinds of users, including loss during transportation.

Accumulated rural population (or livestock) with drinking water Population or number of livestock that are able to access drinking water by means of construction of water facilities, finding of water sources and improvement of water quality until the statistical date of this report.

Standard on safe drinking water in rural areas The index system for evaluating safety of drinking water in rural areas uses two creteria of safe and fairly safe, and is formed by four indices of water quality, water quantity, convenience to access water and guarantee rate. If one of the four indices cannot meet the requirement, it can not be deemed as safe or fairly safe. Water quality: safe means water quality can meet the "National Sanitary Standards for Drinking Water"; fairly safe means water quality can meet the "Implementing Rules of National Sanitary Standards for Drinking Water in Rural Areas". Water quantity: safe means each person can get 40-60L water per day or above; fairly safe means each person get no less than 20-40L water per day. Five different regions are divided according to features of climate, topography, water resources conditions and living habits and customs in China, and water quantity of each region is given in the above table. Convenience to access water: safe means people can get water within 10 minutes and fairly safe means people can get water within 20 minutes. Guarantee rate: safe means it can guarantee at least 95% of water supply; fairly safe means it can guarantee at least 90% of water supply.

Total population in rural areas with safe drinking water Population of permanent residents at the end of the year in rural areas (outside of city, county and township) where drinking water can meet safety standards. Rural drinking water includes daily water use of rural residents for cooking, washing and raising livestock etc. According to the requirement of Notification of Evaluation Index System of Rural Drinking Water Safety and Sanitation issued by Ministry of Water Resources and Ministry of Health, four indices are applied for evaluating safety of drinking water, namely water quality, water quantity, convenience to access water and guarantee rate; criteria of safe and fairly safe are adopted when evaluation is made in five different regions. Only four indices are all met, it can be deemed as population with safe drinking water.

Water supply for irrigation Total water provided by waterworks for irrigation of farmland, forest, orchard and grassland.

Water supply for industrial use Water provided by waterworks for industries in urban and rural areas. Before 1991, the quantity of water supply for township industries is included in agricultural water supply, but from 1992 it is regarded as industrial water supply. Water supply for township enterprise means actual gross amount of water supply provided by waterworks for industries and processing of agricultural products and by-products in towns.

Water supply for urban domestic use It refers to water supplied to urban residents, as well as restaurants, service industry, environmental use, sanitation and other public facilities of the city. Water supply for urban domestic use equals to source water provided by all kinds of waterworks to water treatment plants or urban residents, i.e, the amount of water without any treatment.

Water supply for rural domestic use Amount of water supply for utilization of rural residents and livestock.

Water supply for eco-environment Water supply is made by engineering structures or utilities, in order to recharge the areas suffering from ecological fragile or deterioration, and sustain, control, restore and improve ecosystem and environment, such as prevention of wetlands shrinking, drop of groundwater level, seawater intrusion, sustaining of base flow of rivers, restoration of lake and vegetation, and satisfying the needs of eco-environment in the living areas of human being.

5 水土保持

Soil and Water Conservation

简要说明

水土保持统计资料主要包括水土流失治理面积及其分类治理面积等。按年度、水资源一级区和地区进行分组。

1. 小流域治理统计范围是指列入县级以上（含县级）治理规划，并进行重点治理的流域面积在 5 平方千米以上的小流域。

2. 水土流失治理面积历史资料汇总 1973 年至今数据；新增水土流失治理面积历史资料汇总 1989 年至今数据。

3. 水土流失治理面积已与 2011 年水利普查数据进行了衔接。

Brief Introduction

Statistical data of soil and water conservation mainly includes recovered area from erosion and types of measures for erosion control. The data is grouped in accordance with year, Grade- Ⅰ water resources region and region.

1. The scope of statistics for small watershed under control covers those listed in the plan at and above the county level, and drainage area of small watershed that has an area of more than 5 km^2.

2. Historical data of recovered area is collected from 1973 until present, and historical data of newly-increased recovered area is from 1989 until present.

3. The data of recovered area from erosion is integrated with the First National Census for Water of 2011.

5-1 历年水土流失治理面积

Recovered Area from Soil Erosion by Year

单位：千公顷 unit: 10^3ha

年份 Year	水土流失治理面积 Recovered Area	#水平梯田 Leveled Terraced Field	坝地 Gully Dammed Field	水保林 Water Conservation Forest
1974	38423	6209	855	17796
1975	40757	7011	847	
1976	42007	7383	942	
1977	42441	7161	929	20924
1978	40435	7239	891	
1979	40606	6461	931	21273
1980	41152	6539	895	21679
1981	41647	6427	878	21647
1982	41412	6367	924	22367
1983	42405	6457	922	22829
1984	44623	7062	1050	24570
1985	46393	6982	1275	25648
1986	47909	7436	1269	26923
1987	49528	7755	1579	27889
1988	51349	7952	1438	29461
1989	52154	8209	1495	30490
1990	52971	7623	1563	31660
1991	55838	8072	1893	33381
1992	58635			

年份 Year	水土流失治理面积 Recovered Area	#小流域治理面积 Recovered Area of Small Watershed	水土流失治理面积新增合计 Total Newly-increased Recovered Area	水平梯田 Leveled Terraced Field	坝地 Gully Dammed Field	水保林 Water Conservation Forest	种草 Planted Grassland	其他 Others	水土流失治理面积减少 Reduction of Recovered Area
1993	61253								
1994	64080								
1995	66855								
1996	69321								
1997	72242								
1998	75022								
1999	77828								

5-1 续表 continued

单位：千公顷 unit: 10^3ha

年份 Year	水土流失治理面积 Recoverd Area	#小流域治理面积 Recoverd Area of Small Watershed	水土流失治理面积新增合计 Total Newly-increased Recovered Area	水平梯田 Leveled Terraced Field	坝地 Gully Dammed Field	水保林 Water Conservation Forest	种草 Planted Grassland	其他 Others	水土流失治理面积减少 Reduction of Recovered Area
2000	80961	28473	4728						1595
2001	81539	30385	4888						4309
2002	85410	34255	5056						1186
2003	89714	35628	5538						1234
2004	92004	36040	4445						2156
2005	94654	37059	4198						1102
2006	97491	37915	3969						1543
2007	99871	38731	3916	311	58	1497	537	1513	1471
2008	101587	39189	3867	275	41	1474	492	1584	2666
2009	104545	41139	4318	412	38	1647	470	1751	1373
2010	106800	41602	4015	401	42	1500	409	1663	1737
2011	109664	41425	4008	437	46	1565	388	1572	1306
2012	102953	41131	4372	524	27	1564	406	1851	1452

年份 Year	水土流失治理面积 Recovered Area	#小流域治理面积 Recovered Area of Small Watershed	水土流失治理面积新增合计 Total Newly-increased Recovered Area	基本农田 Prime Farmland			水保林 Water Conservation Forest	经济林 Economic Forest	种草 Planted Grassland	封禁治理 Blockading Administration	其他 Others
				水平梯田 Leveled Terraced Field	坝地 Gully Dammed Field	其他 Others					
2013	106892	34248	5271	553	16	157	1411	568	340	1681	544

5-2　2013 年水土流失治理面积（按地区分）

Recovered Area from Erosion in 2013 (by Region)

单位：千公顷　　　　unit: 10^3ha

地区	Region	水土流失治理面积 Recovered Area	#小流域治理面积 Recovered Area of Small Watershed	水土流失治理面积新增合计 Total Newly-increased Recovered Area	基本农田 Prime Farmland 水平梯田 Leveled Terraced Field	坝地 Gully Dammed Field	其他 Others	水保林 Water Conservation Forest	经济林 Economic Forest	种草 Planted Grassland	封禁治理 Blockading Administration	其他 Others
合　计	**Total**	**106891.90**	**34247.93**	**5270.53**	**552.94**	**16.37**	**157.37**	**1411.01**	**568.01**	**339.87**	**1681.15**	**543.79**
北　京	Beijing	630.80	630.80	28.00	0.35				0.04		26.37	1.24
天　津	Tianjin	88.50	43.55	7.43	0.06			0.02	0.06		5.17	2.12
河　北	Hebei	4679.05	2496.85	220.07	7.62	0.03	1.10	81.54	27.98	12.94	65.01	23.84
山　西	Shanxi	5475.69	511.72	332.74	16.40	1.05	6.39	92.33	26.37	7.67	91.66	90.86
内蒙古	Inner Mongolia	11876.26	2892.24	488.29	17.44		0.01	228.42	13.45	120.90	108.07	
辽　宁	Liaoning	4520.39	1887.53	233.81	12.34		12.20	70.01	23.39	0.96	82.04	32.87
吉　林	Jilin	1546.89	164.10	79.77	4.63		1.67	24.13	5.97	17.85	25.39	0.13
黑龙江	Heilongjiang	3609.73	1150.83	166.73	9.54	0.51	9.06	41.04	2.64	4.77	29.05	70.13
上　海	Shanghai											
江　苏	Jiangsu	765.84	255.88	51.61	7.90	0.20	14.25	11.69	9.34	1.05	1.46	5.73
浙　江	Zhejiang	3645.59	624.81	69.22	7.22	0.02	3.09	10.43	8.19	3.63	24.01	12.63
安　徽	Anhui	1654.51	638.41	87.51	10.12	2.02	1.50	22.66	17.45	0.27	21.41	12.08
福　建	Fujian	3260.96	731.28	136.05	12.11	0.17	3.92	35.32	8.58	5.44	65.45	5.06
江　西	Jiangxi	5128.80	942.30	222.32	3.63	0.65	4.91	42.48	21.58	8.31	79.99	60.77
山　东	Shandong	3477.46	1284.76	229.53	28.34	0.38	29.41	75.10	59.06	2.22	24.18	10.83
河　南	Henan	3236.74	1902.97	167.55	11.46	0.88	9.18	27.95	14.59	0.63	91.05	11.82
湖　北	Hubei	5179.03	1722.29	316.72	80.15	2.27	30.17	30.83	9.50	2.76	149.90	11.14
湖　南	Hunan	2998.96	902.14	35.66	6.66	0.06	1.53	11.67	1.95	0.23	12.85	0.72
广　东	Guangdong	1349.46	78.75	37.19	0.03			10.89	21.81	0.44	0.97	3.06
广　西	Guangxi	1735.65	318.93	87.18	4.95	0.81	4.36	21.22	11.36	0.28	37.33	6.88
海　南	Hainan	56.60	24.15	7.06	0.23	0.02	3.85	1.92		0.02		1.02
重　庆	Chongqing	2576.14	1691.21	97.05	10.25	0.84	2.44	23.57	7.85	1.48	28.88	21.73
四　川	Sichuan	7792.14	3776.60	380.00	53.07	0.00	0.00	60.44	52.10	28.76	92.47	93.15
贵　州	Guizhou	5816.53	2581.00	271.25	30.93	1.04	5.71	73.63	51.19	15.72	74.27	18.76
云　南	Yunnan	7393.81	1790.15	345.61	36.26	2.12	3.78	73.92	68.24	11.29	117.59	32.42
西　藏	Tibet	725.99	24.62									
陕　西	Shaanxi	6784.91	2473.17	665.04	34.27	3.30	6.55	232.14	88.23	53.83	241.61	5.11
甘　肃	Gansu	7388.78	1870.52	339.20	116.80	0.00	0.87	43.20	10.53	11.96	154.94	0.90
青　海	Qinghai	794.41	275.47	18.03	0.86			4.86		1.20	11.11	
宁　夏	Ningxia	1709.44	391.14	112.90	29.32		0.83	41.71	5.63	23.36	9.69	2.35
新　疆	Xinjiang	992.85	169.76	37.00			0.60	17.90	0.94	1.91	9.22	6.43

5-3 2013年水土流失治理面积（按水资源分区分）

Recovered Area from Erosion in 2013 (by Water Resources Sub-region)

单位：千公顷 unit: 10^3ha

水资源一级区	Grade- I Water Resources Sub-region	水土流失治理面积 Recovered Area	#小流域治理面积 Recovered Area of Small Watershed	水土流失治理面积新增合计 Total Newly-increased Recovered Area	基本农田 Prime Farmland			水保林 Water Conservation Forest	经济林 Economic Forest	种草 Planted Grassland	封禁治理 Blockading Administration	其他 Others
					水平梯田 Leveled Terraced Field	坝地 Gully Dammed Field	其他 Others					
合　计	**Total**	**106891.90**	**34247.93**	**5270.53**	**552.94**	**16.37**	**157.37**	**1411.01**	**568.01**	**339.87**	**1681.15**	**543.79**
松花江区	Songhua River	7146.57	1532.01	331.39	25.64	0.51	10.73	100.76	10.40	49.79	63.31	70.25
辽河区	Liaohe River	7691.88	2867.73	358.60	16.37		12.20	133.67	22.94	44.89	95.77	32.76
海河区	Haihe River	8723.17	4031.03	400.30	14.12	0.88	6.33	131.56	40.33	21.97	156.24	28.87
黄河区	Yellow River	21021.45	5644.77	1339.42	176.30	4.61	17.19	390.51	112.70	115.94	421.96	100.21
淮河区	Huaihe River	5169.62	2148.32	336.96	29.30	0.14	38.34	81.33	62.04	2.95	98.50	24.36
长江区	Yangtze River	36914.58	14425.02	1801.99	242.76	6.32	54.22	372.61	214.33	65.89	609.00	236.86
东南诸河区	Rivers in Southeast	6130.37	1246.67	193.63	18.21	0.19	6.81	44.05	14.85	7.06	86.69	15.77
珠江区	Pearl River	5872.66	1118.56	256.23	15.40	2.92	9.29	68.40	54.73	2.86	85.50	17.13
西南诸河区	Rivers in Southwest	4057.05	598.41	137.48	13.48	0.80	1.32	25.95	33.00	5.62	46.17	11.14
西北诸河区	Rivers in Northwest	4164.55	635.41	114.52	1.37		0.94	62.17	2.69	22.91	18.01	6.43

5-4 2013 年水土流失治理面积（按水资源分区和地区分）

Recovered Area from Erosion in 2013 (by Water Resources Sub-region and Region)

单位：千公顷 unit: 10^3ha

地区	Region	水土流失治理面积 Recovered Area	#小流域治理面积 Recovered Area of Small Watershed	水土流失治理面积新增合计 Total Newly-increased Recovered Area	基本农田 Prime Farmland 水平梯田 Leveled Terraced Field	坝地 Gully Dammed Field	其他 Others	水保林 Water Conservation Forest	经济林 Economic Forest	种草 Planted Grassland	封禁治理 Blockading Administration	其他 Others
松花江区	**Songhua River**	**7146.57**	**1532.01**	**331.39**	**25.64**	**0.51**	**10.73**	**100.76**	**10.40**	**49.79**	**63.31**	**70.25**
内蒙古	Inner Mongolia	2081.27	217.09	84.89	11.47			35.58	1.79	27.17	8.88	
吉 林	Jilin	1455.58	164.10	79.77	4.63		1.67	24.13	5.97	17.85	25.39	0.13
黑龙江	Heilongjiang	3609.73	1150.83	166.73	9.54	0.51	9.06	41.04	2.64	4.77	29.05	70.13
辽河区	**Liaohe River**	**7691.88**	**2867.73**	**358.60**	**16.37**		**12.20**	**133.67**	**22.94**	**44.89**	**95.77**	**32.76**
内蒙古	Inner Mongolia	3204.25	981.71	127.38	4.08			64.39		43.93	14.98	
辽 宁	Liaoning	4396.32	1886.02	231.22	12.29		12.20	69.28	22.94	0.96	80.79	32.76
吉 林	Jilin	91.31										
海河区	**Haihe River**	**8723.17**	**4031.03**	**400.30**	**14.12**	**0.88**	**6.33**	**131.56**	**40.33**	**21.97**	**156.24**	**28.87**
北 京	Beijing	630.80	630.80	28.00	0.35				0.04		26.37	1.24
天 津	Tianjin	88.50	43.55	7.43	0.06			0.02	0.06		5.17	2.12
河 北	Hebei	4679.05	2496.85	220.07	7.62	0.03	1.10	81.54	27.98	12.94	65.01	23.84
山 西	Shanxi	1918.81	255.14	89.29	4.36	0.36	1.13	28.50	5.45	0.80	48.69	
内蒙古	Inner Mongolia	636.54	337.01	19.69				7.88		8.21	3.60	
辽 宁	Liaoning	124.07	1.51	2.59	0.05			0.73	0.44		1.26	0.11
山 东	Shandong	336.44	59.20	18.16	0.20	0.29	3.08	8.82	4.72		0.01	1.03
河 南	Henan	308.95	206.98	15.07	1.48	0.20	1.02	4.07	1.63	0.02	6.13	0.52
黄河区	**Yellow River**	**21021.45**	**5644.77**	**1339.42**	**176.30**	**4.61**	**17.19**	**390.51**	**112.70**	**115.94**	**421.96**	**100.21**
山 西	Shanxi	3556.88	256.58	243.45	12.04	0.69	5.26	63.83	20.92	6.87	42.97	90.86
内蒙古	Inner Mongolia	4048.72	926.16	185.46	1.06		0.01	77.51	10.06	20.94	75.88	
山 东	Shandong	268.23	142.24	29.89	3.20		2.31	9.07	7.12	0.10	5.11	2.98
河 南	Henan	881.42	450.58	22.95	3.74	0.62	3.06	6.77	4.26	0.59	3.01	0.90
陕 西	Shaanxi	4754.85	1552.69	420.99	26.45	3.30	5.19	146.93	56.16	52.06	127.78	3.12
甘 肃	Gansu	5289.59	1665.60	307.55	99.68		0.53	40.31	8.55	11.13	147.35	
青 海	Qinghai	512.32	259.79	16.23	0.80			4.37		0.89	10.17	
宁 夏	Ningxia	1709.44	391.14	112.90	29.32		0.83	41.71	5.63	23.36	9.69	2.35
淮河区	**Huaihe River**	**5169.62**	**2148.32**	**336.95**	**29.30**	**0.14**	**38.34**	**81.33**	**62.04**	**2.95**	**98.50**	**24.36**
江 苏	Jiangsu	435.04	119.71	25.85	0.42		9.23	7.59	6.38	0.83	0.34	1.07
安 徽	Anhui	437.42	150.54	18.01	0.86			1.56	1.40		6.93	7.26
山 东	Shandong	2872.79	1083.33	181.48	24.94	0.09	24.02	57.20	47.22	2.12	19.07	6.82
河 南	Henan	1424.37	794.75	111.61	3.08	0.05	5.10	14.97	7.04	0.001	72.16	9.21

5-4 续表 continued

地区	Region	水土流失治理面积 Recovered Area	#小流域治理面积 Recovered Area of Small Watershed	水土流失治理面积新增合计 Total Newly-increased Recovered Area	基本农田 Prime Farmland 水平梯田 Leveled Terraced Field	坝地 Gully Dammed Field	其他 Others	水保林 Water Conservation Forest	经济林 Economic Forest	种草 Planted Grassland	封禁治理 Blockading Administration	其他 Others
长江区	**Yangtze River**	**36914.58**	**14425.02**	**1802.00**	**242.76**	**6.32**	**54.22**	**372.61**	**214.33**	**65.89**	**609.00**	**236.86**
上　海	Shanghai											
江　苏	Jiangsu	330.80	136.17	25.76	7.48	0.20	5.02	4.10	2.96	0.22	1.12	4.66
浙　江	Zhejiang	776.18	109.42	11.63	1.12		0.20	1.70	1.92	2.00	2.77	1.93
安　徽	Anhui	1217.09	487.87	69.50	9.27	2.02	1.50	21.10	16.05	0.27	14.48	4.82
江　西	Jiangxi	5128.80	942.30	222.32	3.63	0.65	4.91	42.48	21.58	8.31	79.99	60.77
河　南	Henan	621.99	450.67	17.92	3.16	0.01		2.13	1.67	0.02	9.75	1.19
湖　北	Hubei	5179.03	1722.29	316.72	80.15	2.27	30.17	30.83	9.50	2.76	149.90	11.14
湖　南	Hunan	2959.76	881.97	34.64	6.57	0.06	1.53	11.58	1.88	0.18	12.16	0.69
广　西	Guangxi	57.98	18.39	0.03	0.01			0.01			0.01	
重　庆	Chongqing	2576.14	1691.21	97.05	10.25	0.84	2.44	23.57	7.85	1.48	28.88	21.73
四　川	Sichuan	7792.14	3776.60	380.00	53.07	0.00	0.00	60.44	52.10	28.76	92.47	93.15
贵　州	Guizhou	4318.07	2125.65	209.53	26.93	0.03	5.47	54.46	42.32	14.36	48.90	17.06
云　南	Yunnan	2838.90	979.52	147.05	16.72	0.24	1.62	33.12	22.62	5.27	50.63	16.83
陕　西	Shaanxi	2030.06	920.48	244.05	7.82		1.36	85.21	32.07	1.77	113.83	1.99
甘　肃	Gansu	1005.32	176.17	25.79	16.58			1.89	1.83	0.48	4.11	0.90
青　海	Qinghai	82.32	6.30									
东南诸河区	**Rivers in Southeast**	**6130.37**	**1246.67**	**193.64**	**18.21**	**0.19**	**6.81**	**44.05**	**14.85**	**7.06**	**86.69**	**15.77**
浙　江	Zhejiang	2869.41	515.39	57.59	6.10	0.02	2.89	8.74	6.27	1.62	21.24	10.71
安　徽	Anhui											
福　建	Fujian	3260.96	731.28	136.05	12.11	0.17	3.92	35.32	8.58	5.44	65.45	5.06
珠江区	**Pearl River**	**5872.66**	**1118.56**	**256.22**	**15.40**	**2.92**	**9.29**	**68.40**	**54.73**	**2.86**	**85.50**	**17.13**
湖　南	Hunan	39.20	20.17	1.02	0.09			0.09	0.07	0.05	0.69	0.03
广　东	Guangdong	1349.46	78.75	37.19	0.03			10.89	21.81	0.44	0.97	3.06
广　西	Guangxi	1677.67	300.54	87.15	4.94	0.81	4.36	21.21	11.36	0.28	37.32	6.88
海　南	Hainan	56.60	24.15	7.06	0.23	0.02	3.85	1.92		0.02		1.02
贵　州	Guizhou	1498.45	455.35	61.72	3.99	1.01	0.24	19.17	8.87	1.37	25.38	1.70
云　南	Yunnan	1251.27	239.60	62.08	6.11	1.08	0.84	15.13	12.62	0.70	21.15	4.45
西南诸河区	**Rivers in Southwest**	**4057.05**	**598.41**	**137.49**	**13.48**	**0.80**	**1.32**	**25.95**	**33.00**	**5.62**	**46.17**	**11.14**
云　南	Yunnan	3303.64	571.03	136.48	13.42	0.80	1.32	25.67	33.00	5.312	45.81	11.137
西　藏	Tibet	725.99	24.62									
青　海	Qinghai	27.42	2.76	1.01	0.06			0.28		0.31	0.36	
西北诸河区	**Rivers in Northwest**	**4164.55**	**635.41**	**114.52**	**1.37**		**0.94**	**62.17**	**2.69**	**22.91**	**18.01**	**6.43**
内蒙古	Inner Mongolia	1905.48	430.27	70.87	0.83			43.06	1.60	20.65	4.73	
甘　肃	Gansu	1093.87	28.75	5.86	0.54		0.34	1.00	0.15	0.35	3.48	
青　海	Qinghai	172.35	6.62	0.79				0.21			0.58	
新　疆	Xinjiang	992.85	169.76	37.00	0.00	0.00	0.60	17.90	0.94	1.91	9.22	6.43

5-5 历年开发建设项目水土保持方案

Soil and Water Conservation Plan of Development and Construction Project by Year

年份 Year	水土保持方案审批数量 /项 Approved Soil and Water Conservation Plan /unit	水土保持方案总投资 /万元 Total Investment of Soil and Water Conservation Plan /10^4 yuan	防治责任范围 /千公顷 Responsible Area for Erosion Control /10^3 ha	减少土壤流失量 /万吨 Reduction of Soil Loss /10^4 t	水土保持设施验收数量 /个 Accepted Soil Conservation Facilities /unit
2003	21537	822095	2532	941304	6559
2004	21049	1451349	782	272514	6298
2005	22517	2076362	901	151076	6259
2006	26783	2882328	784	192992	5023
2007	21720	3518973	899	121317	4332
2008①	27389	3505679	789	117368	5648
2009①	22194	5645749	1609		
2010	24832	10102652	1304	113742	5205
2011	26296	14948872	1103		4842
2012	27858	14290605	1409	16438	5568
2013	30506	16280210	1250		6432

① 2008 年、2009 年数据未统计上海地区。

① The data of Shanghai is not included in 2008 and 2009.

5-6 2013年全国生产建设项目水土保持方案（按地区分）

Soil and Water Conservation Plan of Development and Construction Project of 2013 (by Region)

地区	Region	生产建设项目水土保持方案审批数量/个 Approved Soil and Water Conservation Plan /unit	水土保持方案总投资/万元 Total Investment of Soil and Water Conservation Plan /10^4 yuan	防治责任范围/公顷 Responsible Area of Erosion Control /ha	设计拦挡弃土弃渣/万立方米 Spoil Disposal /10^4m^3	实施返还治理示范工程数量/个 Pilot Project with Compensation Funds for Erosion Control /unit	水土保持设施验收数量/个 Accepted Soil Conservation Facilities /unit
合 计	**Total**	**30506**	**16280210**	**1250.41**	**1854296**	**858**	**6434**
北 京	Beijing	687	461404	7.57	7067	0	30
天 津	Tianjin	28	1994	2.00	754	2	6
河 北	Hebei	720	298486	30.80	37738	7	179
山 西	Shanxi	280	165576	18.03	11339	151	121
内蒙古	Inner Mongolia	663	1705094	64.71	38551	19	132
辽 宁	Liaoning	588	242660	15.38	2550	13	85
吉 林	Jilin	377	153143	15.87	5079	0	68
黑龙江	Heilongjiang	217	179749	46.28	419	0	41
上 海	Shanghai	4	244	0.32	1	0	0
江 苏	Jiangsu	127	189891	6.80	910	14	17
浙 江	Zhejiang	2915	853761	49.48	11446	25	386
安 徽	Anhui	322	254395	16.76	3592	8	65
福 建	Fujian	1457	833432	46.75	14195	82	164
江 西	Jiangxi	1360	870871	224.67	18115	34	430
山 东	Shandong	3592	672521	67.03	38048	96	433
河 南	Henan	468	232145	41.56	12413	148	104
湖 北	Hubei	1708	1444372	47.47	19866	41	375
湖 南	Hunan	2297	728918	56.70	8626	113	732
广 东	Guangdong	1733	1671563	5.20	1385865	0	586
广 西	Guangxi	1921	609953	35.81	130437	1	229
海 南	Hainan	213	68517	2.79	946	0	57
重 庆	Chongqing	752	454208	11.68	7933	8	228
四 川	Sichuan	2543	388807	22.30	6672	8	674
贵 州	Guizhou	1221	1127975	153.89	13955	11	362
云 南	Yunnan	2582	1640242	123.02	40958	0	538
西 藏	Tibet	90	59256	11.42	7891	0	5
陕 西	Shaanxi	376	340562	33.01	10738	33	90
甘 肃	Gansu	590	408922	41.59	3347	16	160
青 海	Qinghai	116	93654	14.85	4030	0	14
宁 夏	Ningxia	144	80233	12.92	206	7	52
新 疆	Xinjiang	415	47663	23.61	10608	21	69

主要统计指标解释

水土流失 是由于水力、重力、风力等外力引起的水土资源和土地生产力遭到破坏和损失的现象。造成水土流失的原因可分为自然原因和人类活动原因两类。遭到水土流失侵害和损失的农用地面积称水土流失面积。

水土流失治理面积（又称水土保持面积） 指在山丘地区水土流失面积上，按照综合治理的原则，采取各种治理措施，如：水平梯土（田）、淤地坝、谷坊、造林种草、封山育林育草等治理的水土流失面积总和。

水平梯田 指在坡地上沿等高线修建的、断面呈阶梯状的田块。（注：在我国南方，旱作梯田称梯地或梯土，种植水稻的称梯田。）

坝地 在沟道拦蓄工程上游因泥沙淤积形成的地面较平整的可耕作土地。

水保林 以防治水土流失为主要功能的人工林和天然林。根据其功能的不同，可分为坡面防护林、沟头防护林、沟底防护林、塬边防护林、护岸林、水库防护林、防风固沙林、海岸防护林等。

种草 在水土流失地区，为蓄水保土，改良土壤，发展畜牧，美化环境，促进畜牧业发展而进行的草本植物培育活动。

小流域治理面积 是以小流域为单元，根据流域内的自然条件，按照土壤侵蚀的类型特点和农业区划方向，在全面规划的基础上，合理安排农、林、牧、副各业用地，布置水土保持农业技术措施，林草措施与工程措施，相互协调、相互促进形成综合的水土流失防治体系。凡列入县级以上治理规划，并进行重点治理的，流域面积大于5平方千米小于50平方千米的小流域治理面积均进行统计。

Explanatory Notes of Main Statistical Indicators

Soil erosion Damage or losses to water and land resources and its productivity due to external forces, such as water power, gravity and wind etc. Soil erosion is usually caused by two factors: natural and human activities. Eroded area refers to damaged or lost cultivated land as a result of soil erosion.

Recovered area from soil erosion (also named soil and water conservation area) Total area recovered from erosion in mountainous or hilly areas, with comprehensive control measures, including terraced fields, silt retention dam, check dam, reforestation, grass plantation, ban of wood cutting and grazing, under the principle of integrated management.

Leveled Terraced field Cultivated land with a cascade section built along the contour lines on slope land. (Note: In southern part of China, dry terraces are called land terraces or earth terraces, and paddy terraces are called terraced fields).

Gully dammed field Relatively leveled cultivated land created by upstream silt arrested by silt retention dam in the gully.

Water conservation forest It refers to artificial and nature forests mainly for control of soil and water loss. According to its functions, it is grouped into protection forests for slope, gully head, gully bottom, plateau edge, bank, reservoir, wind and sand and sea coast.

Planted grassland Activities of planting and cultivating grass in eroded area, for the purposes of conserving soil and water, soil improvement, pasture development, environment beatification and conservation in animal husbandry.

Improved area of small watershed It refers to the area covered by a comprehensive erosion control system that integrates agricultural technology, forest-grass and structural measures, and makes an appropriate arrangement of land use for agricultural, forestry, husbandry and agricultural by-product production, by taking small watershed as an unit and based on natural condition, type and feature of soil erosion, agricultural zoning, under the guidance of overall planning. If a watershed is in the list of management plan at and above the county level as major project, all of the area larger than 5 km^2 and smaller than 50 km^2 should be included in the statistics.

6 水利建设投资

Investments in Water Development

简要说明

水利建设投资统计资料主要包括水利固定资产投资、项目、完成、工程量情况以及工程能力和效益等。

本部分资料主要按地区分组。历史资料汇总 1949 年至今数据。

Brief Introduction

Statistical data of investments for water project construction mainly includes investment of fixed asset, number of projects, completion of investment, completed civil works, capacity and benefits of projects etc..

The data is divided into groups based on river basin and region. Historical data is collected from 1949 until present.

6-1 主 要 指 标

Key Indicators

单位：万元 unit: 10^4 yuan

指标名称	Item	2007	2008	2009	2010	2011	2012	2013
中央水利建设计划投资	Investment Plan of Central Government for Water Projects	3088220	6254207	6370307	9840567	11407487	16229994	14083113
水利建设投资完成额	Completed Investment for Water Project Construction	9448538	10882012	18940321	23199265	30860284	39642358	37576331
按投资来源分：	Divided by Sources:							
（1）国家预算内拨款	National Budget Allocation	2700258	3903636	9299491	9180534	8988189	12914781	11367534
（2）国家预算内专项	Special Funds from National Budget	1956989	1604711	1287604	947861	291662	253770	127330
（3）国内贷款	Domestic Loan	833576	969469	1528610	3374355	2703080	2655028	1726871
（4）利用外资	Foreign Investment	94756	105085	75675	13058	44176	41295	85724
（5）自筹资金	Self-raising Funds	2199399	2353630	3338654	3161926	4068349	3504219	3606718
（6）水利建设基金	Water Project Construction Funds	677814	604949	1054664	2151824	796110	1200487	1080554
（7）财政专项	Special Funds					5648074	10042017	9374510
（8）重大水利工程建设基金	Major Water Project Construction Funds					4378294	4348890	4249522
（9）其他投资	Other Investments	985746	1340535	2355623	4369707	3942350	4681871	5957568
按投资用途分：	Divided by Investment Purposes:							
（1）防洪工程	Flood Control	3184809	3700390	6748123	6846472	10183029	14259586	13357637
（2）水资源工程	Water Resources	4050906	4678489	8660425	10705379	12841335	19115662	17331589
（3）水土保持及生态建设	Soil and Water Conservation and Ecological Restoration	603164	768749	867355	858998	953860	1181181	1028920
（4）水电工程	Hydropower Development	664919	773709	720419	1053896	1090134	1171955	1644196
（5）行业能力建设	Capacity Building	204573	266448	264842	444325	402459	595519	525410
（6）其他	Others	740166	694229	1679157	3290195	5389467	3318455	3688579

注 1. 从2003年开始，中央水利建设计划投资包括南水北调当年投资。
2. 2007年中央水利建设计划投资不包括当年中央财政转移支付地方水利专项资金32亿元和小型农田水利建设中央财政专项补助资金10亿元。
3. 2008年中央水利建设计划投资不包括当年小型农田水利建设中央财政专项补助资金30亿元。

Note 1. Investment plans of central government for water project construction since 2003 include those for South-North Water Diversion Project.
2. In 2007, investment plans of central government for water project construction exclude 3.2 billion yuan of Central Government funds transferred to special funds of local governments and 1 billion yuan of special funds to small on-farm irrigation and drainage works from the Central Government Finance.
3. In 2008, investment plans of central government for water project construction exclude 3 billion yuan of special funds to small on-farm irrigation and drainage works from the Central Government Finance.

6-2 历年水利建设施工和投产项目个数

Number of Water Projects Under-construction and Put-into-operation, by Year

单位：个

unit: unit

年份 Year	施工项目 Under-construction	#新开工项目 Newly-started Project	部分投产项目 Partially Put-into-operation	全部投产项目 Fully Put-into-operation
1989	1928	782		669
1990	1987	799		652
1991	2001	804		585
1992	2253	978		684
1993	2268	963		694
1994	2300	931		678
1995	2286	931		571
1996	2146	920		635
1997	2320	1091		753
1998	2932	1699		696
1999	2632	1033		722
2000	3456	1901		1106
2001	3344	1792	397	825
2002	4203	2171	827	1103
2003	5196	2834	1305	1376
2004	4307	1816	1313	1249
2005	4855	2095	1709	1407
2006	4614	2158	1596	1422
2007	4852	2203	1428	1584
2008	7529	4418	1380	2683
2009	10715	5992	1025	5499
2010	10704	5811	979	6346
2011	14623	10281	715	7968
2012	20501	13364	708	10282
2013	20266	12199		9016

注 1. 1989—2000 年以及 2013 年未细分当年部分投产与全部投产，均为“全部投产项目”。

2. 本表只包括当年正式施工的水利工程设施项目和机构能力建设项目，不包括建设投资计划安排的水利前期、规划及专题研究等项目。

Note 1. The number of projects putting into operation is used for the data of 1989-2000 and 2013, which is not separated into groups of partially-operated and fully-operated.

2. This table only includes water project under construction and capacity building, excluding projects conducted in the early stage such as feasibility studies, planning and special-subject studies.

6-3 2013年水利建设施工和投产项目个数（按地区分）

Number of Water Projects Under-construction and Put-into-operation in 2013 (by Region)

单位：个　　　　unit: unit

地区	Region	施工项目 Under-construction	#新开工项目 Newly-started Project	部分投产项目 Partially Put-into-operation	全部投产项目 Fully Put-into-operation
合　计	**Total**	**20266**	**12199**		**9016**
北　京	Beijing	34	18		13
天　津	Tianjin	56	39		35
河　北	Hebei	772	474		465
山　西	Shanxi	542	426		262
内蒙古	Inner Mongolia	272	131		132
辽　宁	Liaoning	333	178		100
吉　林	Jilin	364	205		33
黑龙江	Heilongjiang	741	167		2
上　海	Shanghai	171	112		87
江　苏	Jiangsu	493	269		242
浙　江	Zhejiang	1290	752		441
安　徽	Anhui	441	165		78
福　建	Fujian	691	499		401
江　西	Jiangxi	628	442		225
山　东	Shandong	796	561		473
河　南	Henan	1000	603		674
湖　北	Hubei	1334	1059		650
湖　南	Hunan	441	409		227
广　东	Guangdong	686	299		240
广　西	Guangxi	1571	137		19
海　南	Hainan	228	178		66
重　庆	Chongqing	989	712		652
四　川	Sichuan	1256	810		610
贵　州	Guizhou	906	649		514
云　南	Yunnan	1820	1180		858
西　藏	Tibet	162	95		97
陕　西	Shaanxi	554	457		254
甘　肃	Gansu	396	236		233
青　海	Qinghai	373	313		315
宁　夏	Ningxia	96	72		17
新　疆	Xinjiang	830	552		601

注　本表只包括当年正式施工的水利工程设施项目和机构能力建设项目，不包括建设投资计划安排的水利前期、规划及专题研究等项目。

Note　This table only includes water projects under construction and capacity building, excluding work conducted in the early stage of the project such as feasibility studies, planning and special-subject studies.

6-4 历年水利建设投资规模和进展

Investment and Progress of Water Project Construction, by Year

单位：万元 unit: 10^4 yuan

年份 Year	在建项目实际需要总投资 Total Needed Investment of Projects Under-construction	累计完成投资 Accumulation of Completed Investment	累计新增固定资产 Accumulation of Newly-increased Fixed Assets	#当年新增 Newly-increased of the Present Year	未完工程累计完成投资 Completed Investment of Uncompleted Project
2004	57472646	33787604	22889594	4788389	10897896
2005	59195516	31451336	20427098	5741035	11016751
2006	61205439	32795254	22999308	5414850	9794480
2007	57498856	33186759	22947692	7255913	10236968
2008	66787193	38436646	25225183	8451275	13211463
2009	78208336	46208244	31295254	15546720	14912990
2010	99662055	56693583	38715221	18497877	17978362
2011	117692905	68877470	42433768	19512353	
2012	137031324	89059580	57753110	27566037	
2013	153460025	101423176	55770917	27804200	

注　本表只包括当年正式施工的水利工程设施项目和机构能力项目。

Note　The data only includes projects of water infrastructures and capacity building formally initiated in the present year.

6-5 2013年水利建设投资规模和进展（按地区分）

Investment and Progress of Water Project Construction in 2013 (by Region)

单位：万元 unit: 10^4 yuan

地区	Region	在建项目实际需要总投资 Total Needed Investment of Project under Construction	累计完成投资 Accumulation of Completed Investment	累计新增固定资产 Accumulation of Newly-increased Fixed Assets	#当年新增 Newly-increased of the Present Year
合 计	**Total**	**153460025**	**101423176**	**55770917**	**27804200**
北 京	Beijing	3175330	2544370	144062	106929
天 津	Tianjin	2724931	2684558	225641	220986
河 北	Hebei	3852292	2751408	986760	732404
山 西	Shanxi	4018066	1730533	1196118	829042
内蒙古	Inner Mongolia	3614231	2410320	1637767	506376
辽 宁	Liaoning	5505850	2534008	1988804	873762
吉 林	Jilin	2919559	1745825	1404575	767456
黑龙江	Heilongjiang	6467284	2948271	2912493	426635
上 海	Shanghai	2038799	1099953	377377	377674
江 苏	Jiangsu	8596141	5288714	2306238	1449794
浙 江	Zhejiang	15836682	8022408	5075473	1939937
安 徽	Anhui	6877383	5203090	2497964	832643
福 建	Fujian	1403580	912997	810948	619105
江 西	Jiangxi	5182228	2485634	1663707	816117
山 东	Shandong	8478920	7006893	2075366	1441333
河 南	Henan	5414506	4301461	1561552	1236052
湖 北	Hubei	11264713	10027605	1219940	980047
湖 南	Hunan	1468690	1216438	1169577	1092485
广 东	Guangdong	6321140	3980109	1836181	418720
广 西	Guangxi	3626612	2894018	2868332	735762
海 南	Hainan	589659	437265	225040	54245
重 庆	Chongqing	6231173	4593554	2984289	1793129
四 川	Sichuan	5983503	2920497	2584237	1376353
贵 州	Guizhou	3358394	1822512	1647830	783451
云 南	Yunnan	7962934	4875637	4132790	2232596
西 藏	Tibet	1020767	771336	771336	326632
陕 西	Shaanxi	5376847	3431141	3041713	1328019
甘 肃	Gansu	2839978	2166854	1334676	773107
青 海	Qinghai	672039	569917	291013	222095
宁 夏	Ningxia	1376359	752195	711685	219729
新 疆	Xinjiang	10261436	7293655	4087435	2291588

注 本表只包括当年正式施工的水利工程设施项目和机构能力项目。

Note The data only includes projects of water infrastructures and capacity building formally initiated in the present year.

6-6 历年水利建设投资完成额

Completed Investment for Water Project Construction, by Year

单位：万元 unit: 10^4 yuan

年份 Year	完成投资合计 Total Completed Investment	中央投资 Central Government Investment	其他投资 Others
1952	32800		
1953	34000		
1954	23100		
1955	35800		
1956	74200		
1957	75900		
1958	213266		
1959	245190		
1960	333941		
1961	96041		
1962	77990		
1963	86760		
1964	100800		
1965	101600		
1966	161400		
1967	145800		
1968	88100		
1969	135700		
1970	170400		
1971	210000		
1972	227900		
1973	240900		
1974	236700		
1975	260600		
1976	291400		
1977	286600		
1978	353300		
1979	370400		
1980	270700		
1981	135700		
1982	174737		
1983	211296		
1984	206828		
1985	201580		
1986	228702		
1987	271012		
1988	306454		
1989	355508		
1990	487203		
1991	648677		
1992	971670		
1993	1249260		
1994	1687353		
1995	2063156		
1996	2385240		
1997	3154061		
1998	4676865		
1999	4991476		
2000	6129331	2954199	3175132
2001	5607065	2757822	2849243
2002	8192153	4149894	4042259
2003	7434176	3124746	4309430
2004	7835450	2925784	4909666
2005	7468483	2547065	4921418
2006	7938444	2987571	4950873
2007	9448538	3550444	5898094
2008	10882012	4169558	6712455
2009	18940321	8453697	10486624
2010	23199265	9604835	13594430
2011	30860284	14353990	16506294
2012	39642358	20332106	19310252
2013	37576331	17298370	20277960

6-7 历年水利建设到位投资

Allocated Investment for Water Project Construction, by Year

单位：万元 unit: 10^4 yuan

年份 Year	计划投资 Planned Investment	到位投资 合计 Total Allocated Investment	中央投资 Central Government Investment	其他投资 Others
2000	6109753	5415598	2770183	2645415
2001	8158739	5820373	3063614	2756759
2002	7873236	6985271	3552762	3432509
2003	8137149	6794217	2926763	3867454
2004	7902719	6393526	2315087	4078439
2005	8273650	7122425	2439757	4682668
2006	9327119	8404460	3428579	4975881
2007	10264653	9208767	3403233	5805533
2008	16040746	14184747	6497568	7687178
2009	17026927	17243218	6560403	10682815
2010	27075729	25800210	13639088	12161123
2011	33481528	32243193	15535845	16707349
2012	40876505	39956593	21100811	18855782
2013	39539765	38210322	17658910	20551412

6-8　2013 年水利建设到位投资和投资完成额（按地区分）

Allocated and Completed Investment of Water Project Construction in 2013 (by Region)

单位：万元　　　　unit: 10^4 yuan

地区	Region	计划投资 Planned Investment	到位投资 合计 Total Allocated Investment	到位投资 #中央投资 Central Government Investment	到位投资 地方投资 Local Government Investment	完成投资 合计 Total Completed Investment	完成投资 #中央投资 Central Government Investment	完成投资 地方投资 Local Government Investment
合　计	**Total**	**39539765**	**38210322**	**17658910**	**15819850**	**37576331**	**17298370**	**15420031**
北　京	Beijing	668643	635848	528035	98450	754295	667832	77100
天　津	Tianjin	261009	249129	85867	109546	270346	102599	110788
河　北	Hebei	1109454	1118775	710499	328633	1412996	893240	353241
山　西	Shanxi	1036858	743271	323575	408819	761055	258051	472691
内蒙古	Inner Mongolia	701788	677312	316693	305845	621723	272086	271479
辽　宁	Liaoning	1124294	1172890	366428	344339	1124718	392294	440856
吉　林	Jilin	742999	694300	371526	291564	560283	282844	256733
黑龙江	Heilongjiang	986135	986135	944873	41262	426635	324832	101803
上　海	Shanghai	868484	667318	15306	652012	689295	15718	673577
江　苏	Jiangsu	2239052	2227888	433620	1636142	2267153	535274	1627445
浙　江	Zhejiang	3434290	3226300	226723	2079569	3355206	246152	2181796
安　徽	Anhui	1511331	1425679	885065	527105	1631704	1004712	620503
福　建	Fujian	857698	824232	444372	346271	672534	358783	280631
江　西	Jiangxi	1320127	1196421	687265	386341	1233849	721919	356594
山　东	Shandong	2300613	2221522	960927	1155699	2249303	1126373	1060187
河　南	Henan	1829832	1887266	1285975	519222	1929292	1392548	470165
湖　北	Hubei	2013601	2020808	1585222	389567	2397187	2002761	371152
湖　南	Hunan	1349235	1235758	799804	396869	1117457	729986	349354
广　东	Guangdong	1105704	1041317	233945	753427	914260	171110	681561
广　西	Guangxi	922420	922420	587933	320653	764527	492897	271541
海　南	Hainan	178824	173866	120386	28644	76945	66189	6196
重　庆	Chongqing	2008823	2251999	673696	924203	2221603	659226	840047
四　川	Sichuan	1783539	1742462	867670	829249	1500467	665031	756589
贵　州	Guizhou	1144135	1049727	672592	353135	861922	511994	325432
云　南	Yunnan	2550634	2404086	801724	1049166	2483014	816818	1049035
西　藏	Tibet	346592	346095	314595	31500	326632	298912	27720
陕　西	Shaanxi	1486307	1426999	610643	408741	1463875	548420	461957
甘　肃	Gansu	1015098	975127	662439	208331	887373	607498	156193
青　海	Qinghai	261714	315342	200088	74792	277722	153419	76224
宁　夏	Ningxia	323287	281715	173337	104623	220097	146704	68813
新　疆	Xinjiang	2057247	2068316	768089	716131	2102863	832153	622628

注　本年投资来源中只单列中央和地方政府投资，利用外资、企业和私人投资以及贷款等投资包含在合计项目中。

Note　Only central and local government investment are listed separately in the sources of the investment in the present year and the investments of foreign capital, enterprises, private sector and bank loans are included in the total.

6-9 历年中央水利建设计划投资

Investment Plan of Central Government for Water Projects, by Year

单位：万元 unit: 10^4 yuan

年份 Year	合计 Total	中央计划投资 合计 Total Investment of Central Government	国家预算内拨款 National Budget Allocation	国家预算内专项资金 Special Funds from National Budget	银行贷款 Bank Loan	水利建设基金 Water Project Construction Funds	利用外资 Foreign Investment	自筹资金 Self-raising Funds	财政专项 Special Funds	地方配套 Local Counterpart Funds
1990	538198									
1991	655166									
1992	1028934									
1993	1376411									
1994	1886707									
1995	2231891									
1996	2688028	1055600	439600		335000		185000	500	95500	1632428
1997	3384137	1368861	627800		345775	219590	166000	9696		2015276
1998	7101177	3623900	802700	2177900	326900	140000	156400	20000		3477277
1999	7035634	3376228	593800	2334410	105658	180000	149000	13360		3659406
2000	6109753	2641132	573750	1776382	15000	180000	66000	30000		3468621
2001	5731680	3799585	542912	2991024		180000	85649			1932095
2002	5731139	3210070	723500	2235070		140000	111500			2521069
2003	6562394	3272983	802500	2311472		110000	49011			3289411
2004	5239960	2788097	687420	1982876		110000	7801			2451863
2005	4955283	2715788	721895	1883644		110000	249			2239495
2006	6254734	2987103	1587945	1294158		105000				3267631
2007	6326569	3088220	1386312	1578908		120000	3000			3238349
2008	11772273	6254207	5494207			120000			640000	5518066
2009	10674744	6370307	4800307			120000			1450000	4304437
2010	18868884	9840567	7010567			150000			2680000	9028317
2011	20518583	11407487	6540567			280000			4586920	9111096
2012	24693914	16229994	8910567			275000			7044427	8463920
2013	20872164	14083113	7170764			222700			6689649	6789051

注 1. 从 2003 年开始，中央水利建设计划投资包括南水北调当年投资。
2. 2007 年中央水利建设计划投资不包括当年中央财政转移支付地方水利专项资金 32 亿元。
3. 2008 年中央水利建设计划投资不包括当年小型农田水利建设中央财政专项补助资金 30 亿元。

Note 1. Investment plans of central government for water project construction since 2003 include those for South-North Water Diversion Project.
2. In 2007, investment plans of central government for water project construction exclude 3.2 billion yuan of Central Government funds transferred to special funds of local governments.
3. In 2008, investment plans of central government for water project construction exclude 3 billion yuan of special funds to small on-farm irrigation and drainage works from the Central Government Finance.

6-10 2013年中央水利建设计划投资（按地区分）

Investment Plan of Central Government for Water Projects in 2013 (by Region)

单位：万元 unit: 10^4 yuan

地区	Region	合计 Total	中央计划投资 合计 Total Investment Plan of Central Government	国家预算内拨款 National Budget Allocation	水利建设基金 Water Project Construction Funds	财政专项 Financial Special Funds	地方配套 Local Counterpart Funds
合 计	**Total**	**20872164**	**14083113**	**7170764**	**222700**	**6689649**	**6789051**
北 京	Beijing	114298	40185	18800		21385	74113
天 津	Tianjin	132604	59871	36233		23638	72733
河 北	Hebei	690236	465611	237628		227983	224625
山 西	Shanxi	302321	246072	91356		154716	56249
内蒙古	Inner Mongolia	336252	288473	133705		154768	47779
辽 宁	Liaoning	751960	355678	211432		144246	396282
吉 林	Jilin	652563	368357	163216		205141	284206
黑龙江	Heilongjiang	927328	708228	337157		371071	219100
上 海	Shanghai	7040	7040			7040	
江 苏	Jiangsu	829156	362694	201592		161102	466462
浙 江	Zhejiang	639252	239449	126118		113331	399803
安 徽	Anhui	967545	714773	388861		325912	252772
福 建	Fujian	653483	444372	235160		209212	209111
江 西	Jiangxi	916463	641085	293034		348051	275378
山 东	Shandong	644398	374778	149625		225153	269620
河 南	Henan	1080953	682188	407634		274554	398765
湖 北	Hubei	992072	731504	383058		348446	260568
湖 南	Hunan	1154915	852240	307288		544952	302675
广 东	Guangdong	403465	247792	66378		181414	155673
广 西	Guangxi	773967	614202	321844		292358	159765
海 南	Hainan	217656	123906	67216	8400	48290	93750
重 庆	Chongqing	801409	583008	321889		261119	218401
四 川	Sichuan	1451369	835665	429593		406072	615704
贵 州	Guizhou	976943	672592	301463	20000	351129	304351
云 南	Yunnan	1075391	740866	435741		305125	334525
西 藏	Tibet	191006	189007	87368	35000	66639	1999
陕 西	Shaanxi	754395	578820	298105		280715	175575
甘 肃	Gansu	854290	656357	391477		264880	197933
青 海	Qinghai	205267	167355	86855		80500	37912
宁 夏	Ningxia	232890	173337	107613	4300	61424	59553
新 疆	Xinjiang	818363	609670	406569		203101	208693
中央直属	Organizations Directly under the Central	322914	307938	126756	155000	26182	14976

6-11 2013年中央水利建设计划投资（按流域分）

Investment Plan of Central Government for Water Projects in 2013 (by River Basin)

单位：万元 unit: 10^4 yuan

直属单位	Institutions Directly under MWR	合计 Total	中央计划投资 合计 Total Investment Plan of Central Government	国家预算内拨款 National Budget Allocation	水利建设基金 Water Project Construction Funds	财政专项 Financial Special Funds	地方配套 Local Counterpart Funds
合 计	**Total**	**20872164**	**14083113**	**7170764**	**222700**	**6689649**	**6789051**
松辽流域	Songhua and Liaohe Rivers Basin	2371453	1455065	717607		737458	916388
海河流域	Haihe River Basin	1264055	830443	400879	1842	427722	433612
淮河流域	Huaihe River Basin	2303951	1402759	722792		679967	901192
黄河流域	Yellow River Basin	4519270	3365792	1885214	127458	1353120	1153478
长江流域	Yangtze River Basin	6659682	4597966	2268658	35000	2294308	2061716
珠江流域	Pearl River Basin	2458792	1697541	801650	28400	867491	761251
太湖流域	Taihu Basin	1232146	684232	349649	5000	329583	547914
部属其他	Other Institutions under the Ministry	62815	49315	24315	25000		13500

6-12 2013年中央水利建设计划投资（按项目类型分）

Investment Plan of Central Government for Water Projects in 2013 (by Type)

单位：万元 unit: 10^4 yuan

工 程 类 别	Type of Project	合计 Total	中央计划投资 合计 Total Investment Plan of Central Government	国家预算内拨款 National Budget Allocation	水利建设基金 Water Project Construction Funds	其他 Others	地方配套 Local Counterpart Funds
合 计	**Total**	**20872164**	**14083113**	**7170764**	**6689649**	**222700**	**6789051**
一、防洪工程	**Flood Control Projects**	**8907705**	**6189600**	**2324600**	**3710000**	**155000**	**2718105**
1. 大江大河治理	Large River Harness	5454879	3774089	1468302	2180000	125787	1680790
2. 控制性枢纽工程	Dam Project	479817	94000	94000			385817
3. 病险库加固	Reservoir Reinforcement	1315312	1240000	140000	1100000		75312
4. 大中型病险水闸	Large-size & Medium-size Risky Water Gates	173994	110000	110000			63994
5. 城市防洪堤	Urban Flood Control Embankment						
6. 行蓄洪区安全建设	Flood Retention Basin Construction	109768	59800	59800			49968
7. 重点海堤	Main Sea Dyke	271500	100000	100000			171500
8. 国际界河	International Boundary River	55210	42498	42498			12712
9. 防汛通信	Flood Control Information System	42213	29213			29213	13000
10. 水文建设	Hydrology	575012	310000	310000			265012
11. 防汛机动抢险队	Mobile Flood Disaster Relief Team						
12. 平垸行洪退田还湖移民建镇	Town Ship Resettlement Area Built for Returning Polder Land to Lakes						
13. 山洪灾害	Mountain Flood Disaster	430000	430000		430000		
二、水土保持及生态环境工程	**Soil and Water Conservation and Ecological Recovery Projects**	**950970**	**781603**	**400000**	**381603**		**169367**
1. 重点治理	Key Projects	659418	513564	320000	193564		145854
2. 农村水电增效扩容改造	Efficiency Improvements and Capacity Additions of Rural Hydropower	188039	188039		188039		
3. 生态修复	Ecological Recovery	103513	80000	80000			23513
三、水资源工程	**Water Resources Projects**	**10468265**	**6881746**	**4216000**	**2598046**	**67700**	**3586519**
1. 节水灌溉工程	Water-saving Irrigation	285245	232820	80000	152820		52425
2. 人畜饮水	Human and Livestock Drinking Water	3243529	2250000	2250000			993529
3. 大型灌区建设	Large-scale Irrigation District Construction	1172763	720000	720000			452763
4. 重点水源工程	Main Water Source Project	3152718	1125626	1046000	11926	67700	2027092
5. 小型农田水利设施	Small on-farm Irrigation and Drainage Facilities	2433300	2433300		2433300		
6. 牧区节水灌溉示范	Water-saving Irrigation Demonstration Areas in Pasture Land	25163	20000	20000			5163
7. 灌排泵站	Irrigation & Drainage Pumping Station	155547	100000	100000			55547
四、专项工程	**Special Projects**	**545224**	**230164**	**230164**			**315060**
1. 基础设施建设	Basic Infrastructures	31117	31117	31117			
2. 科研教育	Research and Education						
3. 前期工作	Early-stage Work	39047	39047	39047			
4. 小水电及农村电气化工程	Small Hydropower Development & Rural Electrification	409907	120000	120000			289907
5. 其他	Others	65153	40000	40000			25153

6-13 历年分资金来源中央政府水利建设投资完成额

Completed Investment of Central Government for Basic Water Project Construction by Financial Resources and Year

单位：万元 unit: 10^4 yuan

年份 Year	投资完成合计 Total Completed Investment	国家预算内拨款 National Budget Allocation	国家预算内专项资金 Special Funds from National Budget	国内贷款 Domestic Loan	债券 Bonds	水利建设基金 Water Project Construction Funds	利用外资 Foreign Investment	自筹资金 Self-raising Funds	其他 Others
2000	2954199	494184	2111404	40520	10122	134169	136323	14711	12766
2001	2757822	562460	1933136	15028		91391	131171	17807	6829
2002	4149894	656938	3191917	49200	6690	112367	114273	8692	9817
2003	3124746	537661	2319549	75825	2080	116441	24625	6890	41674
2004	2925784	845984	1891397	46866		75751	38935	8831	18020
2005	2547065	659224	1769155			90406		3499	24782
2006	2987571	1160369	1728516			70474		3389	24824
2007	3550444	1694283	1737805			83395		16833	18128
2008	4169558	2499243	1326835			215404		2660	125415
2009	8453697	6651275	694317			528613		4111	575381
2010	9604835	6077624	162274			1679759		2338	1682839

年份 Year	投资完成合计 Total Completed Investment	国家预算内拨款 National Budget Allocation	国家预算内专项资金 Special Funds from National Budget	财政专项资金 Financial Special Funds	重大水利工程建设基金 Major Water Project Construction Funds	水利建设基金 Water Project Construction Funds	利用外资 Foreign Investment	自筹资金 Self-raising Funds	其他 Others
2011	14353990	5865385	18996	3459382	4219353	294695		7217	488962
2012	20332106	9423985	49308	6263232	3961091	377388		1349	255754
2013	17298370	7739486	18037	5043911	3992849	181873		3863	318352

6-14 2013 年分资金来源中央政府水利建设投资完成额（按地区分）

Completed Investment of Central Government for Basic Water Project Construction by Financial Resources in 2013 (by Region)

单位：万元 unit: 10^4yuan

地区	Region	完成投资							
		合计 Total Completed Investment	国家预算内拨款 National Budget Allocation	国家预算内专项资金 Special Funds from National Budget	财政专项资金 Financial Special Funds	水利建设基金 Water Project Construction Funds	重大水利工程建设基金 Major Water Project Construction Funds	自筹资金 Self-raising Funds	其他 Others
合 计	**Total**	**17298370**	**7739486**	**18037**	**5043911**	**181873**	**3992849**	**3863**	**318352**
北 京	Beijing	667832	35912		21283		610637		
天 津	Tianjin	102599	57328		20909	1842	22520		
河 北	Hebei	893240	415620		172301		305319		
山 西	Shanxi	258051	107537	3070	85762	1000			60682
内蒙古	Inner Mongolia	272086	157991		54247				59848
辽 宁	Liaoning	392294	277878	2550	104180	10			7676
吉 林	Jilin	282844	142915		139929				
黑龙江	Heilongjiang	324832	316043		8789				
上 海	Shanghai	15718	11374		4344				
江 苏	Jiangsu	535274	291647		130874		111243		1510
浙 江	Zhejiang	246152	137908		105743	290			2211
安 徽	Anhui	1004712	422307		267084		315321		
福 建	Fujian	358783	198997		159786				
江 西	Jiangxi	721919	330534		369805	3820			17760
山 东	Shandong	1126373	200010		173150	59473	693740		
河 南	Henan	1392548	429395	540	287863	63359	610637	754	
湖 北	Hubei	2002761	348184	4641	310345		1323433		16158
湖 南	Hunan	729986	270624		459362				
广 东	Guangdong	171110	77337		92173				1600
广 西	Guangxi	492897	261898		230999				
海 南	Hainan	66189	43768		22421				
重 庆	Chongqing	659226	347901		237155	3909			70262
四 川	Sichuan	665031	360508	7236	285451	6170			5666
贵 州	Guizhou	511994	298282		193712	20000			
云 南	Yunnan	816818	471089		300526	11100		3109	30994
西 藏	Tibet	298912	224404		74508				
陕 西	Shaanxi	548420	304066		227432	1100			15822
甘 肃	Gansu	607498	421396		186002				100
青 海	Qinghai	153419	91687		61732				
宁 夏	Ningxia	146704	111752		30652	4300			
新 疆	Xinjiang	832153	573197		225392	5500			28064

6-15 历年分资金来源地方政府水利建设投资完成额

Completed Investment of Local Government Funding for Water Project Construction by Financial Resources and Year

单位：万元 unit: 10^4 yuan

年份 Year	完成投资 合计 Total Completed Investment	国家预算内拨款 National Budget Allocation	国家预算内专项资金 Special Funds from National Budget	国内贷款 Domestic Loan	债券 Bonds	水利建设基金 Water Project Construction Funds	利用外资 Foreign Investment	自筹资金 Self-raising Funds	其他 Others
2000	3175132	228710	40862	437885	20233	188800	96164	1885598	276880
2001	2849243	328967		310452	12744	118488	144344	1724053	210195
2002	4042259	472630		502878	5045	163528	88225	2478586	331367
2003	4309430	520660	26544	838338		178465	78795	2464967	201661
2004	4909666	412915	31012	979490		212152	83381	2954103	236614
2005	3153043	671408	24481			212292		1911277	333585
2006	3328865	771171	118653			290750		1781509	366782
2007	4323681	1005975	219184			594419		2182566	321537
2008	4988317	1404392	277876			389544		2350969	565535
2009	8088050	2648216	593286			526050		3334543	985954
2010	9188067	3102910	785587			472065		3159588	1667918

年份 Year	完成投资 合计 Total Completed Investment	国家预算内拨款 National Budget Allocation	国家预算内专项资金 Special Funds from National Budget	财政专项资金 Financial Special Funds	重大水利工程建设基金 Major Water Project Construction Funds	水利建设基金 Water Project Construction Funds	土地出让收益 Land Revenue	自筹资金 Self-raising Funds	其他 Others
2011	12236742	3122803	272666	2188692	158941	501415	121455	4061132	1809637
2012	14644959	3490796	204461	3778785	387799	823099	256976	3502871	2200172
2013	15420031	3628048	109293	4330599	256673	898681	207592	3602855	2386289

注 本表的国家预算内专项资金是通过其他渠道下达的中央转贷地方国债资金。2011 年、2012 年、2013 年“其他”中含水资源费完成投资。

Note The special funds from national budget in this table are sourced from national bonds transferred from the Central Government to local government. The “Others” of 2011 and 2012 and 2013 in the table include completed investment sourced from water resources fee.

6-16 2013年分资金来源地方政府水利建设投资完成额（按地区分）

Completed Investment of Local Government Funding for Water Project Construction by Financial Resources in 2013 (by Region)

单位：万元 unit: 10^4 yuan

地区	Region	完成投资 合计 Total Completed Investment	国家预算内拨款 National Budget Allocation	国家预算内专项资金 Special Funds from National Budget	财政专项资金 Financial Special Funds	水利建设基金 Water Project Construction Funds	重大水利工程建设基金 Major Water Project Construction Funds	土地出让收益 Land Revenue	水资源费 Water Resources Fee	自筹资金 Self-raising Funds	其他 Others
合 计	**Total**	**15420031**	**3628048**	**109293**	**4330599**	**898681**	**256673**	**207592**	**384991**	**3602855**	**2001299**
北 京	Beijing	77100	30425		4881	19285					22509
天 津	Tianjin	110788			46103	337		14328		41219	8800
河 北	Hebei	353241	98592		110304					144345	
山 西	Shanxi	472691	52422		47996	4713	7067	1307	317322	36991	4873
内蒙古	Inner Mongolia	271479	18276		7574	106944	35860		318	75775	26732
辽 宁	Liaoning	440856	32630	103	311353	312	40000		140	4534	51783
吉 林	Jilin	256733	166378	2650	11896	65988	7666			2057	98
黑龙江	Heilongjiang	101803	25476		16960					59367	
上 海	Shanghai	673577	626852		46725						
江 苏	Jiangsu	1627445	899889	34359	207726	93118		12601		314114	65637
浙 江	Zhejiang	2181796	538889		546607	380873	18511	68651		419276	208989
安 徽	Anhui	620503	49632	387	125852	4360	935			314799	124538
福 建	Fujian	280631	144856	1877	55867	10917	837			25222	41056
江 西	Jiangxi	356594	24330	2434	141348	641		382		95675	91784
山 东	Shandong	1060187	29370	522	248370					779188	2737
河 南	Henan	470165		366	381746					1257	86796
湖 北	Hubei	371152	7353	4899	129231	40220		2978	20640	80162	85668
湖 南	Hunan	349354	122260		211815					9137	6141
广 东	Guangdong	681561			500943	17444				131926	31248
广 西	Guangxi	271541	5374		91861	27914	250			146142	
海 南	Hainan	6196	2831		3365						
重 庆	Chongqing	840047	26374	18645	184418	1496		800	2056	41666	564592
四 川	Sichuan	756589	106548	5435	139212	3922	63657	75	16827	247803	173109
贵 州	Guizhou	325432	224458	590	45667	20165	15291	295		18655	312
云 南	Yunnan	1049035	117305	35427	125471	10160	42629	102872	24988	390131	200051
西 藏	Tibet	27720			27720						
陕 西	Shaanxi	461957	22924		276028	55295		3302		30	104378
甘 肃	Gansu	156193	6332	1600	59160	17005	14847		2700		54549
青 海	Qinghai	76224	15373		29533	430				6371	24516
宁 夏	Ningxia	68813			68225					63	525
新 疆	Xinjiang	622628	232897		126641	17142	9124			216949	19876

注 本表的国家预算内专项资金是通过其他渠道下达的中央转贷地方国债资金。

Note The special funds from national budget are sourced from the national bonds transferred from the Central Government to local governments.

6-17 历年分中央和地方项目水利建设投资完成额

Completed Investment for Water Project Construction Divided by Central and Local Governments and Year

单位：万元 unit: 10^4 yuan

年份 Year	完成投资合计 Total Completed Investment	中央项目完成投资 Completed Investment of Central Government Projects	#国家预算内投资 Investment from National Budget	#国家预算内专项资金 Special Funds from National Budget	地方项目完成投资 Completed Investment of Local Government Projects	#国家预算内投资 Investment from National Budget	#国家预算内专项资金 Special Funds from National Budget
2000	6129331						
2001	5607065						
2002	8192153	1250858	893363	509424	6941295	3427941	2682493
2003	7434176	964952	643859	339213	6469224	2760555	2006880
2004	7835450	1429738	566833	408592	6405712	692066	1513817
2005	7468483	1227628	988583	457260	6240855	2438382	1336376
2006	7938444	1610784	650071	457745	6327660	510299	1270771
2007	9448538	1544575	1380809	284705	7903963	3954252	1672284
2008	10882012	1092053	845889	111390	9789959	5267405	1493320
2009	18940321	2068697	1458349	73712	16871624	10183409	1213892
2010	23199265	4427984	2619536	14650	18771281	9054547	922861
2011	30860284	5974864	4732388		24885419	15369941	
2012	39642358	6654250	5474212	1377439	32988108	23285733	11537342
2013	37576331	4304507	4221775	127148	33271824	21078994	11240387

注　国家预算内投资包括预算内拨款（指财政预算内经营性或非经营性资金支出）、预算内专项资金和水利建设基金。

Note　Investment from national budget includes allocation from budget (here refers to business and non-business expenditure from national budget), special funds from budget and water project construction funds.

6-18　2013年分中央和地方项目水利建设投资完成额（按地区分）

Completed Investment for Water Project Construction Divided by Central and Local Governments in 2013 (by Region)

单位：万元　　unit: 10^4 yuan

地区	Region	完成投资合计 Total Completed Investment	中央项目完成投资 Completed Investment of Central Government Projects	#国家预算内投资 Investment from National Budget	#国家预算内拨款 Allocation from National Budget	地方项目完成投资 Completed Investment of Local Government Projects	#国家预算内投资 Investment from National Budget	#国家预算内拨款 Allocation from National Budget
合　计	**Total**	**37576331**	**4304507**	**4221775**	**127148**	**33271824**	**21078994**	**11240387**
北　京	Beijing	754295	637842	628479	17842	116453	74660	48495
天　津	Tianjin	270346	28582	28582	4220	241764	120120	53108
河　北	Hebei	1412996	311613	306932	1613	1101383	795205	512599
山　西	Shanxi	761055	5580	5580	5580	755475	299274	154379
内蒙古	Inner Mongolia	621723	5099	4599	4599	616624	269349	171668
辽　宁	Liaoning	1124718				1124718	768704	310508
吉　林	Jilin	560283	3777	3777	3777	556506	467657	305516
黑龙江	Heilongjiang	426635	835	835	835	425800	366433	340684
上　海	Shanghai	689295	8204	8204	8204	681091	681091	630022
江　苏	Jiangsu	2267153	120702	120702	9459	2146451	1555036	1182077
浙　江	Zhejiang	3355206				3355206	1347948	676796
安　徽	Anhui	1631704	332301	326008	10687	1299403	855511	461252
福　建	Fujian	672534				672534	562218	343853
江　西	Jiangxi	1233849				1233849	872271	354864
山　东	Shandong	2249303	781743	739614	10095	1467560	665021	219285
河　南	Henan	1929292	698725	688323	14327	1230567	1085583	415068
湖　北	Hubei	2397187	1348581	1339218	15785	1048606	788869	339752
湖　南	Hunan	1117457	668	668	668	1116789	1063394	392216
广　东	Guangdong	914260	7716	7716	7716	906544	662737	69621
广　西	Guangxi	764527	269	269	269	764258	590112	267003
海　南	Hainan	76945				76945	72385	46599
重　庆	Chongqing	2221603	138	138	138	2221465	818263	374137
四　川	Sichuan	1500467				1500467	974217	467056
贵　州	Guizhou	861922				861922	797999	522740
云　南	Yunnan	2483014	2949	2949	2949	2480065	1100598	585445
西　藏	Tibet	326632				326632	326632	224404
陕　西	Shaanxi	1463875	4344	4344	4344	1459530	827206	322645
甘　肃	Gansu	887373	4240	4240	3442	883133	685097	424286
青　海	Qinghai	277722	600	600	600	277122	197726	106461
宁　夏	Ningxia	220097				220097	214929	111752
新　疆	Xinjiang	2102863				2102863	1172750	806093

注　国家预算内投资包括预算内拨款（指财政预算内经营性或非经营性资金支出）、预算内专项资金和水利建设基金。

Note　Investments from national budget include allocation from budget (here refers to business and non-business expenditure from national budget), and special funds from budget and water project construction funds.

6-19 历年分资金来源水利建设投资完成额

Completed Investment for Water Project Construction by Financial Sources and Year

单位：万元 unit: 10^4 yuan

年份 Year	完成投资合计 Total Completed Investment	国家投资 National Investment	国内贷款 Domestic Loan	债券 Bonds	水利建设基金 Water Project Investment Funds	企业和私人投资 Company and Private Investment	利用外资 Foreign Investment	自筹投资 Self-raising Funds	以工代赈 Labor for Subsidy	其他 Others
1989	355508	227082	14537				11131	86035		16723
1990	487203	278314	20532				22100	135075		31182
1991	648677	339331	48209				59562	172800		28775
1992	1092231	365583	90528				54233	302079	120561	159247
1993	1352846	388237	234441				60343	376303	112057	181465
1994	1687140	421409	389491				148003	500900		227337
1995	2062088	529962	476092				247177	564120		244737
1996	2432539	668533	527637	595			246354	728528	47301	213591
1997	3154061	860940	456094	5040	199311		330697	1010467		291512

年份 Year	完成投资合计 Total Completed Investment	国家预算内拨款 National Budget Allocation	国家预算内专项资金 Special Funds from National Budget	国内贷款 Domestic Loan	债券 Bonds	水利建设基金 Water Project Investment Funds	企业和私人投资 Company and Private Investment	利用外资 Foreign Investment	自筹投资 Self-raising Funds	财政专项资金 Financial Special Funds	其他 Others
1998	4676865	995338	1107358	562135		180526		209127	1302536		319845
1999	4991476	857574	1398239	369829	219563	236018		203968	1409224		297061
2000	6129331	722894	2152266	478405	30355	322969		232487	1900309		289646
2001	5607065	891427	1933136	325480	12744	209879		275515	1741860		217024
2002	8192153	1129568	3191917	552078	11735	275895		202498	2487278		341184
2003	7434176	1058321	2346093	914163	2080	294907		103420	2471857		243335
2004	7835450	1258899	1922409	1026356		287902		122315	2962934		254634
2005	7468483	1330632	1793636	941809		302698	507175	192643	1914776		485114
2006	7938444	1931541	1847169	806606		361223	338470	143434	1784897		725104
2007	9448538	2700258	1956989	833576	400	677814	383498	94756	2199398		601848
2008	10882012	3903636	1604711	969469		604949	358735	105085	2353630		981800
2009	18940321	9299491	1287604	1528610		1054664	414027	75675	3338654		1941596
2010	23199265	9180534	947861	3374355	25299	2151824	480135	13058	3161926		3864273
2011	30860284	8988189	291662	2703080	38614	796110	749193	44176	4068349	5648074	7532837
2012	39642358	12914781	253770	2655028	51882	1200487	1133757	41295	3504219	10042017	7845122
2013	37576331	11367534	127330	1726871	17221	1080554	1607082	85724	3606718	9374510	8582786

注 2011年、2012年、2013年“其他”投资中含重大水利工程建设基金，分别为437.8亿元、434.9亿元和412.6亿元。

Note "Others" of 2011 and 2012 and 2013 in the table, including the Major Water Project Construction Funds, are 43.78 billion yuan, 43.49 billion yuan and 41.26 billion yuan respectively.

6-20 2013 年分资金来源水利建设投资完成额（按地区分）（一）

Completed Investment for Water Project Construction by Financial Sources in 2013 (by Region) (1)

单位：万元 unit: 10^4 yuan

地区	Region	完成投资 合计 Total Completed Investment	国家预算内拨款 National Budget Allocation	国家预算内专项资金 Special Funds from National Budget	国家财政专项资金 Financial Special Funds	国内贷款 Domestic Loan	水利建设基金 Water Project Investment Funds	企业和私人投资 Company and Private Investment	利用外资 Foreign Investment	自筹投资 Self-raising Funds	其他 Others
合 计	**Total**	**37576331**	**11367534**	**127330**	**9374510**	**1726871**	**1080554**	**1607082**	**85724**	**3606718**	**8600007**
北 京	Beijing	754295	66337		26164	9363	19285				633146
天 津	Tianjin	270346	57328		67012		2179	53755		41219	48853
河 北	Hebei	1412996	514212		282605	117895				144345	353938
山 西	Shanxi	761055	159959	3070	133758	16076	5713	4114		36991	401374
内蒙古	Inner Mongolia	621723	176267		61821	36225	106944	2015		75775	162676
辽 宁	Liaoning	1124718	310508	2653	415533	234815	322	425		4534	155927
吉 林	Jilin	560283	309293	2650	151825	7929	65988	4070		2057	16471
黑龙江	Heilongjiang	426635	341519		25749					59367	
上 海	Shanghai	689295	638226		51069						
江 苏	Jiangsu	2267153	1191536	34359	338599	55024	93118	6596	39539	314114	194266
浙 江	Zhejiang	3355206	676796		652350	631796	381163	78918		419276	514908
安 徽	Anhui	1631704	471939	387	392936	4682	4360	251	1557	314799	440794
福 建	Fujian	672534	343853	1877	215653	600	10917	12126		25222	62287
江 西	Jiangxi	1233849	354864	2434	511154	138	4461	141416	6788	95675	116920
山 东	Shandong	2249303	229380	522	421520	60584	59473		2128	779188	696508
河 南	Henan	1929292	429395	906	669609	19895	63359	1317		2011	742800
湖 北	Hubei	2397187	355537	9540	439577	16369	40220	88		80162	1455694
湖 南	Hunan	1117457	392884		671177	32200		5205		9137	6853
广 东	Guangdong	914260	77337		593116	24260	17444	32372		131926	37806
广 西	Guangxi	764527	267272		322860		27914	90		146142	250
海 南	Hainan	76945	46599		25786			1128			3432
重 庆	Chongqing	2221603	374275	18645	421572	84838	5405	382637	6315	41666	886250
四 川	Sichuan	1500467	467056	12671	424663	7591	10092	43903	8271	247803	278416
贵 州	Guizhou	861922	522740	590	239378	6078	40165	5353		18655	28963
云 南	Yunnan	2483014	588394	35427	425997	86033	21260	208720		393240	723943
西 藏	Tibet	326632	224404		102228						
陕 西	Shaanxi	1463875	326989		503461	138947	56395	108013		30	330039
甘 肃	Gansu	887373	427728	1600	245162	4648	17005	37954			153275
青 海	Qinghai	277722	107061		91265	10000	430		1030	6371	61565
宁 夏	Ningxia	220097	111752		98877		4300		2743	63	2362
新 疆	Xinjiang	2102863	806093		352033	120886	22642	476617	17353	216949	90290

注 “其他”项中含有债券、重大水利建设基金、土地出让收益、水资源费完成额。

Note “Others” in the table include completed investment of bonds, major water project construction funds, land sale revenue and water resources fee.

6-21 2013 年分资金来源水利建设投资完成额（按地区分）（二）

Completed Investment for Water Project Construction by Financial Sources in 2013 (by Region) (2)

单位：万元　　　　unit: 10^4 yuan

地区	Region	完成投资 合计 Total Completed Investment	政府投资[①] Government Investment	中央 Central	地方 Local	国内贷款 Domestic Loan	企业和私人投资 Company and Private Investment	利用外资 Foreign Investment	债券 Bonds	其他 Others
合　计	**Total**	**37576331**	**32718401**	**17298370**	**15420031**	**1726871**	**1607082**	**85724**	**17221**	**1421031**
北　京	Beijing	754295	744932	667832	77100	9363				
天　津	Tianjin	270346	213386	102599	110788		53755			3205
河　北	Hebei	1412996	1246482	893240	353241	117895				48620
山　西	Shanxi	761055	730742	258051	472691	16076	4114			10123
内蒙古	Inner Mongolia	621723	543565	272086	271479	36225	2015			39918
辽　宁	Liaoning	1124718	833150	392294	440856	234815	425		2500	53828
吉　林	Jilin	560283	539577	282844	256733	7929	4070			8707
黑龙江	Heilongjiang	426635	426635	324832	101803					
上　海	Shanghai	689295	689295	15718	673577					
江　苏	Jiangsu	2267153	2162719	535274	1627445	55024	6596	39539		3275
浙　江	Zhejiang	3355206	2427948	246152	2181796	631796	78918			216546
安　徽	Anhui	1631704	1625215	1004712	620503	4682	251	1557		
福　建	Fujian	672534	639414	358783	280631	600	12126		1905	18490
江　西	Jiangxi	1233849	1078513	721919	356594	138	141416	6788		6994
山　东	Shandong	2249303	2186560	1126373	1060187	60584		2128		31
河　南	Henan	1929292	1862713	1392548	470165	19895	1317			45367
湖　北	Hubei	2397187	2373913	2002761	371152	16369	88		2816	4002
湖　南	Hunan	1117457	1079340	729986	349354	32200	5205			712
广　东	Guangdong	914260	852671	171110	681561	24260	32372			4958
广　西	Guangxi	764527	764437	492897	271541		90			
海　南	Hainan	76945	72385	66189	6196		1128			3432
重　庆	Chongqing	2221603	1499273	659226	840047	84838	382637	6315		248539
四　川	Sichuan	1500467	1421620	665031	756589	7591	43903	8271		19082
贵　州	Guizhou	861922	837426	511994	325432	6078	5353			13065
云　南	Yunnan	2483014	1865853	816818	1049035	86033	208720			322409
西　藏	Tibet	326632	326632	298912	27720					
陕　西	Shaanxi	1463875	1010376	548420	461957	138947	108013			206538
甘　肃	Gansu	887373	763691	607498	156193	4648	37954			81079
青　海	Qinghai	277722	229643	153419	76224	10000		1030	10000	27049
宁　夏	Ningxia	220097	215517	146704	68813			2743		1837
新　疆	Xinjiang	2102863	1454781	832153	622628	120886	476617	17353		33226

注　① 政府投资指中央及地方各级政府完成的水利建设的各项财政资金（包括预算内非经营性基金、国债专项资金和水利建设基金等）和政府部门自筹投资等。

Note　① Government investment refers to all sorts of financial funds from Central Government and local governments at all levels (including non-business funds from budget, special funds and bonds and water project construction funds) and self-raising funds of governmental departments.

6-22 历年分用途水利建设投资完成额

Completed Investment for Water Project Construction by Function and Year

单位：万元 unit: 10^4 yuan

年份 Year	完成投资 合计 Total Completed Investment	水库 Reservoir	防洪 Flood Control	灌溉 Irrigation	除涝 Drainage	供水 Water Supply	水电 Hydropower	水保及生态 Soil Conservation and Ecological Restoration	机构能力建设 Capacity Building	前期工作 Early-stage Work	其他 Others
1959	245190	148925	6622	63854	5634						20155
1960	333941	171127	10196	117441	7804						27373
1961	96041	60217	2629	16339	3161						13696
1962	77990	40899	2966	9586	5773						18766
1963	86760	43349	9735	10915	15006						7755
1979	370400	99352	36856	96545	44911						92736
1980	270700	91673	29628	61211	27240						60948
1981	135700	52191	20783	23579	7469						31678
1982	174737	51607	8641	28606	8323						77560
1983	211296	56110	20271	36301	10250						88364
1984	206828	56174	23682	42147	13752						71073
1985	201580	53477	32567	43146	14887						57503
1986	228702	53937	43456	46689	12542	12272					59806
1987	271012	75211	58208	51691	17169	5222					63511
1988	306454	82400	71690	59632	17501	2533					72698
1989	355508	105133	72675	73017	20855	3674					80154
1990	487203	135140	102015	105913	21430	35619					87086
1991	648677	139023	138463	123888	28583	55188	98356				65176
1992	971670	198994	221794	161717	50616	95338	154145				89066
1993	1249260	308558	236551	176821	39098	119747	243324				125161
1994	1687353	436379	242735	162911	57023	237327	393176				157802
1995	2063156	589771	318514	182524	68919	139079	581660				182689
1996	2385240	919545	362152	231447	73659	143625	486151				168661
1997	3154061	1001367	510191	307183	65073	284668	791548				194031
1998	4676865	1131204	1570617	591833	91479	277736	704240				309756
1999	4991576	1122989	2266682	280571	109693	287314	473833	120034			330460
2000	6129331	960273	3049937	537250	110118	410900	563284	182927			314642
2001	5607065		3083006	703721	112183	806205	301137	176624	192108	88888	143538
2002	8192153		4407481	1000174	103544	1515592	466745	319977	169155	68250	141236
2003	7434176		3350814	1045892	88164	1206149	622774	519068	161628	93008	346678
2004	7835450		3579295	875545	90180	1307918	715307	587101	71699	103206	505200
2005	7468483		2781555	1065966	146744	1165206	654724	391856	224008	102562	935862
2006	7938444		2787116	1094704	94098	2082293	573234	422184	65560	136359	682897
2007	9448538		2985677	1039159	199132	3011747	664919	603164	88527	116046	740166
2008	10882012		3465187	1165918	235203	3512571	773709	768749	106007	160441	694229
2009	18940321		6287388	2482320	460735	6178105	720419	867355	106040	158802	1679157
2010	23199265		6635903	3342666	210569	7362713	1053896	858998	195615	248711	3290195
2011	30860284		9962265	4691165	220764	8150170	1090134	953860	402459	420380	4969087
2012	39642358		13942837	6344734	316750	12770928	1171955	1181181	595519	407417	2911038
2013	37576331		13044565	6717187	313072	10614102	1644196	1028920	525410	407346	3281531

注 1998 年前未细分出水保及生态，均放于“其他”中；2001 年以后，水库投资已按用途分摊到有关工程类型中。

Note Soil and water conservation and ecological restoration projects are grouped into other projects before the year of 1998. After the year of 2001, the investment of reservoir has been grouped into other projects in accordance with its function.

6-23　2013 年分用途水利建设投资完成额（按地区分）

Completed Investment for Water Project Construction by Function in 2013 (by Region)

单位：万元　　　　unit: 10^4 yuan

地区	Region	完成投资 合计 Total Completed Investment	防洪 Flood Control	灌溉 Irrigation	除涝 Drainage	供水 Water Supply	水电 Hydropower	水保及生态 Soil Conservation and Ecological Restoration	机构能力建设 Capacity Building	前期工作 Early-stage Work	其他 Others
合　计	**Total**	**37576331**	**13044565**	**6717187**	**313072**	**10614102**	**1644196**	**1028920**	**525410**	**407346**	**3281531**
北　京	Beijing	754295	67325	21495		489390		9200	5122	15595	146167
天　津	Tianjin	270346	204373	11812	2151	27644	1583	1663	2294	3150	15677
河　北	Hebei	1412996	283909	168700	1380	791558	2955	31299	8558	7494	117143
山　西	Shanxi	761055	170107	82686		337884	24694	50360	9146	3405	82774
内蒙古	Inner Mongolia	621723	110193	209882	3600	230837	10220	25450	28428	1700	1413
辽　宁	Liaoning	1124718	302645	122348		652202	2079	23417	18085	2288	1654
吉　林	Jilin	560283	195830	88013	3051	223225	25682	10674	10800	3008	
黑龙江	Heilongjiang	426635	199863	143695		81167			1910		
上　海	Shanghai	689295	351357	85084	28288			44224	1822	1382	177138
江　苏	Jiangsu	2267153	1336222	324403	91219	165811	1481	77179	27451	35706	207681
浙　江	Zhejiang	3355206	1810936	189968	71201	226087	66359	170887	14504	63233	742031
安　徽	Anhui	1631704	755754	207925	4319	484978	24883	30933	30451	8689	83773
福　建	Fujian	672534	312655	63923	2003	191498	19542	18658	60	36479	27715
江　西	Jiangxi	1233849	655433	201389	556	118592	88141	27337	31048	15990	95362
山　东	Shandong	2249303	341902	428268	13923	1166328	2238	28199	27512	8018	232914
河　南	Henan	1929292	474590	182831	4776	1057907	2433	20223	39189	7622	139723
湖　北	Hubei	2397187	475390	245920	24691	871768	52118	46761	23304	8644	648590
湖　南	Hunan	1117457	680172	117522	10792	168801	60047	28471	29238	11701	10713
广　东	Guangdong	914260	269277	240973	40946	128901	49856	16377	15798	4828	147304
广　西	Guangxi	764527	316160	148059	269	265286	6303	41	28410		
海　南	Hainan	76945	23907	17466	100	15494	8677	12	2010	801	8478
重　庆	Chongqing	2221603	784987	574055	7451	332490	166563	65847	51160	52342	186709
四　川	Sichuan	1500467	326768	437617	880	370207	283280	39036	10845	3544	28290
贵　州	Guizhou	861922	230867	263497	65	277534	22389	25886	21470	6984	13231
云　南	Yunnan	2483014	614925	743065	1410	739142	72188	61620	45479	62589	142597
西　藏	Tibet	326632	88435	96762		75646	47983	1888	15918		
陕　西	Shaanxi	1463875	816722	192319		271419	74985	99349	344	4812	3924
甘　肃	Gansu	887373	234522	246927		315516	35892	40373	13543	600	
青　海	Qinghai	277722	83705	85770		92399	4893	10356		600	
宁　夏	Ningxia	220097	83551	51867		66713	468	13449	3583	206	259
新　疆	Xinjiang	2102863	442084	722949		377678	486265	9751	7931	35933	20270

6-24 历年各水资源分区水利建设投资完成额

Completed Investment for Water Project Construction by Water Resources Sub-region and Year

单位：亿元　　　　unit: 10^8 yuan

年份 Year	完成投资合计 Total Completed Investment	松花江区 Songhua River	辽河区 Liaohe River	海河区 Haihe River	黄河区 Yellow River	淮河区 Huaihe River	长江区 Yangtze River	珠江区 Pearl River	东南诸河区 Rivers in Southeast	西南诸河区 Rivers in Southwest	西北诸河区 Rivers in Northwest
1975	26.06			2.73	4.75	3.66	6.99				
1980	27.07	1.15	0.53	2.73	4.47	2.79	7.12	1.41			
1985	20.16	0.73	0.41	2.55	4.20	1.81	5.25	1.52			
1990	48.72	2.25	3.01	4.06	8.86	3.92	14.75	4.66			
1991	64.87	2.39	3.00	3.88	11.08	5.99	18.84	9.51			
1992	97.17	4.71	3.62	6.40	16.35	9.37	32.11	12.26			
1993	124.93	3.77	6.20	11.62	24.26	7.74	39.27	13.49			
1994	168.74	6.13	5.21	12.38	33.36	12.08	51.47	21.04			
1995	206.32	5.38	6.96	14.00	52.51	16.15	59.88	17.38			
1996	238.52	4.08	3.63	20.34	68.03	17.17	58.17	21.95			
1997	315.41	5.01	2.81	20.91	92.58	18.25	72.32	38.39			
1998	467.56	13.47	3.54	31.28	116.17	29.78	125.73	50.36			
1999	499.16	6.29	26.40	21.44	104.67	33.85	157.97	43.47			
2000	612.93	9.42	24.23	47.21	95.84	38.25	218.37	62.45			
2001	560.71	16.49	7.47	33.54	100.03	32.83	186.58	50.86			
2002	819.22	38.95	12.43	62.20	108.50	46.20	283.38	77.17			
2003	743.42	41.54	10.19	61.83	86.86	51.32	210.65	66.39			
2004	783.55	32.63	11.54	55.43	108.92	84.52	207.31	69.22			
2005	746.85	30.89	21.77	51.60	95.04	80.70	210.76	81.38	91.17	16.83	66.69
2006	793.84	31.44	23.88	112.82	78.46	87.15	219.32	76.83	73.69	16.48	73.80
2007	944.85	33.13	28.55	101.84	111.53	130.89	290.87	75.21	75.59	21.85	75.40
2008	1088.20	38.20	40.88	81.91	123.09	118.48	375.07	100.30	88.54	25.79	95.95
2009	1894.03	73.67	81.11	160.97	281.24	206.18	614.21	195.60	117.72	38.41	124.91
2010	2319.93	74.47	53.95	247.07	341.84	171.35	808.78	262.40	169.50	64.49	126.09
2011	3086.03	124.36	75.43	220.53	528.32	225.73	1230.97	285.94	194.66	68.42	131.67
2012	3964.24	198.92	111.42	274.40	709.14	288.06	1487.49	294.51	293.46	118.04	188.79
2013	3757.63	106.49	125.95	330.83	386.57	366.86	1713.12	256.09	64.95	157.19	249.57

注　2005 年以前，本表按照流域统计当年投资完成额，其中东南诸河区、西南诸河区、西北诸河区未作细分。

Note　Before the year of 2005, the completed investment of the year in this table is calculated based on river basins, and the data of rivers in southeast, rivers in southwest, rivers in northwest, are not given.

6-25 2013年各水资源分区水利建设投资完成额（按地区分）

Completed Investment for Water Project Construction by Water Resources Sub-region in 2013 (by Region)

单位：万元 unit: 10^4 yuan

地区	Region	完成投资 合计 Total Completed Investment	松花江区 Songhua River	辽河区 Liaohe River	海河区 Haihe River	黄河区 Yellow River	淮河区 Huaihe River	长江区 Yangtze River	珠江区 Pearl River	东南诸河区 Rivers in Southeast	西南诸河区 Rivers in Southwest	西北诸河区 Rivers in Northwest
合 计	**Total**	**37576331**	**1064871**	**1259538**	**3308327**	**3865747**	**3668557**	**17131209**	**2560948**	**649513**	**1571940**	**2495681**
北 京	Beijing	754295			754295							
天 津	Tianjin	270346			270346							
河 北	Hebei	1412996			1412996							
山 西	Shanxi	761055			272340	488715						
内蒙古	Inner Mongolia	621723	103176	110118	13265	283598						111566
辽 宁	Liaoning	1124718	161	1124037	520							
吉 林	Jilin	560283	534900	25383								
黑龙江	Heilongjiang	426635	426635									
上 海	Shanghai	689295						689295				
江 苏	Jiangsu	2267153					941562	1325591				
浙 江	Zhejiang	3355206						3354959		247		
安 徽	Anhui	1631704					571938	1058595		1171		
福 建	Fujian	672534							24438	648095		
江 西	Jiangxi	1233849						1231802	2047			
山 东	Shandong	2249303			488283	129468	1539377	92175				
河 南	Henan	1929292			96280	890352	615349	327311				
湖 北	Hubei	2397187					331	2396856				
湖 南	Hunan	1117457						1109997	7460			
广 东	Guangdong	914260							914260			
广 西	Guangxi	764527						873	763655			
海 南	Hainan	76945							76945			
重 庆	Chongqing	2221603						2221603				
四 川	Sichuan	1500467						1500467				
贵 州	Guizhou	861922						616892	245030			
云 南	Yunnan	2483014						717601	527112		1238302	
西 藏	Tibet	326632									326632	
陕 西	Shaanxi	1463875				1060428		403446				
甘 肃	Gansu	887373				559467		72912				254994
青 海	Qinghai	277722				233623		10835			7007	26258
宁 夏	Ningxia	220097				220097						
新 疆	Xinjiang	2102863										2102863

6-26 历年分隶属关系水利建设投资完成额

Completed Investment for Water Project Construction by Ownership and Year

单位：万元 unit: 10^4 yuan

年份 Year	完成投资合计 Total Completed Investment	中央属 Central Government	省属 Provincial Governments	地市属 Prefectures and Cities	县属 Counties	其他 Others
1999	4991576	1275512	1626012	1216724	764316	109012
2000	6129331	1385363	2465371	1187976	974035	116586
2001	5607065	1219487	2237784	1070939	976605	102250
2002	8192153	1250858	3454247	1818716	1668332	
2003	7434176	964952	3239531	1458719	1699661	71313
2004	7835450	1429738	2900010	1642748	1518628	343126
2005	7468483	1227628	2548527	1882009	1579786	230533
2006	7938444	1610784	2260775	2010232	1825458	231196
2007	9448538	1544575	2891368	2389052	2266202	357341
2008	10882012	1092053	3193009	2675569	3667281	254100
2009	18940321	2068697	4693782	4906296	7119662	151884
2010	23199265	4427984	5147607	4886393	8160858	576423
2011	30860284	5974864	5766091	5401723	13539071	178534
2012	39642358	6654250	7100709	6133605	19751460	2333
2013	37576331	4304507	7201760	5405134	20578714	86216

6-27 2013 年分隶属关系水利建设投资完成额（按地区分）

Completed Investment for Water Project Construction by Ownership in 2013 (by Region)

单位：万元 unit: 10^4 yuan

地区	Region	完成投资合计 Total Completed Investment	中央属 Central Government	省属 Provincial Governments	地市属 Prefectures and Cities	县属 Counties	其他 Others
合 计	**Total**	**37576331**	**4304507**	**7201760**	**5405134**	**20578714**	**86216**
北 京	Beijing	754295	637842	37487	78967		
天 津	Tianjin	270346	28582	179666	62098		
河 北	Hebei	1412996	311613	385518	207487	508378	
山 西	Shanxi	761055	5580	470790	29309	255377	
内蒙古	Inner Mongolia	621723	5099	197670	164615	254339	
辽 宁	Liaoning	1124718		618280	256532	249905	
吉 林	Jilin	560283	3777	171474	42777	339567	2688
黑龙江	Heilongjiang	426635	835		51003	374797	
上 海	Shanghai	689295	8204	681091			
江 苏	Jiangsu	2267153	120702	401889	786857	957704	
浙 江	Zhejiang	3355206		123950	203437	3027819	
安 徽	Anhui	1631704	332301	390923	439478	461101	7902
福 建	Fujian	672534			61243	611290	
江 西	Jiangxi	1233849		588265	169681	472010	3893
山 东	Shandong	2249303	781743	84124	433542	949894	
河 南	Henan	1929292	698725	311519	233606	685442	
湖 北	Hubei	2397187	1348581	55071	102701	890834	
湖 南	Hunan	1117457	668	159483	178493	778813	
广 东	Guangdong	914260	7716	41558	253362	611201	424
广 西	Guangxi	764527	269	362	72973	690924	
海 南	Hainan	76945		31232	8902	36812	
重 庆	Chongqing	2221603	138	136770		2084695	
四 川	Sichuan	1500467		401033	157734	941701	
贵 州	Guizhou	861922		102896	97668	661357	
云 南	Yunnan	2483014	2949	81278	318419	2077317	3051
西 藏	Tibet	326632		63627	107676	155329	
陕 西	Shaanxi	1463875	4344	557465	260846	641044	175
甘 肃	Gansu	887373	4240	101104	108349	662397	11283
青 海	Qinghai	277722	600	52481	8986	212517	3139
宁 夏	Ningxia	220097		141464	37038	40216	1378
新 疆	Xinjiang	2102863		633290	471354	945935	52284

6-28 历年分建设性质水利建设投资完成额

Completed Investment of Water Project by Construction Type and Year

单位：万元

unit: 10^4 yuan

年份 Year	完成投资 合计 Total Completed Investment	新建 Newly-constructed	扩建 Expansion	改建 Rehabilitation	建造生活设施 Domestic Facilities	迁建 Relocation Construction	恢复 Restoration	单纯购置 Procurement Only	前期工作 Early-stage Work
2000	6129331	3118348	945106	1922485	5471	30586	98502	8833	
2001	5607065	3142493	799554	1555439	1419	3808	98859	5453	
2002	8192153	4370052	985730	2583175	4554	16425	225996	6221	
2003	7434176	4612389	748559	1922749	855	16889	125502	7234	
2004	7835450	5232176	787089	1648118	1697	552	160443	5376	
2005	7468483	5169892	913465	1254193	5989	435	116656	7852	
2006	7938444	5836456	679318	1243188		13730	58633	5082	102036
2007	9448538	6622152	809702	1855168		1888	78782	10328	70518
2008	10882012	6937057	809372	2881669	12990	14725	148107	8967	69126
2009	18940321	11696786	1340990	5704611	1291	10202	54847	6191	125403
2010	23199265	16492525	1262254	5091019		12872	228757	15949	95888
2011	30860284	21901730	1789445	6385538	6766	26135	278805	63158	408708
2012	39642358	25536930	1299875	12321437		48364	241298	33045	161409
2013	37576331	25553378	1477689	9611358		15728	300676	94565	522008

6-29 2013 年分建设性质水利建设投资完成额（按地区分）

Completed Investment of Water Projects by Construction Type in 2013 (by Region)

单位：万元　　　　unit: 10^4 yuan

地区	Region	完成投资 合计 Total Completed Investment	新建 Newly-constructed	扩建 Expansion	改建 Rehabilitation	迁建 Relocation Construction	恢复 Restoration	单纯购置 Procurement Only	前期工作 Early-stage Work
合　计	**Total**	**37576331**	**25553378**	**1477689**	**9611358**	**15728**	**300676**	**94565**	**522008**
北　京	Beijing	754295	664524	36209	16293		20964	480	15826
天　津	Tianjin	270346	93373	141719	32104				3150
河　北	Hebei	1412996	1146726		222114		36662		7494
山　西	Shanxi	761055	602850	23590	124877		8800	939	
内蒙古	Inner Mongolia	621723	373366	39360	206817			480	1700
辽　宁	Liaoning	1124718	1059483	3450	59254		2530		
吉　林	Jilin	560283	360347	3669	177301		14971		3995
黑龙江	Heilongjiang	426635	410542	4226	11866				
上　海	Shanghai	689295	342607		345306				1382
江　苏	Jiangsu	2267153	958683	321766	937764	2510	45959		470
浙　江	Zhejiang	3355206	2421626	72165	827126	900	12037	530	19934
安　徽	Anhui	1631704	842218	15371	754307	4609	7906		7294
福　建	Fujian	672534	501617	19324	146328		5265		
江　西	Jiangxi	1233849	577746	50882	594766			315	10140
山　东	Shandong	2249303	1803497	107119	327203		11484		
河　南	Henan	1929292	1625845	118761	172909	346		405	11026
湖　北	Hubei	2397187	1396698	38035	657115			6042	299297
湖　南	Hunan	1117457	668	15055	1101734				
广　东	Guangdong	914260	462035	127139	302160	583	15693		6651
广　西	Guangxi	764527	506236	24261	234030				
海　南	Hainan	76945	39405	16687	19016		1837		
重　庆	Chongqing	2221603	1839223	52123	257573	6746	10078	10718	45142
四　川	Sichuan	1500467	1359489	29805	68449		18804	839	23041
贵　州	Guizhou	861922	732769	4946	72877		31014	20095	220
云　南	Yunnan	2483014	1742913	99717	556722		49775	358	33530
西　藏	Tibet	326632	321559		4432		641		
陕　西	Shaanxi	1463875	556440	53511	851905	34	65	350	1570
甘　肃	Gansu	887373	741652		144421		700		600
青　海	Qinghai	277722	266949	1500	3361		5312		600
宁　夏	Ningxia	220097	114369	49896	55832				
新　疆	Xinjiang	2102863	1687924	7402	325397		180	53014	28946

6-30 历年分建设阶段水利建设投资完成额

Completed Investment of Water Projects by Construction Stage and Year

单位：万元 unit: 10^4 yuan

年份 Year	完成投资合计 Total Completed Investment	筹建 Preparation	当年正式施工 Start Construction at the Present Year	当年收尾 Completed at the Present Year	全部停缓建 Suspended or Cancelled	单纯购置 Procurement Only	前期工作 Early-stage Work
2000	6129331	3460	6066009	49828	303	9731	
2001	5607065	116523	5272460	208304	650	6080	
2002	8192153	164376	7780740	240816		6221	
2003	7434176	45986	7206884	170562	3510	7234	
2004	7835450	141607	7406704	273994	7763	5384	
2005	7468483		7394937	56826	8867	7852	
2006	7938444	40716	7651806	132829	14226	5082	93784
2007	9448538	61830	9017110	259879	11690	8836	89193
2008	10882012	82697	10607800	80926	11540	8967	90082
2009	18940321	352473	18322138	112391	23122	6191	124006
2010	23199265	211602	22783218	25864	8067	15949	154565
2011	30860284	556487	29784426	45422	2083	63158	408708
2012	39642358	687320	38714955	40132	5498	33045	161409
2013	37576331	696244	36176897	12888	8999	94565	584680

6-31 2013 年分建设阶段水利建设投资完成额（按地区分）

Completed Investment of Water Projects by Construction Stage in 2013 (by Region)

单位：万元 unit: 10^4 yuan

地区	Region	完成投资 合计 Total Completed Investment	筹建 Preparation	当年正式施工 Start Construction at the Present Year	当年收尾 Completed at the Present Year	全部停缓建 Suspended or Cancelled	单纯购置 Procurement Only	前期工作 Early-stage Work
合 计	**Total**	**37576331**	**696244**	**36176897**	**12888**	**8999**	**94565**	**584680**
北 京	Beijing	754295	6842	731147			480	15826
天 津	Tianjin	270346		267196				3150
河 北	Hebei	1412996	23277	1382225				7494
山 西	Shanxi	761055	7188	750475	134	2320	939	
内蒙古	Inner Mongolia	621723		619543			480	1700
辽 宁	Liaoning	1124718	4697	1120021				
吉 林	Jilin	560283	32027	524261				3995
黑龙江	Heilongjiang	426635		426635				
上 海	Shanghai	689295	5596	682317				1382
江 苏	Jiangsu	2267153	94001	2172681				470
浙 江	Zhejiang	3355206	83134	3179024	8392		530	82070
安 徽	Anhui	1631704	15283	1609127				7294
福 建	Fujian	672534	32628	639906				
江 西	Jiangxi	1233849	850	1222544			315	10140
山 东	Shandong	2249303	4828	2244475				
河 南	Henan	1929292	112827	1802928	2106		405	11026
湖 北	Hubei	2397187	9375	2082473			6042	299297
湖 南	Hunan	1117457	6056	1110473	668	260		
广 东	Guangdong	914260	41636	865830	144			6651
广 西	Guangxi	764527	33627	730900				
海 南	Hainan	76945		76409				536
重 庆	Chongqing	2221603	40031	2125711			10718	45142
四 川	Sichuan	1500467	33171	1436997		6419	839	23041
贵 州	Guizhou	861922	14459	827148			20095	220
云 南	Yunnan	2483014	61640	2387486			358	33530
西 藏	Tibet	326632	427	326205				
陕 西	Shaanxi	1463875	25326	1435185	1444		350	1570
甘 肃	Gansu	887373	2000	884773				600
青 海	Qinghai	277722		277122				600
宁 夏	Ningxia	220097	569	219528				
新 疆	Xinjiang	2102863	4750	2016153			53014	28946

6-32 历年分规模水利建设投资完成额

Completed Investment by Size of Water Project and Year

单位：万元 unit: 10^4 yuan

年份 Year	完成投资 合计 Total Completed Investment	大中型 Large and Medium	小型 Small	其他 Others
2000	6129331	3683398	2445343	
2001	5607065	3384402	2207202	15461
2002	8192153	3035528	5088159	68465
2003	7434176	2343713	4815522	274940
2004	7835450	2259955	5365376	210120
2005	7468483	3263029	3766332	439121
2006	7938444	2961707	4451579	525158
2007	9448538	3183673	5485744	779121
2008	10882012	2539432	8179610	162970
2009	18940321	4502610	14205434	232277
2010	23199265	6878706	16093909	226650
2011	30860284	9452390	20863449	544445
2012	39642358	11694575	27575237	372546
2013	37576331	9059372	27632787	884172

6-33　2013年分规模水利建设投资完成额（按地区分）

Completed Investment of Water Projects by Size of Project in 2013(by Region)

单位：万元　　　　unit: 10^4 yuan

地区	Region	完成投资 合计 Total Completed Investment	大中型 Large and Medium	小型 Small	其他 Others
合　计	**Total**	**37576331**	**9059372**	**27632787**	**884172**
北　京	Beijing	754295	620000	117987	16309
天　津	Tianjin	270346	72520	194106	3720
河　北	Hebei	1412996	715782	676156	21058
山　西	Shanxi	761055	295753	398238	67063
内蒙古	Inner Mongolia	621723	35496	583575	2652
辽　宁	Liaoning	1124718	834165	290553	
吉　林	Jilin	560283	152725	404581	2977
黑龙江	Heilongjiang	426635	17451	408349	835
上　海	Shanghai	689295		681091	8204
江　苏	Jiangsu	2267153	111243	2155103	807
浙　江	Zhejiang	3355206	80431	3274245	530
安　徽	Anhui	1631704	324559	1302944	4201
福　建	Fujian	672534	9370	663164	
江　西	Jiangxi	1233849	267952	892156	73740
山　东	Shandong	2249303	810217	1439086	
河　南	Henan	1929292	955270	957882	16141
湖　北	Hubei	2397187	1039603	1038540	319044
湖　南	Hunan	1117457	668	1116789	
广　东	Guangdong	914260	40027	866517	7716
广　西	Guangxi	764527	269	764258	
海　南	Hainan	76945	22662	52150	2133
重　庆	Chongqing	2221603	34546	2048948	138109
四　川	Sichuan	1500467	669305	796305	34858
贵　州	Guizhou	861922	283032	558795	20095
云　南	Yunnan	2483014	124611	2314044	44360
西　藏	Tibet	326632	51000	275632	
陕　西	Shaanxi	1463875	576590	885435	1850
甘　肃	Gansu	887373	60127	823641	3605
青　海	Qinghai	277722	55384	218264	4074
宁　夏	Ningxia	220097	90594	120620	8883
新　疆	Xinjiang	2102863	708020	1313632	81210

6-34 历年分构成水利建设投资完成额

Completed Investment of Water Projects by Construction Type and Year

单位：万元　　unit: 10^4 yuan

年份 Year	完成投资合计 Total Completed Investment	建筑工程 Construction Project	安装工程 Installation	设备工器具购置 Procurement of Machinery and Equipment	其他 Others
2000	6129331	4534545	268650	367051	959085
2001	5607065	4052065	197296	227128	1130576
2002	8192153	6064058	274537	416958	1436599
2003	7434176	5670323	289401	352728	1121724
2004	7835450	5526833	276530	436531	1595556
2005	7468483	5306556	269855	398472	1493600
2006	7938444	5837364	318550	384313	1398217
2007	9448538	6725242	465282	568467	1689547
2008	10882012	7815009	674188	599969	1792847
2009	18940321	12972462	1133765	1250000	3584094
2010	23199265	15248673	1096243	1245116	5609232
2011	30860284	21032078	1216941	1152076	7459189
2012	39642358	27364953	2377877	1781362	8118166
2013	37576331	27828417	1735750	1610647	6401516

6-35 2013年分构成水利建设投资完成额（按地区分）

Completed Investment of Water Projects by Construction Type in 2013 (by Region)

单位：万元　　　　unit: 10^4 yuan

地区	Region	完成投资合计 Total Completed Investment	建筑工程 Construction Project	安装工程 Installation	设备工器具购置 Procurement of Machinery and Equipment	其他 Others
合 计	**Total**	**37576331**	**27828417**	**1735750**	**1610647**	**6401516**
北 京	Beijing	754295	532284	24683	12336	184992
天 津	Tianjin	270346	150455	10077	9985	99829
河 北	Hebei	1412996	900847	70887	85248	356014
山 西	Shanxi	761055	503678	21964	88597	146816
内蒙古	Inner Mongolia	621723	379175	40169	129873	72506
辽 宁	Liaoning	1124718	777307	13278	28687	305446
吉 林	Jilin	560283	519917	13087	17641	9638
黑龙江	Heilongjiang	426635	392738	33257	517	123
上 海	Shanghai	689295	648118		2220	38957
江 苏	Jiangsu	2267153	1691493	101037	57960	416662
浙 江	Zhejiang	3355206	2331994	93457	32781	896975
安 徽	Anhui	1631704	1293535	29950	48629	259591
福 建	Fujian	672534	500390	50262	20264	101617
江 西	Jiangxi	1233849	815717	79245	34837	304050
山 东	Shandong	2249303	1557227	156264	116536	419275
河 南	Henan	1929292	1523357	55167	67585	283183
湖 北	Hubei	2397187	1519645	84945	94837	697761
湖 南	Hunan	1117457	904389	85509	69715	57844
广 东	Guangdong	914260	840358	22611	8661	42631
广 西	Guangxi	764527	549088	67401	99357	48680
海 南	Hainan	76945	59730	3816	2791	10608
重 庆	Chongqing	2221603	1543228	117428	81697	479249
四 川	Sichuan	1500467	1175682	55058	41218	228510
贵 州	Guizhou	861922	670536	47578	46655	97153
云 南	Yunnan	2483014	1858325	168057	78371	378262
西 藏	Tibet	326632	287658	16672	16304	5998
陕 西	Shaanxi	1463875	1345714	55009	17626	45526
甘 肃	Gansu	887373	665657	70844	75357	75515
青 海	Qinghai	277722	250686	7182	9571	10283
宁 夏	Ningxia	220097	207611	8151	547	3788
新 疆	Xinjiang	2102863	1431880	132704	214246	324034

6-36 历年水利建设当年完成工程量
Completed Working Load by Year

单位：万立方米　　unit: 10^4m^3

年份 Year	土方 Earth	石方 Rock	混凝土 Concrete
1956	56870	861	46
1957	59618	1084	125
1960	177946	15165	475
1961	19735	1809	116
1962	25287	1711	77
1963	27438	1679	104
1964	37869	2270	145
1965	64193	2881	186
1971	51085	1478	143
1972	125853	11652	370
1973	111397	13464	469
1974	115695	10671	417
1975	125712	13821	502
1976	163160	26423	712
1977	139104	15147	638
1978	139800	19600	808
1979	206100	16300	746
1980	55000	5400	506
1981	20800	2500	231
1982	19500	2100	245
1983	24300	2000	283
1984	26500	2300	268
1985	25200	2000	244
1986	24100	2000	225
1987	31000	2600	276
1988	29300	2300	298
1989	31650	2886	328
1990	33209	2712	437
1991	40143	3124	512
1992	54862	5054	583
1993	46099	5710	630
1994	41177	5127	707
1995	34955	6126	824
1996	34883	7865	807
1997	42755	5630	988
1998	101393	15023	1322
1999	104684	14022	1613
2000	129432	14456	2084
2001	92777	14716	1855
2002	139036	18178	2581
2003	94079	14677	2710
2004	132007	24057	2514
2005	138665	20718	2168
2006	201603	39847	1971
2007	140567	25099	2050
2008	170705	26686	2651
2009	198846	25333	4641
2010	226128	30505	4660
2011	282247	26001	6228
2012	343715	47404	7447
2013	359956	53854	7030

6-37 2013 年水利建设当年完成工程量（按地区分）

Completed Working Load in 2013 (by Region)

单位：万立方米 unit: $10^4 m^3$

地区	Region	当年计划 Planned of the Present Year			当年完成 Completed of the Present Year		
		土方 Earth	石方 Rock	混凝土 Concrete	土方 Earth	石方 Rock	混凝土 Concrete
合 计	**Total**	**371602**	**66797**	**7486**	**359956**	**53854**	**7030**
北 京	Beijing	1108	14	96	1304	25	97
天 津	Tianjin	3926	168	107	3863	184	107
河 北	Hebei	10194	766	143	11188	781	154
山 西	Shanxi	9640	7093	100	8345	7199	88
内蒙古	Inner Mongolia	11420	413	93	11216	412	91
辽 宁	Liaoning	6883	1194	79	6668	810	76
吉 林	Jilin	6280	4903	48	5925	4841	42
黑龙江	Heilongjiang	4866	169	76	1208	48	16
上 海	Shanghai	4671	102	56	5440	132	81
江 苏	Jiangsu	25577	1158	363	27524	1154	347
浙 江	Zhejiang	8612	3353	435	9749	3445	425
安 徽	Anhui	10196	1011	213	14094	483	218
福 建	Fujian	3169	412	346	3059	401	330
江 西	Jiangxi	62444	4140	459	61202	4554	435
山 东	Shandong	27723	15190	285	24169	3384	265
河 南	Henan	15039	617	330	14787	716	293
湖 北	Hubei	9786	1099	395	9330	1071	377
湖 南	Hunan	4124	750	223	3648	611	181
广 东	Guangdong	4023	407	187	4181	745	195
广 西	Guangxi	3241	1040	120	3451	1070	146
海 南	Hainan	796	139	39	683	125	33
重 庆	Chongqing	9287	4192	649	9162	4123	619
四 川	Sichuan	6285	2337	474	5459	2126	397
贵 州	Guizhou	1967	1327	226	1671	1250	204
云 南	Yunnan	11052	3722	581	10700	3627	545
西 藏	Tibet	42754	4894	103	42603	4868	95
陕 西	Shaanxi	14468	2232	93	13315	2204	83
甘 肃	Gansu	20931	937	367	17848	918	367
青 海	Qinghai	6372	492	61	6368	479	57
宁 夏	Ningxia	4209	249	44	3095	115	32
新 疆	Xinjiang	20558	2276	695	18698	1952	634

6-38 历年水利建设累计完成工程量

Accumulated Completed Working Load of Water Projects by Year

单位：万立方米 unit: 10^4m^3

年份 Year	全部计划 Total Planned			累计完成 Total Completed		
	土方 Earth	石方 Rock	混凝土 Concrete	土方 Earth	石方 Rock	混凝土 Concrete
2000	746010	87963	31746	437914	52230	10192
2001	711388	119858	13089	427458	61541	6685
2002	651588	86461	12960	485593	57858	7886
2003	664041	87724	12965	462941	59674	8617
2004	6422138	1320016	108489	3837466	603405	68102
2005	3211069	660008	54245	1918733	301703	34051
2006	1077148	198978	17349	672085	110836	11386
2007	1083946	222242	17523	601617	91505	10944
2008	1049975	238789	19372	645032	99363	11721
2009	1060725	117890	21656	633610	77809	13828
2010	1188888	118309	24666	647565	80824	14956
2011	980995	120239	27143	690220	77171	16845
2012	1066149	164057	29103	766303	94707	19097
2013	1018601	191797	27116	724815	108723	18140

6-39 2013年水利建设累计完成工程量（按地区分）

Accumulated Completed Working Load of Water Projects in 2013 (by Region)

单位：万立方米 unit: $10^4 m^3$

地区	Region	全部计划 Total Planned			累计完成 Total Completed		
		土方 Earth	石方 Rock	混凝土 Concrete	土方 Earth	石方 Rock	混凝土 Concrete
合 计	**Total**	**1018601**	**191797**	**27116**	**724815**	**108723**	**18140**
北 京	Beijing	1979	86	99	1437	58	98
天 津	Tianjin	8111	249	117	6844	237	112
河 北	Hebei	23116	1252	339	15556	903	210
山 西	Shanxi	16255	8648	273	11030	8439	198
内蒙古	Inner Mongolia	76121	3618	2089	64962	2355	1431
辽 宁	Liaoning	22960	3532	1027	13852	1781	276
吉 林	Jilin	34760	7724	382	18826	5281	149
黑龙江	Heilongjiang	50430	1452	468	14976	830	231
上 海	Shanghai	13301	605	153	9044	226	141
江 苏	Jiangsu	63881	4375	1023	50249	2471	697
浙 江	Zhejiang	42044	19501	2325	27714	12581	2041
安 徽	Anhui	39178	2007	688	32624	1583	607
福 建	Fujian	5311	697	555	3864	481	402
江 西	Jiangxi	91404	10011	1501	73079	6192	816
山 东	Shandong	48721	16698	548	37962	4804	536
河 南	Henan	41646	18931	912	29914	7648	637
湖 北	Hubei	16088	1735	731	12888	1377	534
湖 南	Hunan	4956	1053	390	3942	852	320
广 东	Guangdong	39199	18728	1901	23865	3570	1238
广 西	Guangxi	7781	1903	398	5462	1250	223
海 南	Hainan	2913	411	97	2299	351	74
重 庆	Chongqing	18340	11410	1990	15597	9274	1612
四 川	Sichuan	17018	9362	1759	9594	4548	946
贵 州	Guizhou	4272	3365	728	2421	1870	313
云 南	Yunnan	27651	12165	1635	18191	7057	964
西 藏	Tibet	44625	5009	152	44474	4982	144
陕 西	Shaanxi	53878	3663	419	28434	3274	184
甘 肃	Gansu	39966	3088	1057	30413	2474	854
青 海	Qinghai	11112	5472	282	7689	814	124
宁 夏	Ningxia	20638	740	78	17992	292	55
新 疆	Xinjiang	130947	14309	3001	89620	10869	1974

6-40 历年水利

Completed Works of

年份 Year	水库总库容 /亿立方米 Total Storage Capacity of Reservoirs /10^8m^3	耕地灌溉面积 /千公顷 Irrigated Area of Cultivated Land /10^3ha	除涝面积 /千公顷 Drained Area /10^3ha	发电装机容量 /千千瓦 Installed Capacity for Power Generation /10^3kW	排灌装机容量 /千千瓦 Installed Capacity of Irrigation and Drainage Works /10^3kW	供水能力 /万吨每日 Capacity of Water Supply /($10^4t/d$)
1989	118.95	998.69	593.27	888.80	225.50	
1990	129.09	1109.13	862.62	1170.40	329.30	
1991	125.04	1041.40	645.19	1922.60	244.90	
1992	120.41	1215.23	836.43	2443.30	200.90	
1993	152.69	1105.52	772.57	3038.20	151.20	
1994	312.91	1171.57	963.29	5294.70	231.60	
1995	342.12	1334.10	853.54	6661.80	286.00	
1996	321.66	1182.93	805.55	6523.40	250.00	860.36
1997	348.99	1056.73	1066.81	7117.20	235.30	1811.81
1998	348.65	1364.77	1095.81	5200.60	471.10	2283.35
1999	310.27	1014.89	133.59	4620.50	215.10	965.60
2000	359.15	798.07	89.79	4090.10	271.60	3961.42
2001	113.48	572.73	173.03	2080.80	114.90	5891.73
2002	250.95	485.93	183.69	1672.30	240.10	2044.47
2003	386.26	820.14	105.09	2708.90	575.50	2478.45
2004	263.05	603.68	165.83	2388.20	64.60	2345.35
2005	317.93	543.64	157.93	2292.60	63.90	1246.36
2006	411.13	556.21	143.41	2133.15	54.87	1851.47
2007	209.42	1261.63	322.64	1532.84	79.45	1734.38
2008	162.59	1189.33	577.59	1846.30	119.66	1283.14
2009	269.80	1929.17	546.46	4267.36	305.15	2311.20
2010	196.28	1115.39	472.66	3791.69	283.66	1585.08
2011	178.80	1010.88	316.17	2068.93	2002.47	6432.39
2012	154.72	890.25	121.66	2574.70	307.71	2657.55
2013	91.23	872.13	221.86	4817.88	423.92	2071.43

建设施工规模

Water Projects by Year

改善灌溉面积 /千公顷 Improved Irrigated Area /10³ha	改善除涝面积 /千公顷 Drained Area /10³ha	新建及加固堤防 /千米 Newly-Built & Strengthened Embankment /km	水保治理面积 /千公顷 Recovered Area from Soil Erosion /10³ha	解决饮水困难人口 /万人 Population Access to Drinking Water /10⁴persons	饮水安全达标人口 /万人 Population with Safe Drinking Water /10⁴persons	节水灌溉面积 /千公顷 Water-Saving Irrigated Area /10³ha
681.85	413.85					
566.79	672.69					
678.60	680.71					
425.63	594.44					
517.28	313.48					
699.65	699.18					
1575.13	757.59					
1142.98	762.37					
1720.41	578.18					
2077.57	781.91	8478.08	1925.58	648.90		108.18
2565.22	1381.42	8437.96	1675.12	2139.88		195.79
1437.79	583.71	4695.94	1301.93	2406.42		351.48
1715.70	745.15	5667.73	2579.56	1226.59		262.53
1249.72	463.22	3653.70	1762.34	933.37		250.84
2244.32	678.08	5111.99	854.20		1562.82	488.97
1927.16	599.29	4895.22	783.51		2758.50	368.72
1849.77	1334.84	4273.42	1613.73		4088.10	254.76
2749.38	726.03	5002.74	2553.15		6715.80	343.85
3791.69	678.75	6362.94	1333.20		6574.41	411.17
4220.96	1597.80	10466.16	2641.66		5579.42	541.07
4871.41	817.81	11605.51	2041.65		7198.11	694.89
4466.52	656.19	11330.60	1616.08		6491.21	1268.60

6-41 2013年水利建设
Completed Works of Water Projects

地区	Region	水库总库容/亿立方米 Total Storage Capacity of Reservoirs /10^8m^3	耕地灌溉面积/千公顷 Irrigated Area of Cultivated Land /10^3ha	除涝面积/千公顷 Drained Area /10^3ha	发电装机容量/千千瓦 Installed Capacity for Power Generation /10^3kW	排灌装机容量/千千瓦 Installed Capacity of Irrigation and Drainage Works /10^3kW	供水能力/万吨每日 Capacity of Water Supply /($10^4t/d$)
合 计	**Total**	**91.23**	**872.13**	**221.86**	**4817.88**	**423.92**	**2071.43**
北 京	Beijing						
天 津	Tianjin						
河 北	Hebei	0.22	35.72	1.47		0.32	399.96
山 西	Shanxi	0.23	23.83		30.90	5.89	12.12
内蒙古	Inner Mongolia	6.00	3.07		92.40	1.13	99.61
辽 宁	Liaoning	8.16	20.54		18.36	15.86	15.16
吉 林	Jilin		11.73	38.15	4.99		47.38
黑龙江	Heilongjiang	4.12	161.73			12.25	
上 海	Shanghai						
江 苏	Jiangsu	0.85	28.12	71.25	1.50	53.05	66.43
浙 江	Zhejiang	0.42	8.35	6.35	17.75	6.97	40.92
安 徽	Anhui			50.83	1.25	15.42	
福 建	Fujian	0.90	10.59	0.11	77.40	3.30	40.69
江 西	Jiangxi	1.32	28.28	0.07	18.32		32.23
山 东	Shandong	1.85	23.01	5.23	1.67	1.67	227.95
河 南	Henan	0.40	40.62				16.79
湖 北	Hubei	2.43	38.33	13.87	115.92	26.92	10.82
湖 南	Hunan	0.99	18.45	7.44	54.58	16.76	5.04
广 东	Guangdong	8.45	62.14	22.21	377.06	236.97	234.00
广 西	Guangxi		0.66				24.43
海 南	Hainan	0.17	1.37				
重 庆	Chongqing	4.61	95.43		340.46	2.47	137.79
四 川	Sichuan	2.34	56.09	2.87	41.37	0.40	7.99
贵 州	Guizhou	1.18	33.62	1.58	13.81	0.20	3.60
云 南	Yunnan	13.57	101.29	0.38	138.85	14.44	126.73
西 藏	Tibet	1.46	4.76		172.82		
陕 西	Shaanxi	0.03	32.69		22.53	9.52	232.65
甘 肃	Gansu		4.58		42.05		7.24
青 海	Qinghai		21.29		12.00		70.86
宁 夏	Ningxia		0.07	0.06		0.10	0.50
新 疆	Xinjiang	31.52	5.80		3221.91	0.28	210.53

施工规模（按地区分）

in 2013 (by Region)

改善灌溉面积 /千公顷 Improved Irrigated Area /10^3ha	改善除涝面积 /千公顷 Drained Area /10^3ha	新建及加固堤防 /千米 Newly-built & Strengthened Embankment /km	水保治理面积 /千公顷 Recovered Area from Soil Erosion /10^3ha	饮水安全达标人口 /万人 Population with Safe Drinking Water /10^4persons	节水灌溉面积 /千公顷 Water-saving Irrigated Area /10^3ha
4466.52	**656.19**	**11330.60**	**1616.08**	**6491.21**	**1268.60**
2.85		19.60	9.07		2.21
4.31	11.81	70.82	27.67	20.95	8.13
223.83	2.95	139.82	54.99	447.21	75.87
131.23		237.37	110.57	64.68	76.31
70.83	113.33	513.16	286.93	105.67	86.16
31.16	14.60	208.32	18.43	90.63	11.86
31.44		143.50	23.22	63.83	13.75
399.61		436.38	53.93	122.05	88.74
249.80	191.77	632.66	11.31	274.23	32.68
31.03	3.19	645.24	20.48	90.93	11.21
229.26	39.45	365.64	8.30	364.01	2.49
20.24	2.11	267.01	40.95	286.87	11.64
79.90	5.01	109.77	0.90	131.05	3.70
269.13	89.76	401.72	80.20	282.56	442.51
61.53	3.11	373.64	34.05	625.29	3.15
252.60	24.70	387.02	42.19	238.19	27.90
458.41	36.19	235.49	18.76	233.30	3.07
136.85	87.45	1869.44	11.31	598.25	10.68
5.11		143.91		425.40	
1.37	0.22	5.86		5.93	1.12
134.27	4.76	360.13	59.12	263.12	7.93
96.55	1.66	332.72	47.81	284.95	30.43
19.73	0.32	140.00	73.45	277.06	0.72
162.55	4.49	356.58	99.38	398.18	25.01
10.71		257.39	0.79	26.23	
96.29	1.88	422.93	359.21	315.71	31.80
91.45	1.23	1204.74	81.35	277.57	69.29
30.05		330.92	22.94	43.50	13.30
11.51	10.74	54.06		27.08	0.67
1122.96	5.47	664.76	16.90	106.79	176.23

6-42 历年水利建

Newly-increased Benefits of Water

年份 Year	水库总库容 /亿立方米 Total Storage Capacity of Reservoirs /10^8m^3	耕地灌溉面积 /千公顷 Irrigated Area of Cultivated Land /10^3ha	除涝面积 /千公顷 Drained Area /10^3ha	发电装机容量 /千千瓦 Installed Capacity for Power Generation /10^3kW	排灌装机容量 /千千瓦 Installed Capacity of Irrigation and Drainage Works /10^3kW	供水能力 /万吨每日 Capacity of Water Supply /(10^4t/d)
1989	22.79	94.09	64.29	124.10	31.40	
1990	29.64	121.17	62.21	164.30	99.50	
1991	23.34	101.25	43.77	311.10	84.10	
1992	19.13	90.53	116.67	391.00	67.40	
1993	11.48	78.48	133.89	182.50	42.90	
1994	7.61	94.09	77.23	392.90	23.80	
1995	42.23	174.89	28.30	388.20	66.80	
1996	14.95	158.03	29.43	355.30	90.60	450.44
1997	11.86	94.61	89.65	719.80	28.10	145.12
1998	28.15	187.01	57.67	749.00	102.30	456.57
1999	46.61	198.23	42.83	885.60	19.40	82.84
2000	183.62	126.86	49.69	2139.10	21.90	529.80
2001	31.96	191.41	28.51	1317.40	34.80	2939.65
2002	29.19	156.47	171.29	543.10	89.20	281.64
2003	5.83	146.99	11.67	368.60	544.00	871.31
2004	12.86	252.11	71.99	725.80	20.80	530.81
2005	112.64	98.65	74.62	794.40	47.30	398.36
2006	267.39	139.45	55.46	1146.16	28.46	349.78
2007	55.71	314.09	206.89	754.18	59.78	488.23
2008	44.37	275.44	223.66	701.04	79.39	333.69
2009	50.96	550.52	286.11	912.68	89.77	740.58
2010	32.88	355.59	441.76	905.81	102.38	509.43
2011	48.54	470.26	284.13	566.30	1034.99	876.18
2012	26.81	466.63	96.97	988.60	168.06	985.68
2013	19.08	382.06	189.45	1903.28	128.31	819.56

设新增效益

Projects Construction by Year

改善灌溉面积 /千公顷 Improved Irrigated Area /10³ha	改善除涝面积 /千公顷 Drained Area /10³ha	新建及加固堤防 /千米 Newly-built & Strengthened Embankment /km	水保治理面积 /千公顷 Recovered Area from Soil Erosion /10³ha	解决饮水困难人口/万人 Population Access to Drinking Water /10⁴persons	饮水安全达标人口/万人 Population with Safe Drinking Water /10⁴persons	节水灌溉面积 /千公顷 Water-saving Irrigated Area /10³ha
204.49	208.73					
141.90	526.79					
341.81	226.40					
219.92	419.77					
187.43	86.12					
251.04	309.10					
330.28	161.89					
283.51	140.24					
839.09	1279.70					
956.97	163.28	4545.91	1699.45	470.38		76.49
1484.52	529.17	5772.04	1118.41	1950.07		132.73
927.62	463.75	2693.61	1011.98	1245.44		245.81
1232.00	494.73	2918.24	1681.30	985.68		155.79
467.11	129.29	2246.61	1717.64	700.92		178.87
889.95	284.08	2726.91	635.29		1321.43	287.75
1121.20	383.39	2370.23	517.35		2478.28	310.37
1055.83	1015.16	1968.95	1261.41		2967.62	175.60
1845.54	449.49	2385.49	2090.95		5896.54	298.76
2230.19	477.20	3651.83	1041.65		6314.49	343.42
2061.10	1339.87	6900.63	2353.30		5151.23	424.31
3062.53	531.06	8265.39	1911.46		6761.47	615.19
2731.24	363.50	7441.02	1268.57		5696.34	1151.93

6-43 2013 年水利建设

Newly-increased Benefits of Water

地区	Region	水库总库容/亿立方米 Total Storage Capacity of Reservoirs /10^8m^3	耕地灌溉面积/千公顷 Irrigated Area of Cultivated Land /10^3ha	除涝面积/千公顷 Drained Area /10^3ha	发电装机容量/千千瓦 Installed Capacity for Power Generation /10^3kW	排灌装机容量/千千瓦 Installed Capacity of Irrigation and Drainage Works /10^3kW	供水能力/万吨每日 Capacity of Water Supply /($10^4t/d$)
合 计	**Total**	**19.08**	**382.06**	**189.45**	**1903.28**	**128.31**	**819.56**
北 京	Beijing						
天 津	Tianjin						
河 北	Hebei	0.20	26.23				5.99
山 西	Shanxi	0.11	14.29		3.68	1.68	6.72
内蒙古	Inner Mongolia		3.07			0.75	16.72
辽 宁	Liaoning	1.54	19.84		0.36	8.70	15.16
吉 林	Jilin		11.73	38.15	4.99		47.38
黑龙江	Heilongjiang					10.51	
上 海	Shanghai						
江 苏	Jiangsu	0.68	28.11	71.23	1.50	47.22	6.43
浙 江	Zhejiang		8.35	6.35	8.53	6.75	40.12
安 徽	Anhui			45.83		1.87	
福 建	Fujian	0.21	6.08	0.11	54.40		37.37
江 西	Jiangxi	0.19	22.99	0.03	0.88		2.54
山 东	Shandong	1.66	21.87	3.59	1.67	1.67	182.57
河 南	Henan	0.05	9.01				16.61
湖 北	Hubei	1.33	31.27	13.87	108.46	25.45	8.40
湖 南	Hunan	0.80	18.45	5.47	25.11	4.13	5.04
广 东	Guangdong	0.18	1.25	0.67	13.86	0.47	5.62
广 西	Guangxi		0.66				24.43
海 南	Hainan		0.82				
重 庆	Chongqing	0.82	29.67		136.72	1.10	35.55
四 川	Sichuan	0.10	24.19	2.87	21.21	0.40	6.78
贵 州	Guizhou	0.18	20.03	0.85	8.01	0.20	3.60
云 南	Yunnan	3.02	39.57	0.38	36.25	7.52	58.52
西 藏	Tibet	1.46	2.37		160.52		
陕 西	Shaanxi	0.03	32.69		15.90	9.52	232.04
甘 肃	Gansu		4.58		27.50		7.24
青 海	Qinghai		1.29		10.50		0.76
宁 夏	Ningxia		0.07	0.06		0.10	0.50
新 疆	Xinjiang	6.51	3.60		1263.24	0.28	53.48

新增效益（按地区分）

Projects Construction in 2013 (by Region)

改善灌溉面积 /千公顷 Improved Irrigated Area /10^3ha	改善除涝面积 /千公顷 Drained Area /10^3ha	新建及加固堤防 /千米 Newly-built & Strengthened Embankment /km	水保治理面积 /千公顷 Recovered Area from Soil Erosion /10^3ha	饮水安全达标人口 /万人 Population with Safe Drinking Water /10^4persons	节水灌溉面积 /千公顷 Water-saving Irrigated Area /10^3ha
2731.24	**363.50**	**7441.02**	**1268.57**	**5696.34**	**1151.93**
2.73		19.60	9.07		2.13
4.31	11.81	70.82	27.67	20.95	7.49
102.53	1.49	77.30	41.76	412.47	64.85
96.00		214.19	82.63	58.79	66.37
48.70		166.61	169.51	105.67	53.73
23.85	2.78	144.23	15.22	82.51	9.86
31.44		123.35	22.25	48.06	12.42
		39.59		122.01	78.47
218.16	191.60	477.18	11.31	274.23	30.08
23.77	3.19	608.05	14.29	77.02	8.45
50.56	14.45	248.76	7.60	328.77	1.56
18.66	1.97	245.04	31.82	266.15	9.98
54.89	2.98	60.92	0.80	131.05	1.80
233.96	63.17	295.38	70.91	272.76	432.79
47.03	3.11	250.09	22.74	611.03	3.15
207.38	16.09	344.36	34.50	210.76	25.80
428.82	21.54	206.76	17.05	211.06	2.36
19.15	2.74	171.83	3.10	217.12	3.80
5.11		74.35		425.40	
		1.91		4.66	
108.02	1.21	275.67	55.04	191.95	7.03
79.41	1.66	291.03	42.25	271.62	24.24
15.82	0.32	82.58	59.77	260.67	0.72
112.09	4.08	160.59	92.90	369.23	19.10
6.89		244.05	0.04	26.23	
78.29	1.88	419.46	336.10	267.58	28.11
89.51	1.23	1186.54	63.65	277.57	69.29
27.59		272.25	17.82	43.50	13.24
9.47	10.74	54.06		0.76	0.67
587.11	5.47	614.48	16.90	106.79	174.45

主要统计指标解释

水利建设投资 指水利系统固定资产投资。主要包括水利系统基本建设投资、部分更新改造投资等，防洪岁修、小农水等财政投资未包括在内。

建设项目 指按照以总体设计进行施工，由一个或若干个具有内在联系的工程组成的总体。基本建设项目指经批准在一个总体设计或初步设计范围内进行建设，经济上实行统一核算，行政上有独立的组织形式，实行统一管理的基本建设单位。

基本建设项目按规模分为大中型项目和小型项目，水利上基本建设项目大中型项目划分标准是：①水库，库容1亿立方米以上（包括1亿立方米，下同）；②灌溉面积，灌溉面积50万亩以上；③水电工程，发电装机5万千瓦以上；④其他水利工程，除国家指定外均不作为大中型项目。

建设阶段 指建设项目报告期所处的建设阶段。分为以下几个阶段。

（1）筹建项目：指正在进行前期工作尚未正式施工的项目。

（2）施工项目：指报告期内进行过建筑或安装施工活动的项目。

（3）本年正式施工项目：指本年正式进行过建筑或安装活动的建设项目。

（4）本年新开工项目：指报告期内新开工的建设项目。

（5）本年续建项目：指本年以前已经正式开工，跨入本年继续进行建筑安装和购置活动的建设项目。

（6）建成投产项目：指报告期内按设计文件规定建成主体工程和相应配套的辅助设施，形成生产能力或工程效益，经过验收合格，并且已正式投入生产或交付使用的建设项目。

（7）本年收尾项目：是指以前年度已经全部建成投入生产或交付使用，但尚有少量不影响正常生产和使用的辅助工程或生产性工程在报告期继续施工的项目。

（8）停缓建项目：指根据国民经济宏观调控及其他原因，经有关部门批准停止建设或近期内不再建设的项目。停缓建项目分为全部停缓建项目和部分停缓建项目。

1）全部停缓建项目是指经有关部门批准不再建设或短期内整个项目停止建设的项目。

2）部分停缓建项目是指建设项目仍在施工，但其中的部分单项工程经有关部门批准停止或近期内不再建设并已停止施工的项目。报告期部分停缓建项目仍应作为施工项目统计。

（9）全部竣工项目：指整个建设项目按设计文件规定的主体工程和辅助、附属工程全部建成，并已正式验收移交生产或使用部门的项目。

建设性质 基本建设项目的建设性质根据整个建设项目的情况确定，分为以下几种。

（1）新建：一般是指从无到有、“平地起家”开始建设的企业、事业和行政单位或独立的工程。现有企业、事业、行政单位一般不属于新建。但如有的单位原有基础很小，经过建设后新增的资产价值超过该企业、事业、行政单位原有固定资产价值（原值）3倍以上的也应作为新建。

（2）扩建：指在厂内或其他地点，为扩大原有产品的生产能力（或效益）或增加新的产品生产能力，而增建主要的生产车间（或主要工程）、分厂、独立的生产线的企业、事业单位。行政、事业单位在原单位增建业务用房（如学校增建教学用房、医院增建门诊部、病房等）也作为扩建。

现有企业、事业单位为扩大原有主要产品生产能力或增加新的产品生产能力，增建一个或几个主要生产车间（或主要工程）、分厂，同时进行一些更新改造工程的，也应作为扩建。

（3）改建：指对原有设施进行技术改造或更新（包括相应配套的辅助性生产、生活福利设施），没有增建主要生产车间、分厂等的企业、事业单位。

（4）单纯建造生活设施：指在不扩建、改建生产性工程和业务用房的情况下，单纯建造职工住宅、托儿所、子弟学校、医务室、浴室、食堂等生活福利设施的企业、事业及行政单位。

（5）迁建：指为改变生产力布局或由于城市环境保护和安全生产的需要等原因而搬迁到另地建设的企业、事业单位。

（6）恢复：指因自然灾害、战争等原因，使原有的固定资产全部或部分报废，以后又投资恢复建设的单位。

（7）单纯购置：指现有企业、事业、行政单位单纯购置不需要安装的设备、工具、器具，而不进行工程建设的单位。

隶属关系 基本建设项目按建设单位直属或主管上级机关确定。

隶属关系分为中央、省（自治区、直辖市）、地区（州、盟、省辖市）、县（旗、县级市、市辖区）和其他五大类。

（1）中央：指中共中央、人大常委会和国务院各部、委、局、总公司以及直属机构直接领导和管理的基本建设项目和企业、事业、行政单位。这些单位的固定资产投资计划由国务院各部门直接编制和下达，建设中所需要的统配物资和主要设备以及建设中的问题都由中央有关部门安排和解决。

（2）省（自治区、直辖市）：由省（自治区、直辖市）政府及业务主管部门直接领导和管理的基本建设项目和企业、事业、行政单位。

（3）地区（州、盟、省辖市）：由地区、自治州、盟、省辖市直接领导和管理的基本建设项目和企业、事业、行政单位。

（4）县（旗、县级市、市辖区）：由县、自治旗、县级市、市辖区直接领导和管理的基本建设项目和企业、事业、行政单位。

（5）其他：不隶属以上各级政府及主管部门的建设项目和企业、事业单位，如外商投资企业和无主管部门的企业等。

Explanatory Notes of Main Statistical Indicators

Investment for water project construction Investment of fixed assets in the water sector, which mainly refers to the investment of basic water infrastructures and some rehabilitation projects, but excluding annual maintenance of flood control works and financial allocation to small irrigation, drainage and rural water supply schemes.

Construction project A project, enclosing one or more interdependent components, is implemented in accordance with overall design. Capital construction project refers to the approved scheme constructed according to overall design or within the scope of preliminary design, which is under one accounting system and unified management, and has an independent organization.

Capital construction project can be divided into large or medium project and small project according to its scale. The criteria of identifying large and medium water projects are:① reservoir, installed capacity is over 100 million m^3 (including 100 million m^3, hereinafter the same); ② irrigated area, irrigated area is over 500 thousand mu; ③ hydropower project, installed capacity is over 50,000kW; ④ other water projects, specially designated by the state.

Construction phrase It refers to stages of project construction during the period of report. The projects are divided as following in accordance with construction phases:

(1) Preparation: the project that is conducting preparatory work and has not formally been constructed.

(2) Construction project: the project that is under construction or installation during the report period.

(3) Construction project of the year: the project that has formally started construction or installation in the statistical year.

(4) Newly started project of the year: the construction project that is newly initiated in the statistical year.

(5) Continued project of the year: the project that has formally started and continued construction, installation and purchase activities in the statistical year.

(6) Completed investment project: key parts of the project and supporting facilities have passed check and acceptance and been formally put into operation or use in the statistical period.

(7) Nearly-completed project of the year: the project has completed construction and placed into operation, but several supporting facilities that do not affect the normal production and utilization continue to be constructed in the statistical period.

(8) Stopped or postponed project: the project is being asked to stop or postpone due to national macroeconomic regulation and control or other reasons with the approval of relevant department. The stopped or postponed projects can be divided into completely stopped or postponed project and partially stopped or postponed project.

1) Complete stopped or postponed project refers to the project that no longer constructed or will not be constructed in a short period of time, according to the approved of the relevant department.

2) Partial stopped or postponed project refers to the project that still under construction, but part of the project is no longer constructed or will not be constructed in a short period of time, according to the approval of the relevant department. Stopped or postponed project should be included in the statistical data as construction project.

(9) Fully-completed project: the project that has completed the key parts and supporting facilities of the project according to the design, and has passed check and acceptance and transferred to production or user for operation.

Construction type The types of infrastructures are identified and divided based on features of the constructed project:

(1) Newly-constructed project: It refers to the project being constructed by a newly-established enterprise, non-governmental agency, governmental agency or independent organ. The project managed by the currently existed enterprise, non-governmental agency or governmental agency does not belong to newly-constructed. However, if the original scope of unit is rather small and the newly-added assets exceeds three times of the original assets of the enterprise, non-governmental agency and governmental agency after construction, it is also regarded as new-constructed project.

(2) Expanded construction: It refers to the project of enterprise or non-governmental agency that has newly-established workshop (or key project), branch or independent production line within the plant or other places, in order to expand the existing production capacity (or benefit) or production capacity of new product. The construction of office building of non-governmental agency or governmental agency (for example newly-constructed teaching building of college, university or school, newly-built clinics and wards of hospitals) is also regarded as expanded construction.

The project of an enterprise or non-governmental agency with one or more newly-constructed key workshops (or key project) or branches, in order to increase the original production capacity or add production capacity of new product, together with rehabilitation project are also listed as expanded construction.

(3) Rehabilitation project: It refers to the project of an enterprise or non-governmental agency conducting technical rehabilitation or re-modernization (including production support facilities or living and welfare facilities), but without expansion of main workshop or branch.

(4) Construction of living facilities: It refers to the project of an enterprise, non-governmental agency or governmental agency, including living and welfare

facilities only, such as apartment building of employee, kindergarten, school for children of employee, clinic, bathroom, and canteen without expansion or rehabilitation of existed production or office buildings.

(5) Relocated construction: It refers to the relocation of enterprise or non-governmental agency to other places due to the change of production pattern, requirement of urban environment protection or safe production.

(6) Recovery construction: It refers to the project of an organzation to make investment on recovery construction because of natural disaster or war that completely or partially destroys its fixed assets.

(7) Procurement only: It refers to the project of an enterprise, non-governmental agency or governmental agency to purchases equipment, tool or instrument only, without installation or construction.

Administrative subordination of Project Capital construction project is divided into groups according to the administrative region of the organization in charge of the project.

Five categories are formed on the basis of administrative regions of the project: Central Government, province (autonomous region, municipality directly under the central government), prefecture (autonomous district, municipality directly under the provincial government), county (autonomous county, county-level municipality) and others.

(1) Central Government project: It refers to capital construction project, enterprise, non-governmental agency or governmental agency directly under administration or management of the Central Committee of Chinese Communist Party, Standing Committee of Chinese People's Congress, or ministries, commissions, bureaus under the State Council and parent companies. The investment plan of fixed assets of these entities are directly worked out and transmitted by the relevant departments under the State Council; allocated materials or equipment for construction are arranged by the relevant Central Government departments.

(2) Province (autonomous region, municipality directly under the central government) project: It refers to capital construction project, enterprise, non-governmental agency or governmental agency directly under administration and management of provincial governments (autonomous region, municipality directly under the central government) or competent department directly in charge.

(3) Prefecture (autonomous district, municipality directly under the provincial government) project: It refers to capital construction project, enterprise, non-governmental agency or governmental agency directly under administration and management of government of prefecture, autonomous district or municipality directly under the provincial government.

(4) County (autonomous county, county-level municipality) project: It refers to capital construction project, enterprise, non-governmental agency or governmental angecy directly under administration and management of government of county, autonomous county or county-level city.

(5) Others: It refers to capital construction project, enterprise, non-governmental agency or governmental agency outside the scope of administration and management of government agencies mentioned above, such as foreign investment enterprise or enterprise without supervised agency.

7 农村水电

Rural Hydropower Development

简要说明

农村水电统计资料主要包括小水电站和设备建设情况、水力发电设备容量和发电容量、农村水电电网、输变配电设备情况等。主要按地区分组汇总。

自2008年起农村水电电站由以往水利系统水电变更为装机5万千瓦及5万千瓦以下水电。

2008年以前水利系统水电统计包括水利系统综合利用枢纽电站数据等。

Brief Introduction

Statistical data of rural hydropower development mainly includes construction of small hydropower stations and utilities, installed capacity and output of hydropower generating units, electricity network of rural hydropower, electricity transmission and distribution facilities, etc. The data is divided into groups according to the region.

The data of rural hydropower development is collected on the basis of installed capacity of hydropower at 50,000 kW and below 50,000 kW since 2008.

The data collected before 2008 includes multi-purpose dam projects.

7-1 历年农村水电装机容量及年发电量

Installed Capacity and Power Generation of Rural Hydropower, by Year

年份 Year	农村水电装机容量 /千瓦 Installed Capacity of Rural Hydropower /kW	农村水电年发电量 /万千瓦时 Annual Electricity Generation of Rural Hydropower /10^4 kWh	农村水电新增装机容量 /千瓦 Newly-increased Installed Capacity /kW
2001	26262406	8714102	1419454
2002	28489286	9472446	1883648
2003	30832992	9791633	2618834
2004	34661348	9779541	3591322
2005	38534445	12090340	4127272
2006	43183551	13612942	5459520
2007	47388997	14370080	4593193
2008	51274371	16275901	4194106
2009	55121211	15672470	3807072
2010	59240191	20444256	3793551
2011	62123430	17566867	3277465
2012	65686071	21729246	3399616
2013	71186268	22327711	2460601

注　2013 年农村水电统计数据与全国第一次水利普查数据进行了校核。

Note　Statistical data of rural hydropower is checked in accordance with the First National Census on Water.

7-2 2013年农村水电装机容量及年发电量（按地区分）
Installed Capacity and Power Generation of Rural Hydropower in 2013 (by Region)

地 区	Region	农村水电年末装机容量 /千瓦 Installed Capacity of Rural Hydropower /kW	农村水电年发电量 /万千瓦时 Annual Electricity Generation of Rural Hydropower /10^4 kWh	农村水电新增装机容量 /千瓦 Newly-increased Installed Capacity /kW
合 计	**Total**	**71186268**	**22327711**	**2460601**
北 京	Beijing	42920	2714	
天 津	Tianjin	5000	1265	
河 北	Hebei	385308	53396	3600
山 西	Shanxi	185891	34093	11850
内蒙古	Inner Mongolia	93475	16780	140
辽 宁	Liaoning	427373	121072	39160
吉 林	Jilin	514520	175052	16020
黑龙江	Heilongjiang	294425	95629	
江 苏	Jiangsu	41107	5039	
浙 江	Zhejiang	3900471	961125	70055
安 徽	Anhui	1031035	226471	28980
福 建	Fujian	7315815	2506563	22235
江 西	Jiangxi	3065626	867572	98370
山 东	Shandong	83972	11867	
河 南	Henan	479492	76926	14890
湖 北	Hubei	3373583	730672	140281
湖 南	Hunan	5860837	1853617	155069
广 东	Guangdong	7258195	2375370	94540
广 西	Guangxi	4184546	1265028	147264
海 南	Hainan	396200	130435	15110
重 庆	Chongqing	2204009	494747	125435
四 川	Sichuan	10290616	3912582	424335
贵 州	Guizhou	2968370	783632	193579
云 南	Yunnan	10564212	3456015	494000
西 藏	Tibet	301719	85956	3918
陕 西	Shaanxi	1224527	335248	49090
甘 肃	Gansu	2270258	796950	187110
青 海	Qinghai	882985	358711	23760
宁 夏	Ningxia	5440	1800	
新 疆	Xinjiang	1079086	429488	68100
新疆生产建设兵团	Xinjiang Production and Construction Corps	342355	118936	33710
部直属	Organization Directly under the Ministry	112900	42961	

注 2013年农村水电统计数据与全国第一次水利普查数据进行了校核。

Note Statistical data of rural hydropower is checked in accordance with the First National Census on Water.

7-3 历年年末输变配电设备

Installed Power Transmission and Distribution Equipment at the End of the Year, by Year

年份 Year	变电所总容量 /千伏安 Total Storage Capacity of Switchyard /kVA	变压器总容量 /千伏安 Total Storage Capacity of Transformer /kVA	高压线路 /千米 High-pressure Transmission Line /km	低压线路 /千米 Low-pressure Transmission Line /km
2002	50779480	58628453	1020018	2158102
2003	54580398	61844457	1082549	2334065
2004	63583050	67770640	1110746	2470468
2005	70161609	71325744	1119668	2490911
2006	30403474	29645661	476642	965547
2007	41942477	39162242	609663	1321037
2008	42121613	37266114	563907	1260067
2009	42465559	34629678	515040	1116782
2010	48378124	37083012	540715	1152621
2011	52798271	37431610	534737	1108602
2012	49104574	36155250	510633	1155394
2013	54242934	40383122	531871	1202218

7-4　2013年年末输变配电设备（按地区分）

Installed Power Transmission and Distribution Equipment at the End of 2013 (by Region)

地区	Region	变电所总容量/千伏安 Total Storage Capacity of Switchyard /kVA	变压器总容量/千伏安 Total Storage Capacity of Transformer /kVA	高压线路/千米 High-pressure Transmission Line /km	低压线路/千米 Low-pressure Transmission Line /km
合　计	**Total**	**54242934**	**40383122**	**531871**	**1202218**
北　京	Beijing		19175	66	34
天　津	Tianjin				
河　北	Hebei				
山　西	Shanxi	135230	137290	2537	2037
内蒙古	Inner Mongolia	72450	5845	169	50
辽　宁	Liaoning				
吉　林	Jilin	772480	612170	6317	4273
黑龙江	Heilongjiang				
江　苏	Jiangsu		1990	31	
浙　江	Zhejiang	323000	918750	792	1206
安　徽	Anhui	334575	323013	6579	20702
福　建	Fujian				
江　西	Jiangxi				
山　东	Shandong		660	2	
河　南	Henan	117850	189175	6115	11660
湖　北	Hubei				
湖　南	Hunan	4369130	2458093	34036	69647
广　东	Guangdong	979890	135933	3171	10833
广　西	Guangxi	11760865	11530655	115908	154172
海　南	Hainan	100700	70410	836	103
重　庆	Chongqing				
四　川	Sichuan	15926956	12245906	181505	746676
贵　州	Guizhou	7192398	3393323	52737	79237
云　南	Yunnan	2180450	1353772	14748	18863
西　藏	Tibet	85020	219489	16751	6297
陕　西	Shaanxi	1140956	521667	8996	12072
甘　肃	Gansu	3550979	3058995	51588	49307
青　海	Qinghai	280200	203355	4153	2409
宁　夏	Ningxia				
新　疆	Xinjiang				
新疆生产建设兵团	Xinjiang Production and Construction Corps	4850505	2915203	24733	12562
部直属	Organization Directly under the Ministry	69300	68253	101	78

7-5 历年新增输变配电设备

Newly-increased Power Transmission and Distribution Equipment, by Year

年份 Year	变电所总容量 /千伏安 Total Storage Capacity of Switchyard /kVA	变压器总容量 /千伏安 Total Storage Capacity of Transformer /kVA	高压线路 /千米 High-pressure Transmission Line /km	低压线路 /千米 Low-pressure Transmission Line /km
2002	5642849	5362828	75801	260248
2003	6623092	5821911	80241	178433
2004	9819672	7682270	57380	312806
2005	8327685	6294266	43492	58650
2006	3875365	4193753	19872	77041
2007	5227365	3199561	23204	69539
2008	6051940	2195958	21749	116773
2009	5842525	2717898	26318	44557
2010	5913300	2984107	34020	81892
2011	7798387	3492278	33210	28179
2012	4034821	2572882	15556	34248
2013	6010195	4426062	24902	42523

7-6 2013年新增输变配电设备（按地区分）

Newly-increased Power Transmission and Distribution Equipment in 2013 (by Region)

地区	Region	变电所总容量 /千伏安 Total Storage Capacity of Switchyard /kVA	变压器总容量 /千伏安 Total Storage Capacity of Transformer /kVA	高压线路 /千米 High-pressure Transmission Line /km	低压线路 /千米 Low-pressure Transmission Line /km
合　计	**Total**	**6010195**	**4426062**	**24902**	**42523**
北　京	Beijing				
天　津	Tianjin				
河　北	Hebei				
山　西	Shanxi	13100	15955	58	4
内蒙古	Inner Mongolia				
辽　宁	Liaoning				
吉　林	Jilin	71950	56249	49	2
黑龙江	Heilongjiang				
江　苏	Jiangsu		630	1	
浙　江	Zhejiang	33000	44124	200	14
安　徽	Anhui		23989	198	143
福　建	Fujian				
江　西	Jiangxi				
山　东	Shandong				
河　南	Henan				
湖　北	Hubei				
湖　南	Hunan	154050	115587	1739	4031
广　东	Guangdong		3000	30	200
广　西	Guangxi	1180875	1629533	4695	6122
海　南	Hainan	100700	48500	836	103
重　庆	Chongqing				
四　川	Sichuan	750370	897939	6878	25265
贵　州	Guizhou	2369950	477902	1948	618
云　南	Yunnan	121000	142385	1470	1535
西　藏	Tibet	17500	21600	1355	541
陕　西	Shaanxi	472750	30439	193	1011
甘　肃	Gansu	277400	59131	1693	921
青　海	Qinghai	252900	63475	2373	1232
宁　夏	Ningxia				
新　疆	Xinjiang				
新疆生产建设兵团	Xinjiang Production and Construction Corps	194650	795624	1186	781
部直属	Organization Directly under the Ministry				

7-7 历年农村水电电网供电情况

Electricity Supply of Rural Power Network, by Year

年 份 Year	网内发电设备容量 /千瓦 Storage Capacity of Generation Equipment /kW	网内发电量 /万千瓦时 Power Generation /10^4kWh	厂用电量 /万千瓦时 Electricity Used by Power Plant /10^4kWh	售电量 /万千瓦时 Electricity Sale /10^4kWh	购入网外电量 /万千瓦时 Off-grid Procurement of Electricity /10^4kWh	输出网外电量 /万千瓦时 Sale of Electricity to Other Grids /10^4kWh
2002	22524654	7759396	171622	10434233	4405732	2025865
2003	19665229	7018970	170814	10725979	5150140	1980698
2004	21427078	7318308	197545	12011519	6011657	2023133
2005	19179004	6988869	151286	10662175	4865026	2024130
2006	14510485	5235694	104777	8152497	3776703	1707433
2007	16851722	5917131	105143	9334458	4323730	2122614
2008	9482546	5898658	109533	9437153	3735951	1321324
2009	8038590	3905598	99262	7392290	3941988	898184
2010	8324694	4873957	73797	8795146	179935	998791
2011	15947576	5164218	80822	9351381	5012174	1223749
2012	10372392	6184473	108900	11186815	5840687	1705095
2013	18582052	6332882	102442	12097288	6716591	2173555

7-8 2013年各地区农村水电电网供电情况

Electricity Supply of Rural Power Network in 2013, by Region

地区	Region	网内发电设备容量/千瓦 Storage Capacity of Generation Equipment /kW	网内发电量/万千瓦时 Power Generation /10⁴kWh	厂用电量/万千瓦时 Electricity Used by Power Plant /10⁴kWh	售电量/万千瓦时 Electricity Sale /10⁴kWh	购入网外电量/万千瓦时 Off-grid Procurement of Electricity /10⁴kWh	输出网外电量/万千瓦时 Sale of Electricity to Other Grids /10⁴kWh
合计	**Total**	18582052	6332882	102442	12097288	6716591	2173555
北京	Beijing						
天津	Tianjin						
河北	Hebei						
山西	Shanxi	94330	19264	193	27490	10753	2451
内蒙古	Inner Mongolia						
辽宁	Liaoning						
吉林	Jilin	87965	85679	600	146321	64884	45758
黑龙江	Heilongjiang						
江苏	Jiangsu		154	4	150		150
浙江	Zhejiang	3695	2482	22	177625	189805	
安徽	Anhui	134989	28062	614	30723	5774	9065
福建	Fujian	259295					
江西	Jiangxi						
山东	Shandong						
河南	Henan						
湖北	Hubei						
湖南	Hunan	1043900	530619	6513	1016045	569001	63108
广东	Guangdong	6728626	8877	378	8908		8908
广西	Guangxi	2081012	972435	5718	2168903	1338828	104253
海南	Hainan	320	1149	10	1139		1093
重庆	Chongqing						
四川	Sichuan	3816380	3126175	39973	4570637	1910906	1037283
贵州	Guizhou	7985	407637	3988	1274211	946547	322542
云南	Yunnan	604165	476471	3193	712624	261568	263255
西藏	Tibet	139239	37477	1500	33120	329	8393
陕西	Shaanxi	116335	111539	2200	256765	157929	143223
甘肃	Gansu	1475381	88533	1053	315359	257396	155711
青海	Qinghai	47850	15184	199	14135		
宁夏	Ningxia						
新疆	Xinjiang	4750					
新疆生产建设兵团	Xinjiang Production and Construction Corps	776105	421145	36285	1343133	1002872	8363
部直属	Organization Directly under the Ministry	1159730					

7-9 历年有农村水电的县通电情况

Counties with Electricity Generated by Hydropower, by Year

年份 Year	乡（镇）Township (Town)		居民 Residents		
	行政区划数/个 Administrative Regions /unit	农村水电网联网乡（镇）/个 Townships Connected with Rural Electrification Network/unit	总户数/户 Total Household /household	户通电率/% Percentage of Household Access to Electricity /%	无电人口/人 Population without Electricity /person
2002	28630	43	192906050	97.53	10150642
2003	26704	10141	182856700	98.44	8171995
2004	25886	10269	187390297	98.85	6572018
2005	25201	8488	188151249	99.14	5356596
2006	24343		194455879	99.30	
2007	23936		198154188	99.48	
2008	24269	5793	207980548	99.60	3080048
2009	24071	5048	211655947	99.69	2280140
2010	24039	4625	213874537	99.75	1947594
2011	24290	4962	214692370	99.74	2114089
2012	24259	5238	216934295	99.83	1555275
2013	24297	5245	222024353	99.89	1089860

7-10　2013年有农村水电的县通电情况（按地区分）

Counties with Electricity Generated by Hydropower in 2013 (by Region)

地区	Region	乡（镇）Township（Town） 行政区划数/个 Administrative Regions /unit	乡（镇）Township（Town） 农村水电网联网乡/镇/个 Townships Connected with Rural Electrification Network/unit	居民 Residents 总户数/户 Total Household /household	居民 Residents 户通电率/% Percentage of Household Access to Electricity /%
合　计	**Total**	24297	5245	222024353	99.89
北　京	Beijing	107		1319000	100.00
天　津	Tianjin				
河　北	Hebei	699	18	6135072	100.00
山　西	Shanxi	404	24	2987928	99.99
内蒙古	Inner Mongolia	104		965125	100.00
辽　宁	Liaoning	385		3667256	100.00
吉　林	Jilin	301	58	4020745	100.00
黑龙江	Heilongjiang	392		3221684	100.00
江　苏	Jiangsu	129		2115227	100.00
浙　江	Zhejiang	1099	29	11997826	100.00
安　徽	Anhui	485	49	4475493	100.00
福　建	Fujian	867	1	7605794	100.00
江　西	Jiangxi	1417		12725788	100.00
山　东	Shandong	523		10278781	100.00
河　南	Henan	925		11385843	100.00
湖　北	Hubei	782		11834712	99.99
湖　南	Hunan	2082	579	17249385	99.98
广　东	Guangdong	1155	97	16560216	99.99
广　西	Guangxi	1087	506	13130324	99.98
海　南	Hainan	132	20	2190604	99.97
重　庆	Chongqing	931		11806926	99.99
四　川	Sichuan	4181	2672	25734847	99.62
贵　州	Guizhou	1394	545	9929374	100.00
云　南	Yunnan	1285	72	12891158	99.46
西　藏	Tibet	591	280	589623	93.97
陕　西	Shaanxi	925	149	6101740	99.97
甘　肃	Gansu	832	74	4108855	99.97
青　海	Qinghai	313	58	1505211	99.00
宁　夏	Ningxia			60604	100.00
新　疆	Xinjiang	756		4842158	99.66
新疆生产建设兵团	Xinjiang Production and Construction Corps	14	14	587054	100.00

主要统计指标解释

农村水电 以小水电站为主体，直接为农村经济社会发展服务的水电站及供电网络。

发电量 电厂（发电机组）在报告期内生产的电能量。

售电量 电力企业出售给用户或其他电力企业的用于消费或生产的电量。

Explanatory Notes of Main Statistical Indicators

Rural hydropower It refers to hydropower stations and power supply networks that directly serve for social and economic development in rural areas, and most of which are small hydropower stations.

Power generation Electricity produced by power plants (electricity generating units) in the report period.

Electricity sale The quantity of electricity sold by electricity enterprises to the users or other electricity enterprises for consumption.

8 水文站网

Hydrological Network

简 要 说 明

水文站网统计资料主要包括水文站、水位站、雨量站、水质站、地下水监测站等水文测站的数量及其按测站类别、观测项目、测验方法分类的数据，以及从业人员和经费等。

本部分资料按流域所属机构和地区分组。历史资料汇总 1949 年至今数据。

1. “水文测站”资料包括水文站、水位站、雨量站、水质站、地下水监测站、实验站、拍报水情站、发布预报站和固定洪调点资料等。

2. “观测项目”包括流量、水位、水质、泥沙、水温、冰情、比降、地下水、蒸发、降水、水文调查等。

3. “测验方法”包括常年驻测、汛期驻测、全年巡测、委托观测、站队结合等。

Brief Introduction

Statistical data of hydrological network mainly includes stations of hydrology, gauging, precipitation, water quality, groundwater monitoring etc, and is sorted according to the types of monitoring stations, observation items and methods, as well as working staff and expenses.

The data is divided into several groups based on organization and region where river basin is located. Historical data is collected from 1949 to present.

1. The data of hydrological observation stations includes information on hydrological station, gauging station, precipitation station, water quality station, groundwater monitoring station, experiment station, perennial hydrologic reporting station, forecast report station, and fixed flood regulation point, etc.

2. Observation items include flow, water level, water quality, sediment, water temperature, ice condition, gradient, groundwater, evaporation, precipitation and hydrologic investigation and so on.

3. Measuring methods include perennial stationary gauging, stationary gauging in flood season, full-year tour gauging, contracting gauging, stations and mobile teams gauging.

8-1 历年水文站网、职工人数和经费

Hydrological Network, Employees and Expenses, by Year

年份 Year	水文站网（处）Hydrological Network/unit						报汛站/处 Hydrometric Station /unit	职工人数/人 Number of Employee /person	经费/万元 Expenses/10^4 yuan	
	水文站 Hydrological Station	水位站 Gauging Station	雨量站 Precipitation Station	地下水监测站 Ground-water Monitoring Station	水质站 Water Quality Station	实验站 Experiment Station			事业费 Operating Expenses	基建费 Cost of Construction
1949	148	203	2					756	1.9	
1950	419	425	234			1	386	1892	68.9	
1951	796	701	1145			8	685	4208	388.7	
1952	933	831	1554			3	875	5811	550.7	
1953	1059	1006	1754			8	1173	7292	813.8	
1954	1229	1132	1973			9	1652	8589	1134.5	
1955	1396	1205	2337			11	1962	10312	1581.1	
1956	1769	1449	3371			24	2251	13952	2156.8	
1957	2023	1500	3695			41	2778	14167	2304.8	
1958	2766	1308	5494			132	3548	13806	2174.6	
1959	2995	1338	5487			282	4922	16861	2322.5	
1960	3611	1404	5684			318	6013	16867	2470.3	
1961	3402	1252	5587			149	5102	17266	1740.1	
1962	2842	1199	5980			104	5049	15524	1909.4	
1963	2664	1096	6178			96	5051	16862	1881.0	
1964	2692	1116	7252			90	5058	19424	2064.7	
1965	2751	1129	7909			88		19520	2022.0	
1966	2883	1155	10280			49	4838	18369	3174.8	470.4
1967	2681	1127	9477			82	6133	18272	2881.5	269.0
1968	2559	1048	9500			67	5403	18405	2638.3	221.7
1969	2579	1101	10173			32	5390	17661	2846.8	194.9
1970	2663	1144	10154			37	5501	16866	2874.0	229.7
1971	2727	1191	10486			38	6294	17038	2837.7	343.8
1972	2674	1071	10356			62	5576	17516	3200.0	443.1
1973	2690	1329	10447	1322	134	52	6629	17902	2824.2	671.5
1974	2778	1349	11416	3702	80	31	6110	18170	2886.0	812.3

注 1. 表中 1949—1965 年间经费统计为事业费和基建费之和。
2. 1958—1964 年实验站数的统计中均包括了部分径流站。
3. 1960 年水文站数为年报统计数，偏大。经查核，水文年鉴刊布有流量资料的为 3365 站，年报数仅供参考。
4. 1957—1965 年测站数中包括水利（电）勘测部门的站。
5. 1959—1965 年水文职工数中包括水利（电）勘测部门的水文工作人员。
6. 水文站数据含外部门管理的处数。

Note 1. No separate statistical data of operating expenses and cost of construction are given for the data during 1949-1965.
2. The statistics of experiment stations during 1958-1964 includes only some runoff stations.
3. The number of hydrological stations in 1960 is estimated based on the Annual Report. After recheck, the stations with runoff data in the Hydrology Year-book are 3,365, and the data of Annual Report is for reference only.
4. Observation stations during 1957-1965 include stations under water (power) reconnaissance and design institutions.
5. Employees of hydrological stations during 1959-1965 include hydrological engineers and workers in water (power) reconnaissance and design institutions.
6. Hydrological stations include those under the management of others despite of water department.

8-1 续表 continued

年份 Year	水文站网（处）Hydrological Network/unit						报汛站/处 Hydrometric Station /unit	职工人数/人 Number of Employee /person	经费/万元 Expenses/10^4 yuan	
	水文站 Hydrological Station	水位站 Gauging Station	雨量站 Precipitation Station	地下水监测站 Ground-water Monitoring Station	水质站 Water Quality Station	实验站 Experiment Station			事业费 Operating Expenses	基建费 Cost of Construction
1975	2840	1196	10738	7681	520	24	6949	19180	3193.9	869.3
1976	2882	1336	11855	6858	663	29	8563	19981	3432.3	1215.0
1977	2917	1326	12817		609	26	8369	20886	3661.5	1118.5
1978	2922	1320	13309	11326	758	33	9010	21571	4293.7	1413.4
1979	3034	1202	14424	12992	681	45	8265	22856	7432.3	1889.1
1980	3294	1320	15732	16112	747	53	8731	24374	7562.1	1701.7
1981	3341	1317	15969	13343	848	57	8646	26240	7805.1	1085.2
1982	3401	1373	16437		1209	60	8369	27076	8182.9	1374.2
1983	3418	1413	16545	12487	1024	60	8401	27744	8621.0	1677.7
1984	3396	1425	16734	12134	977	63	8418	28316	9942.0	1669.0
1985	3384	1420	16406	12188	1011	63	8381	28426	10910.9	1959.9
1986	3400	1380	16697	11893	1648	58	8583	28549	12581.9	2405.7
1987	3397	1316	16448	11880	1946	56	8539	28793	12863.8	2447.5
1988	3450	1263	16273	13948	1846	64	8843	28516	14201.0	2715.3
1989	3269	1258	15605			58	8617	28257	15583.4	2645.6
1990	3265	1178	15602		2052	61	8604	28065	17233.2	4189.7
1991	3238	1201	15356	13523	2113	60	8482	28211	21285.0	5378.4
1992	3172	1149	15368	11400	2327	56	8525	28202	22725.8	6476.0
1993	3099	1156	15505			48	7485	27439	23981.0	6469.3
1994	3090	1148	14202	11807	1944	66	7423	27278	34160.9	7729.7
1995	3039	1158	14613	11518	1839	69	7165	26404	35347.0	11312.0
1996	3006	1107	14158	11179	2401	61	6987	26555	36321.0	12744.7
1997	3040	1093	14191	10874	2572	128	7296	26118	40386.3	14049.7
1998	3683	1084	13910	11509	2694	129	7484	25929	64311.5	15372.1
1999	3657	1079	13855	11528	2753	125	7584	25238	63628.5	15115.7
2000	3124	1093	14242	11768	2861	81	7559	25146	78514.3	24346.4
2001	3146	1084	14337	11786	3025	75	7716	25180	90125.6	30209.0
2002	3130	1073	14454	11620	3228	74	7893	25436	114414.0	31307.0
2003	3158	1135	14196	12116	3695	80	7648	25640	139392.0	26230.0
2004	3182	1134	14108	11757	3946	70	7595	25906	133830.0	31515.0
2005	3191	1160	14373	12313	4557	69	7815	26133	152446.0	22673.0
2006	3183	1180	13866	12598	5140	78	8220	26654	170812.0	45421.0
2007	3162	1221	14211	12551	5468	90	8561	26237	199286.0	43031.0
2008	3171	1244	14602	12683	5668	51	9678	26480	237430.0	56371.0
2009	3183	1407	15750	12522	6097	49	10294	26438	283268.0	59182.0
2010	3193	1467	17245	12991	6535	57	12786	26366	295179.0	75445.0
2011	3219	1523	19082	13489	7750	53	12444	26270	366162.0	338178.0
2012	3592	5317	35637	13726	10030	58	16469	26211	394928.0	381950.0
2013	4011	9330	43028	16407	11795	57	24518	26236	455736.0	404537.0

8-2　2013 年水文站网（按地区分）
Hydrological Network in 2013 (by Region)

单位：处　　　　unit: unit

地区	Region	水文站合计 Total Hydrological Station	河道 River Course	水库 Reservoir	湖泊 Lake	潮流量 Tide Flow	水位站合计 Total Gauging Station	河道 River Course	水库 Reservoir	湖泊 Lake	潮水 Tide
合　计	**Total**	**3053**	**2726**	**254**	**28**	**45**	**1485**	**822**	**308**	**145**	**210**
北　京	Beijing	61	43	18							
天　津	Tianjin	23	23				2	2			
河　北	Hebei	135	113	20	2		15	4	4	7	
山　西	Shanxi	69	60	9							
内蒙古	Inner Mongolia	143	141	2			10	4	3	3	
辽　宁	Liaoning	97	96	1			9	6			3
吉　林	Jilin	107	99	8			14	14			
黑龙江	Heilongjiang	119	109	10			47	43	2	2	
上　海	Shanghai	9				9	45				45
江　苏	Jiangsu	150	144	6			137	98	6	17	16
浙　江	Zhejiang	81	78			3	131	97			34
安　徽	Anhui	109	62	44	1	2	87	47	22	16	2
福　建	Fujian	55	54	1			43	32			11
江　西	Jiangxi	107	107				56	49		7	
山　东	Shandong	135	97	37	1		17	9		5	3
河　南	Henan	126	102	24			32	29	3		
湖　北	Hubei	92	80	11	1		56	14	32	10	
湖　南	Hunan	110	109	1			12	12			
广　东	Guangdong	77	71	3		3	92	37	1		54
海　南	Hainan	13	11	2			8	5			3
广　西	Guangxi	129	126	2		1	25	21			4
四　川	Sichuan	137	137				27	26		1	
重　庆	Chongqing	20	20				121	121			
贵　州	Guizhou	88	88				2	2			
云　南	Yunnan	156	147	3	6		12	3		9	
西　藏	Tibet	43	43				5	3		2	
陕　西	Shaanxi	78	78				4	4			
甘　肃	Gansu	95	83	12							
青　海	Qinghai	38	38				2			2	
宁　夏	Ningxia	29	29				8	8			
新　疆	Xinjiang	128	127	1			1			1	
新疆生产建设兵团	Xinjiang Production and Construction Corps	20	12	8			117		117		
长江委	Yangtze River Water Resources Commission	118	72	20	17	9	264	87	108	61	8
黄　委	Yellow River Water Resources Commission	118	110	8			73	42	10	2	19
珠　委	Pearl River Water Resources Commission	17				17	8				8
海　委	Haihe River Water Resources Commission	11	8	3			3	3			
松辽委	Songliao River Water Resources Commission	6	6								
淮　委	Huaihe River Water Resources Commission	1	1								
太湖局	Taihu Basin Authority	3	2			1					

注　水文站网数为水文部门管理的数量。

Note　Number of hydrological stations and networks in this table are the total managed by hydrological department.

8-2 续表 continued

地区	Region	雨量站合计 Total Precipitation Station	常年 Perennial	汛期 Flood Season	蒸发站 Evaporation Station	墒情站合计 Total Soil Moisture Station	人工观测 Manual Observation	自动测报 Automatic Reporting	地下水监测站 Groundwater Monitoring Station
合 计	**Total**	**15873**	**13638**	**2235**	**14**	**1912**	**994**	**918**	**16407**
北 京	Beijing	140	123	17		80		80	885
天 津	Tianjin	28	11	17					1209
河 北	Hebei	942	709	233	1	268	175	93	1190
山 西	Shanxi	802	726	76		71	71		2798
内蒙古	Inner Mongolia	642	541	101		100	100		830
辽 宁	Liaoning	435	300	135	2	117	27	90	701
吉 林	Jilin	285	236	49	1	116	26	90	1285
黑龙江	Heilongjiang	626	405	221					1253
上 海	Shanghai	10	10						3
江 苏	Jiangsu	237	229	8		27	27		1150
浙 江	Zhejiang	482	482						8
安 徽	Anhui	674	640	34	1	197	87	110	195
福 建	Fujian	401	401		1	16		16	23
江 西	Jiangxi	799	799			68		68	20
山 东	Shandong	663	346	317		164	164		1952
河 南	Henan	1353	463	890		210	122	88	1868
湖 北	Hubei	525	525			61	26	35	33
湖 南	Hunan	585	585			119	70	49	
广 东	Guangdong	920	920		5	29		29	10
海 南	Hainan	202	202						
广 西	Guangxi	523	523			12		12	5
四 川	Sichuan	561	548	13		14	14		58
重 庆	Chongqing	833	833			72	4	68	
贵 州	Guizhou	507	507			31		31	
云 南	Yunnan	875	875			53		53	2
西 藏	Tibet	16	16			6		6	21
陕 西	Shaanxi	551	551			41	41		
甘 肃	Gansu	330	330			20	20		197
青 海	Qinghai	86	80	6					30
宁 夏	Ningxia	155	125	30		19	19		230
新 疆	Xinjiang	9	9						448
新疆生产建设兵团	Xinjiang Production and Construction Corps				1				1
长江委	Yangtze River Water Resources Commission	25	25		1	1	1		2
黄 委	Yellow River Water Resources Commission	651	563	88	1				
珠 委	Pearl River Water Resources Commission								
海 委	Haihe River Water Resources Commission								
松辽委	Songliao River Water Resources Commission								
淮 委	Huaihe River Water Resources Commission								
太湖局	Taihu Basin Authority								

8-2 续表 continued

地区	Region	水质站合计 Total Water Quality Monitoring Station	人工取样 Manual Sampling	自动监测 Automatic Station	实验站 合计 Total Experiment Station	径流 Runoff	蒸发 Evaporation	测验方法 Experiment Method	水库 Reservoir	地下水 Ground-water	兼水文站 Used as Hydro-logical Station Despite of Other Functions
合　计	**Total**	**11795**	**11627**	**168**	**57**	**23**	**16**	**2**	**2**	**14**	**17**
北　京	Beijing	565	539	26	2	2					2
天　津	Tianjin	178	178								
河　北	Hebei	242	237	5	2	1	1				1
山　西	Shanxi	135	134	1	2					2	
内蒙古	Inner Mongolia	119	119								
辽　宁	Liaoning	919	919		3	2	1				
吉　林	Jilin	114	114		7	3	4				
黑龙江	Heilongjiang	108	108		4	3	1				3
上　海	Shanghai	347	312	35							
江　苏	Jiangsu	1799	1760	39	1	1					
浙　江	Zhejiang	905	903	2	1	1					
安　徽	Anhui	396	396		6	4	1			1	4
福　建	Fujian	731	711	20	2		1	1			1
江　西	Jiangxi	349	348	1	2		1			1	2
山　东	Shandong	578	578								
河　南	Henan	494	494								
湖　北	Hubei	270	270								
湖　南	Hunan	217	216	1							
广　东	Guangdong	479	466	13	1		1				
海　南	Hainan	86	86								
广　西	Guangxi	260	260								
四　川	Sichuan	280	280		1	1					1
重　庆	Chongqing	182	182								
贵　州	Guizhou	82	82		2	2					
云　南	Yunnan	405	405								
西　藏	Tibet	53	53		3	1	2				2
陕　西	Shaanxi	237	237								
甘　肃	Gansu	130	130		1					1	
青　海	Qinghai	124	123	1							
宁　夏	Ningxia	81	81								
新　疆	Xinjiang	215	215		1	1					
新疆生产建设兵团	Xinjiang Production and Construction Corps	16	16		2		1			1	
长江委	Yangtze River Water Resources Commission	215	212	3	3		1			2	1
黄　委	Yellow River Water Resources Commission	67	66	1	10	1	1		2	6	
珠　委	Pearl River Water Resources Commission	118	116	2							
海　委	Haihe River Water Resources Commission	172	161	11							
松辽委	Songliao River Water Resources Commission	1		1							
淮　委	Huaihe River Water Resources Commission										
太湖局	Taihu Basin Authority	126	120	6	1			1			

8-2 续表 continued

地区	Region	拍报水情测站合计 Total Hydrologic Reporting Station	水文站 Hydrological Station	水位站 Gauging Station	雨量站 Precipi-tation Station	发布预报测站 Forecast Report Station	专用站 Special Purpose Hydrological Station 水文站 Hydrological Station	水位站 Gauging Station	雨量站 Precipi-tation Station
合　计	**Total**	**24518**	**2973**	**2987**	**18558**	**1207**	**816**	**7845**	**27155**
北　京	Beijing	155	79	2	74	21			
天　津	Tianjin	66	36	2	28		45		
河　北	Hebei	712	228	7	477	50	21		
山　西	Shanxi	371	65	49	257	2	3		1612
内蒙古	Inner Mongolia	241	131		110				
辽　宁	Liaoning	249	93	7	149	25	1	52	1379
吉　林	Jilin	232	91	10	131	45	10	52	1125
黑龙江	Heilongjiang	638	112	61	465	81		55	800
上　海	Shanghai	227		156	71	7	16	87	63
江　苏	Jiangsu	669	249	156	264	7	162	156	125
浙　江	Zhejiang	658	49	127	482	49	30	2647	1162
安　徽	Anhui	1204	122	773	309	72	19	77	420
福　建	Fujian	622	43	178	401	47		1982	1503
江　西	Jiangxi	3240	84	55	3101	114	19	349	3087
山　东	Shandong	658	112	13	533	62	15	193	1224
河　南	Henan	1221	107	124	990	54			1048
湖　北	Hubei	1826	192	477	1157	56	7	213	259
湖　南	Hunan	708	109	32	567	48	40	107	514
广　东	Guangdong	430	54	101	275	123	75	427	791
海　南	Hainan	20	13	7		5	32	21	9
广　西	Guangxi	3010	132	255	2623	106	142	248	2822
四　川	Sichuan	414	122	35	257	35	2		
重　庆	Chongqing	420	18	78	324	19	62	266	3305
贵　州	Guizhou	597	88	2	507	3	3	179	970
云　南	Yunnan	2564	121	1	2442	5		92	1680
西　藏	Tibet	44	18	2	24		21	55	591
陕　西	Shaanxi	1877	82	14	1781	35	5	110	1392
甘　肃	Gansu	81	81					123	147
青　海	Qinghai	35	32	1	2	14	7	28	303
宁　夏	Ningxia	31	15		16		2	91	746
新　疆	Xinjiang	68	67	1		67	33	59	78
新疆生产建设兵团	Xinjiang Production and Construction Corps	137	20	117					
长江委	Yangtze River Water Resources Commission	205	73	103	29	39	5	164	
黄　委	Yellow River Water Resources Commission	862	112	38	712	12	19	7	
珠　委	Pearl River Water Resources Commission	3	3						
海　委	Haihe River Water Resources Commission	14	11	3		3	10	5	0
松辽委	Songliao River Water Resources Commission	6	6						
淮　委	Huaihe River Water Resources Commission	1	1						
太湖局	Taihu Basin Authority	2	2			1	10		

8-2 续表 continued

地区	Region	辅助断面 Supplementary Cross Section	固定洪调点 Fixed Flood Regulation Point	其他部门管理的水文站 Hydrological Stations Managed by Other Departments	观测项目类别 Observation Items						
					流量 Flow	水位 Water Level	水质 Water Quality	泥沙 Sediment			
								悬移质 Suspended Load	推移质 Bed Load	河床质 Bedsand	颗粒分析 Particle Analysis
合　计	**Total**	**1783**	**353**	**142**	**4240**	**8049**	**11795**	**1489**	**19**	**148**	**393**
北　京	Beijing				116	136	565	17			11
天　津	Tianjin			5	45	69	178	20			8
河　北	Hebei	116		1	236	258	242	163			54
山　西	Shanxi				69	69	135	63			34
内蒙古	Inner Mongolia				143	166	119	86			4
辽　宁	Liaoning		6	21	97	155	919	75			31
吉　林	Jilin				140	183	114	44			
黑龙江	Heilongjiang	27			119	210	108	25			14
上　海	Shanghai				9	148	347				
江　苏	Jiangsu	23	12		356	510	1799	21			
浙　江	Zhejiang	11		12	74	201	905	14			
安　徽	Anhui	87		7	144	283	396	35			2
福　建	Fujian			2	55	221	731	28			
江　西	Jiangxi	2		14	126	531	349	30			13
山　东	Shandong	181			140	299	578	40			3
河　南	Henan	130	50	2	126	158	494	42			
湖　北	Hubei	101	7		137	434	270	15			4
湖　南	Hunan	17		1	109	127	217	31			
广　东	Guangdong	39		5	163	567	479	24			5
海　南	Hainan				25	21	86	5			
广　西	Guangxi	7		34	268	541	260	41			
四　川	Sichuan			12	140	167	280	58			15
重　庆	Chongqing	1			82	469	182	14			
贵　州	Guizhou	2		3	88	269	82	28			
云　南	Yunnan	29			156	260	405	61			
西　藏	Tibet				58	59	53	12			
陕　西	Shaanxi	10		3	86	197	237	65			20
甘　肃	Gansu	22	203		133	216	130	66			
青　海	Qinghai	12	31		51	72	124	31			1
宁　夏	Ningxia	15	44	10	45	37	81	31			
新　疆	Xinjiang			10	158	159	215	82			4
新疆生产建设兵团	Xinjiang Production and Construction Corps				137	138	16	14	2	2	2
长江委	Yangtze River Water Resources Commission				118	382	215	71	17	24	54
黄　委	Yellow River Water Resources Commission	858			135	208	67	78		78	66
珠　委	Pearl River Water Resources Commission	29			46	54	118	44		44	44
海　委	Haihe River Water Resources Commission				26	41	172	9			
松辽委	Songliao River Water Resources Commission				6	18	1	6			4
淮　委	Huaihe River Water Resources Commission				1	1					
太湖局	Taihu Basin Authority	64			77	15	126				

8-2 续表 continued

地区	Region	观测项目类别 Observation Items								
		水温 Water Temperature	冰情 Ice Condition	比降 Gradient	地下水 Ground-water	墒情 Soil Moisture	蒸发 Evapor-ation	降水 Precipi-tation	水文调查 Hydrological Investigation	辅助气象项目 Assistant Metrological Project
合 计	**Total**	**1359**	**1254**	**1128**	**16407**	**1818**	**1583**	**43852**	**1589**	**294**
北 京	Beijing	25	32	15	885	80	26	140	30	15
天 津	Tianjin	10	50		1209		7	49	17	11
河 北	Hebei	75	146	11	1190	268	45	1076		11
山 西	Shanxi	61	64	63	2798	71	18	2117	69	1
内蒙古	Inner Mongolia	76	105	100	830	100	103	642	20	
辽 宁	Liaoning	42	66	74	701		40	1978	92	1
吉 林	Jilin	70	82	62	1285	116	27	1517	74	9
黑龙江	Heilongjiang	137	141	46	1253		71	1570	115	64
上 海	Shanghai	9			3		13	207	10	25
江 苏	Jiangsu	7		1	1150	27	35	563		
浙 江	Zhejiang	23		10	8		87	626		5
安 徽	Anhui	35		30	195	197	48	1171		6
福 建	Fujian	21		41	23	16	27	497		1
江 西	Jiangxi	39		35	20	68	51	3582		3
山 东	Shandong	7	99	19	1952	164	49	2027	135	
河 南	Henan	35	107	45	1868	210	51	3670	130	9
湖 北	Hubei	20			33	61	43	1127	449	
湖 南	Hunan	25		67		119	47	585		2
广 东	Guangdong			42	10	52	49	1861	25	26
海 南	Hainan	5		9			6	202	8	2
广 西	Guangxi	43		67	5	12	78	3118		22
四 川	Sichuan	19	2	20	58	14	74	728		7
重 庆	Chongqing			2		72	9	4607		
贵 州	Guizhou	42				31	72	1656		
云 南	Yunnan	54			2	53	120	2809		
西 藏	Tibet	35	35		21	6	35	700		10
陕 西	Shaanxi	21	6	80		41	52	2025	34	
甘 肃	Gansu	42	74	81	197	20	74	477	203	21
青 海	Qinghai	17	34	23	30		37	446	31	1
宁 夏	Ningxia	5	17	16	230	19	17	921	70	
新 疆	Xinjiang	103	90	60	448		102	113		
新疆生产建设兵团	Xinjiang Production and Construction Corps	20	19		1		6	8	2	5
长江委	Yangtze River Water Resources Commission	39	4	1	2	1	16	165		1
黄 委	Yellow River Water Resources Commission	57	67	104			36	763	75	26
珠 委	Pearl River Water Resources Commission							1		
海 委	Haihe River Water Resources Commission	8	8				6	11		2
松辽委	Songliao River Water Resources Commission	6	6	4			4	94		4
淮 委	Huaihe River Water Resources Commission						1	1		
太湖局	Taihu Basin Authority	126					1	2		4

8-2 续表 continued

地区	Region	水文站测验方法 Observation Methods of Hydrological Station					
		常年驻测 Perennial Stationary Gauging	汛期驻测 Stationary Gauging in Flood Season	全年巡测 Full-year Tour Gauging	委托观测 Contracted Gauging	桥测 Bridge Gauging	站队结合 Measured by both Stations and Mobile Teams
合 计	**Total**	**2351**	**442**	**572**	**140**	**521**	**1063**
北 京	Beijing	46	2	13		18	
天 津	Tianjin	23		5			
河 北	Hebei	112	19	1	3	27	83
山 西	Shanxi	66	3			2	
内蒙古	Inner Mongolia	115	21	1	2	26	13
辽 宁	Liaoning	62	32	1	2	32	33
吉 林	Jilin	55	42	20		42	107
黑龙江	Heilongjiang	73	23	23		27	15
上 海	Shanghai	3		6			
江 苏	Jiangsu	170	15	72		45	158
浙 江	Zhejiang	81		18	22	19	
安 徽	Anhui	138	17	4	3	21	88
福 建	Fujian	39				1	15
江 西	Jiangxi	80	7	39		6	41
山 东	Shandong	26	75	45	4	38	76
河 南	Henan	115	8	3		50	56
湖 北	Hubei	79	8	12	4	15	59
湖 南	Hunan	100	3	8	1		
广 东	Guangdong	51	7	44	49	2	58
海 南	Hainan	12	1			2	
广 西	Guangxi	84		42			42
四 川	Sichuan	62	58	13	4		
重 庆	Chongqing	21			9		
贵 州	Guizhou	88					
云 南	Yunnan	144		12			
西 藏	Tibet	28		29	29	52	
陕 西	Shaanxi	56	24		1	3	43
甘 肃	Gansu	62	19	8	5	21	
青 海	Qinghai	32	2	5		3	
宁 夏	Ningxia	9	11	3			22
新 疆	Xinjiang	118	3	8	1	4	
新疆生产建设兵团	Xinjiang Production and Construction Corps	20					
长江委	Yangtze River Water Resources Commission	66	2	50			94
黄 委	Yellow River Water Resources Commission	89	40	6			46
珠 委	Pearl River Water Resources Commission	1		16			
海 委	Haihe River Water Resources Commission	19		1	1		
松辽委	Songliao River Water Resources Commission	2					4
淮 委	Huaihe River Water Resources Commission	1				1	
太湖局	Taihu Basin Authority	3		64		64	10

8-2 续表 continued

地区	Region	水位站测验方法 Observation Methods of Hydrological Station				雨量站测验方法 Observation Methods of Precipitation Station			
		委托观测 Contracted Gauging	普通自记 Self-recording	固态存储 Solid-state Storage	自动测报 Automatic Reporting	委托观测 Contracted Gauging	普通自记 Self-recording	固态存储 Solid-state Storage	自动测报 Automatic Reporting
合 计	**Total**	**1486**	**923**	**2606**	**5141**	**23023**	**1839**	**26492**	**38555**
北 京	Beijing					136	45	140	140
天 津	Tianjin	2	45	68	68	28	21	49	49
河 北	Hebei	15	2	3	7	942	130	639	655
山 西	Shanxi					2048		2117	2117
内蒙古	Inner Mongolia	2				537	147	84	
辽 宁	Liaoning	55		53	53	1556	476	1734	1734
吉 林	Jilin	66	66		52	1405			1405
黑龙江	Heilongjiang	68		153	153	1426		1379	1265
上 海	Shanghai	8	11	148	42	7	5	207	34
江 苏	Jiangsu	103	90		476	232	56		563
浙 江	Zhejiang	86	24	201	201	418	61	626	626
安 徽	Anhui	72	148	38	310	949	102	5	1171
福 建	Fujian		221	221	221	58	23	416	416
江 西	Jiangxi	21	22	362	361			3582	3580
山 东	Shandong	206	7	1	193	1887		27	1860
河 南	Henan	8	33		143	3670	360		3670
湖 北	Hubei	264		269	269	784		784	784
湖 南	Hunan	1		11	12	458		520	834
广 东	Guangdong	153	17	59	485	1102	6	516	1772
海 南	Hainan				8				202
广 西	Guangxi				541			3118	3118
四 川	Sichuan	11	5	24	27	430	73	349	364
重 庆	Chongqing			387	387			4138	4138
贵 州	Guizhou				181			1477	1477
云 南	Yunnan	92		260	260	2647		2809	2809
西 藏	Tibet	52	1	57	57	584		584	584
陕 西	Shaanxi	20			90	551		132	1360
甘 肃	Gansu				170	242	68	69	477
青 海	Qinghai				29	86	33	359	405
宁 夏	Ningxia	2			97	155	22	96	746
新 疆	Xinjiang	1	81	26	38	9	42	60	1
新疆生产建设兵团	Xinjiang Production and Construction Corps		117						
长江委	Yangtze River Water Resources Commission	165		217	118	25		25	25
黄 委	Yellow River Water Resources Commission	12	31	12		651	158	440	113
珠 委	Pearl River Water Resources Commission	1		8			1	1	
海 委	Haihe River Water Resources Commission			22	31		9	6	11
松辽委	Songliao River Water Resources Commission		2				1	1	
淮 委	Huaihe River Water Resources Commission			1	1			1	1
太湖局	Taihu Basin Authority			5	60			2	49

主要统计指标解释

水文测站 为经常收集水文数据而在河、渠、湖、库上或流域内设立的各种水文观测场所的总称。

基本站 为公用目的，经统一规划设立，能获取基本水文要素值多年变化资料的水文测站。它应进行较长期的连续观测，资料长期存储。

水文站 设在河、渠、湖、库上以测定水位和流量为主的水文测站，根据需要还可兼测降水、水面蒸发、泥沙、水质等有关项目。

水位站 以观测水位为主，可兼测降水量等项目的水文测站。

雨量站（降水量站） 观测降水量的水文测站。

水面蒸发站 观测水面蒸发量的水文测站。

水质站（水质监测站） 为掌握水质动态，收集和积累水质基本资料而设置的水文测站。

地下水监测站 为探求地下水运动规律，进行地下水动态观测的水文测站。

水文实验站 在天然和人为特定实验条件下，由一个或一组水文观测试验项目站点组成的专门场所。

巡测站 对部分或全部水文要素视其变化定时或不定时到现场进行测验的水文测站。

墒情站 观测土壤含水量变化的水文测站。

Explanatory Notes of Main Statistical Indicators

Hydrological station General term for hydrological observation places that are located in river, canal, lake, reservoir or inside river basin for gathering hydrological data.

Basic station It is built for public purpose and designed according to unified planning to gather multi-year and long series hydrological data. This kind of station carries out long-term and continuous observation and stores data for future usage.

Hydrological station It is placed in river, canal, lake or reservoir and mainly for observation of water level and flow. When necessary, it is also used to observe precipitation, evaporation, sediment, water quality and other related data.

Stage gauging station It is mainly used to observe water level, and can observe precipitation and other related data at the same time.

Rainfall station (Precipitation station) It is used to observe precipitation.

Evaporation station It is used to observe evaporation of water surface.

Water quality station (Water quality monitoring station) It is used to gather and accumulate basic data of water quality and dynamic condition of water quality.

Groundwater monitoring station It is used to understand the principle of groundwater movement and carry out dynamic observation of aquifer.

Hydrologic experimental station It is specially formed by one or a series of experimental stations for hydrological observation under natural or artificially experimental conditions.

Tour hydrological station It is used to make on-the-spot observation to all or partial hydrological elements on regular or irregular basis according to their changing situations.

Soil moisture gauging station It is used to observe the variation of soil water content.

9 从业人员情况

Employees

简 要 说 明

从业人员情况统计资料主要包括水利部机关、直属单位、各省（自治区、直辖市）和计划单列市水利（水务）厅（局）的从业人员和技术工人情况等。

本部分资料分水利部机关和流域委员会、水利部在京直属单位、其他京外直属单位和地方水利部门。

Brief Introduction

Statistical data of employment provides you with information on employees working for the water sector, including staff and workers employed by the Ministry of Water Resources and organizations under the ministry, water resources departments of provinces (autonomous regions or municipalities) as well as cities with separate plans.

The data of Ministry of Water Resources and river basin commissions under the Ministry, affiliate organizations of the Ministry in Beijing and affiliate organizations of the Ministry out of Beijing and local water resources departments is shown separately by group.

9-1　2013 年水利部从业人员

Employees of the Ministry of Water Resources in 2013

单　位	Institution	单位个数/个 Number of Organizations /unit	年末人数 Total staff at the End of the Year 单位从业人员/人 Employees /person	#女性 Female	在岗职工 Full-time Staff	劳务派遣人员 Contracted Service Staff	其他从业人员 Other Employees
水利部	**Ministry of Water Resources(MWR)**	**740**	**76566**	**20332**	**69599**	**4696**	**2271**
水利部机关和流域机构	MWR and River Basin Commissions	574	54042	13775	49452	3205	1385
水利部在京直属单位	Affiliate Organizations of MWR in Beijing	149	19134	5612	17614	786	734
其他京外直属单位	Affiliate Organizations of MWR outside Beijing	17	3390	945	2533	705	152

9-1 续表 continued

单 位	Institution	平均人数 Average Number			
		单位从业人员 /人 Employees /person	在岗职工 Full-time Staff	劳务派遣人员 Contracted Service Staff	其他从业人员 Other Employees
水利部	**Ministry of Water Resources (MWR)**	**76518**	**69550**	**4618**	**2350**
水利部机关和流域机构	Ministry and River Basin Commissions	54255	49638	3176	1441
水利部在京直属单位	Affiliate Organizations of MWR in Beijing	18879	17408	712	759
其他京外直属单位	Affiliate Organizations of MWR outside Beijing	3385	2505	730	150

9-2 2013年地方水利部门从业人员

Employees of Local Water Resources Departments in 2013

单 位	Institution	单位个数/个 Number of Organizations /unit	单位从业人员年末人数/人 Employees at the end of the Year /person	#女性 Female	在岗职工 Fully Employed Staff	劳务派遣人员 Service Dispatching Employees	#女性 Female
地方水利部门	**Local Water Resources Departments**	**43745**	**963164**	**277244**	**935492**	**11601**	**16071**
北京市水务局	Beijing Water Authority	302	10083	3499	10083		
天津市水务局	Tianjin Water Authority	203	9681	2673	9615		66
河北省水利厅	Hebei Provincial Water Resources Department	1678	52347	17555	52347		
山西省水利厅	Shanxi Provincial Water Resources Department	2026	41616	13140	41170	10	436
内蒙古自治区水利厅	Water Resources Department of Inner Mongolia Autonomous Region	1001	30560	10326	30381		179
辽宁省水利厅	Liaoning Provincial Water Resources Department	1760	34552	9995	34451	46	55
吉林省水利厅	Jilin Provincial Water Resources Department	1298	29443	8319	29385	42	16
黑龙江省水利厅	Heilongjiang Provincial Water Resources Department	1396	31464	8365	31464		
上海市水务局	Shanghai Water Authority	154	4525	1072	3964	541	20
江苏省水利厅	Jiangsu Provincial Water Resources Department	2290	36087	8561	36059	18	10
浙江省水利厅	Zhejiang Provincial Water Resources Department	2550	40650	9387	35515	3291	1844
安徽省水利厅	Anhui Provincial Water Resources Department	1696	32916	7867	32876	22	18
福建省水利厅	Fujian Provincial Water Resources Department	875	14368	3544	14358	10	
江西省水利厅	Jiangxi Provincial Water Resources Department	1570	22585	5330	22564		21
山东省水利厅	Shandong Provincial Water Resources Department	2684	50906	14511	50769	3	134
河南省水利厅	Henan Provincial Water Resources Department	2031	62857	20481	62461	96	300
湖北省水利厅	Hubei Provincial Water Resources Department	2278	47781	13962	46307	113	1361
湖南省水利厅	Hunan Provincial Water Resources Department	2338	61190	16644	57553	416	3221
广东省水利厅	Guangdong Provincial Water Resources Department	1915	51718	12944	50860	217	641
广西壮族自治区水利厅	Water Resources Department of Guangxi Zhuang Autonomous Region	1945	55739	16415	45234	6353	4152
海南省水务厅	Hainan Water Authority	181	8809	2344	8665	47	97
重庆市水利局	Chongqing Water Resources Bureau	712	11191	3738	11145	9	37
四川省水利厅	Sichuan Provincial Water Resources Department	2321	41275	12259	40165	203	907
贵州省水利厅	Guizhou Provincial Water Resources Department	1715	15842	4465	15476	123	243
云南省水利厅	Yunnan Provincial Water Resources Department	2081	23574	6659	23503		71
西藏自治区水利厅	Water Resources Department of Tibet Autonomous Region	120	2413	756	2267	9	137
陕西省水利厅	Shaanxi Provincial Water Resources Department	1676	48206	16289	48198		8
甘肃省水利厅	Gansu Provincial Water Resources Department	1095	31066	8869	30516		550
青海省水利厅	Qinghai Provincial Water Resources Department	320	6887	2071	6874		13
宁夏回族自治区水利厅	Water Resources Department of Ningxia Hui Autonomous Region	251	9491	2768	9491		
新疆维吾尔自治区水利厅	Water Resources Department of Xinjiang Uygur Autonomous Region	814	28886	8388	27359	2	1525
大连市水务局	Dalian Water Authority	91	6555	2019	6544	2	9
宁波市水利局	Ningbo Water Resources Bureau	151	2172	447	2144	28	
厦门市水利局	Xiamen Water Resources Bureau	31	380	58	380		
青岛市水利局	Qingdao Water Resources Bureau	176	4008	1161	4008		
深圳市水务局	Shenzhen Water Authority	20	1341	363	1341		

9-2 续表 continued

单 位	Institution	平均人数 Average Number 单位从业人员/人 Employees /person	在岗职工 Full-time Staff	劳务派遣人员 Contracted Service Staff	其他从业人员 Other Employees
地方水利部门	**Local Water Resources Departments**	**957574**	**932281**	**13168**	**16427**
北京市水务局	Beijing Water Authority	10097	10096		
天津市水务局	Tianjin Water Authority	9776	9711		66
河北省水利厅	Hebei Provincial Water Resources Department	52532	52532		
山西省水利厅	Shanxi Provincial Water Resources Department	41317	40777	102	460
内蒙古自治区水利厅	Water Resources Department of Inner Mongolia Autonomous Region	30418	29940		202
辽宁省水利厅	Liaoning Provincial Water Resources Department	34378	34286	39	86
吉林省水利厅	Jilin Provincial Water Resources Department	29429	29378	39	16
黑龙江省水利厅	Heilongjiang Provincial Water Resources Department	31560	31549		
上海市水务局	Shanghai Water Authority	4240	3945	543	19
江苏省水利厅	Jiangsu Provincial Water Resources Department	36109	36084	18	11
浙江省水利厅	Zhejiang Provincial Water Resources Department	38410	35519	3291	1871
安徽省水利厅	Anhui Provincial Water Resources Department	33181	32890	22	18
福建省水利厅	Fujian Provincial Water Resources Department	14373	14369	10	
江西省水利厅	Jiangxi Provincial Water Resources Department	22582	22561	1112	22
山东省水利厅	Shandong Provincial Water Resources Department	50970	50807	3	142
河南省水利厅	Henan Provincial Water Resources Department	63324	63027	96	302
湖北省水利厅	Hubei Provincial Water Resources Department	47999	45867	108	1546
湖南省水利厅	Hunan Provincial Water Resources Department	59766	57200	658	3282
广东省水利厅	Guangdong Provincial Water Resources Department	49350	48294	216	683
广西壮族自治区水利厅	Water Resources Department of Guangxi Zhuang Autonomous Region	55900	45423	6375	4124
海南省水务厅	Hainan Water Authority	8750	8663	47	113
重庆市水利局	Chongqing Water Resources Bureau	11313	11137	9	39
四川省水利厅	Sichuan Provincial Water Resources Department	41409	40156	199	909
贵州省水利厅	Guizhou Provincial Water Resources Department	15682	15468	123	207
云南省水利厅	Yunnan Provincial Water Resources Department	23574	23503		71
西藏自治区水利厅	Water Resources Department of Tibet Autonomous Region	2429	2267	9	137
陕西省水利厅	Shaanxi Provincial Water Resources Department	48218	48190		4
甘肃省水利厅	Gansu Provincial Water Resources Department	31070	30534		550
青海省水利厅	Qinghai Provincial Water Resources Department	6856	6843		13
宁夏回族自治区水利厅	Water Resources Department of Ningxia Hui Autonomous Region	9487	9493		6
新疆维吾尔自治区水利厅	Water Resources Department of Xinjiang Uygur Autonomous Region	28503	27421	2	1474
大连市水务局	Dalian Water Authority	6671	6544	109	10
宁波市水利局	Ningbo Water Resources Bureau	2178	2137	30	
厦门市水利局	Xiamen Water Resources Bureau	381	382		
青岛市水利局	Qingdao Water Resources Bureau	4008	4007		
深圳市水务局	Shenzhen Water Authority	1335	1281	8	45

9-3　2013 年水利部职工职称情况

Employees with Technical Title of the Ministry of Water Resources in 2013

单　位	Institution	合计/人 Total /person	高级 Senior	中级 Intermediate	初级 Elementary
水利部	**Ministry of Water Resources (MWR)**	**38052**	**12294**	**13792**	**11966**
水利部机关和流域机构	The Ministry and River Basin Commissions	28372	8669	10531	9172
水利部在京直属单位	Affiliate Organizations of the Ministry in Beijing	7574	2727	2562	2285
其他京外直属单位	Affiliate Organizations of the Ministry out of Beijing	2106	898	699	509

9-4 2013年地方水利部门职工职称情况

Employees with Technical Titles in Local Water Resources Departments in 2013

单 位	Institution	合计/人 Total /person	高级 Senior	中级 Intermediate	初级 Elementary
地方水利部门	**Local Water Resources Departments**	**308084**	**38402**	**117014**	**152668**
北京市水务局	Beijing Water Authority	3959	545	1345	2069
天津市水务局	Tianjin Water Authority	4368	1115	1555	1698
河北省水利厅	Hebei Provincial Water Resources Department	16925	2316	5440	9169
山西省水利厅	Shanxi Provincial Water Resources Department	12302	1098	4627	6577
内蒙古自治区水利厅	Water Resources Department of Inner Mongolia Autonomous Region	8713	1602	4239	2872
辽宁省水利厅	Liaoning Provincial Water Resources Department	11407	1442	5076	4889
吉林省水利厅	Jilin Provincial Water Resources Department	9872	1683	3637	4552
黑龙江省水利厅	Heilongjiang Provincial Water Resources Department	11520	2896	4590	4034
上海市水务局	Shanghai Water Authority	1485	145	494	846
江苏省水利厅	Jiangsu Provincial Water Resources Department	13739	1464	5482	6793
浙江省水利厅	Zhejiang Provincial Water Resources Department	18201	2595	7893	7713
安徽省水利厅	Anhui Provincial Water Resources Department	9721	1126	3700	4895
福建省水利厅	Fujian Provincial Water Resources Department	5783	1041	2381	2361
江西省水利厅	Jiangxi Provincial Water Resources Department	6848	818	2577	3453
山东省水利厅	Shandong Provincial Water Resources Department	23964	2846	8679	12439
河南省水利厅	Henan Provincial Water Resources Department	13810	1219	5086	7505
湖北省水利厅	Hubei Provincial Water Resources Department	14857	1077	6679	7101
湖南省水利厅	Hunan Provincial Water Resources Department	15314	1312	6179	7823
广东省水利厅	Guangdong Provincial Water Resources Department	11566	1518	3533	6515
广西壮族自治区水利厅	Water Resources Department of Guangxi Zhuang Autonomous Region	13705	972	4791	7942
海南省水务厅	Hainan Water Authority	1173	114	370	689
重庆市水利局	Chongqing Water Resources Bureau	3398	485	1389	1524
四川省水利厅	Sichuan Provincial Water Resources Department	13913	1839	5415	6659
贵州省水利厅	Guizhou Provincial Water Resources Department	6526	498	2219	3809
云南省水利厅	Yunnan Provincial Water Resources Department	9024	765	3489	4770
西藏自治区水利厅	Water Resources Department of Tibet Autonomous Region	634	54	208	372
陕西省水利厅	Shaanxi Provincial Water Resources Department	13448	1366	4388	7694
甘肃省水利厅	Gansu Provincial Water Resources Department	9280	1092	3441	4747
青海省水利厅	Qinghai Provincial Water Resources Department	3276	590	1287	1399
宁夏回族自治区水利厅	Water Resources Department of Ningxia Hui Autonomous Region	4522	674	1835	2013
新疆维吾尔自治区水利厅	Water Resources Department of Xinjiang Uygur Autonomous Region	10160	1419	3196	5545
大连市水务局	Dalian Water Authority	1305	189	561	555
宁波市水利局	Ningbo Water Resources Bureau	1010	125	455	430
厦门市水利局	Xiamen Water Resources Bureau	94	16	48	30
青岛市水利局	Qingdao Water Resources Bureau	1687	139	535	1013
深圳市水务局	Shenzhen Water Authority	575	207	195	173

9-5 2013 年水利部技术工人结构

Statistics of Skilled Workers of the Ministry of Water Resources in 2013

单 位	Institution	合计 /人 Total /person	无等级 /人 Non-graded Workers /person	初级工 /人 Elementary Workers /person		
					#获证人数 With Certificate	
						#当年获证 Getting Certificate in the Year
水利部	**Ministry of Water Resources (MWR)**	**29507**	**6153**	**3081**	**2662**	**125**
水利部机关和流域机构	The Ministry and River Basin Commissions	20820	2385	2056	2032	64
水利部在京直属单位	Affiliate Organizations of the Ministry in Beijing	8034	3564	917	550	61
其他京外直属单位	Affiliate Organizations of the Ministry out of Beijing	653	204	108	80	

9-5 续表 continued

单 位	Institution	中级工/人 Intermediate Workers /person	#获证人数/人 With Certificate /person	#当年获证 Getting Certificate of the Year	高级工/人 Senior Workers /person	#获证人数 With Certificate	#当年获证 Getting Certificate of the Year
水利部	**Ministry of Water Resources (MWR)**	**3459**	**3174**	**94**	**10983**	**10882**	**436**
水利部机关和流域机构	The Ministry and River Basin Commissions	2245	2243	54	9029	9018	210
水利部在京直属单位	Affiliate Organizations of the Ministry in Beijing	1089	816	40	1792	1704	214
其他京外直属单位	Affiliate Organizations of the Ministry out of Beijing	125	115		162	160	12

9-5 续表 continued

单 位	Institution	技师 /人 Technician /person	#获证人数 With Certificate	#当年获证 Getting Certificate of the Year	高级技师 /人 Senior Technician /person	#获证人数 With Certificate	#当年获证 Getting Certificate of the Year
水利部	**Ministry of Water Resources (MWR)**	**5278**	**5155**	**201**	**553**	**550**	**34**
水利部机关和流域机构	The Ministry and River Basin Commissions	4676	4666	178	429	428	20
水利部在京直属单位	Affiliate Organizations of the Ministry in Beijing	554	456	21	118	116	13
其他京外直属单位	Affiliate Organizations of the Ministry out of Beijing	48	33	2	6	6	1

9-6　2013 年地方水利部门技术工人结构

Statistics of Skilled Workers of Local Water Departments in 2013

单　位	Institution	合计 /人 Total /person	无等级 /人 Non-graded Workers /person	初级工 /人 Elementary Workers /person	#获证人数 With Certificate	#当年获证 Getting Certificate of the Year
地方水利部门	**Local Water Resources Departments**	**464274**	**97349**	**73455**	**64117**	**2386**
北京市水务局	Beijing Water Authority	3212	774	520	440	17
天津市水务局	Tianjin Water Authority	3922	35	174	163	14
河北省水利厅	Hebei Provincial Water Resources Department	28874	4946	5170	4537	96
山西省水利厅	Shanxi Provincial Water Resources Department	21154	4440	5588	3257	63
内蒙古自治区水利厅	Water Resources Department of Inner Mongolia Autonomous Region	16930	5623	1885	943	64
辽宁省水利厅	Liaoning Provincial Water Resources Department	16431	6300	1984	1889	118
吉林省水利厅	Jilin Provincial Water Resources Department	14305	5925	3273	2211	62
黑龙江省水利厅	Heilongjiang Provincial Water Resources Department	15650	5848	1280	1144	57
上海市水务局	Shanghai Water Authority	1183	157	276	266	4
江苏省水利厅	Jiangsu Provincial Water Resources Department	14787	943	1981	1786	129
浙江省水利厅	Zhejiang Provincial Water Resources Department	6052	1111	500	500	62
安徽省水利厅	Anhui Provincial Water Resources Department	19020	2344	2645	2399	28
福建省水利厅	Fujian Provincial Water Resources Department	6385	1456	828	811	15
江西省水利厅	Jiangxi Provincial Water Resources Department	11357	1981	1904	1772	10
山东省水利厅	Shandong Provincial Water Resources Department	17492	4951	3116	2999	111
河南省水利厅	Henan Provincial Water Resources Department	39064	2206	5557	5473	307
湖北省水利厅	Hubei Provincial Water Resources Department	23475	2629	4029	3482	232
湖南省水利厅	Hunan Provincial Water Resources Department	34068	4886	5834	5601	295
广东省水利厅	Guangdong Provincial Water Resources Department	32799	13855	5000	4968	89
广西壮族自治区水利厅	Water Resources Department of Guangxi Zhuang Autonomous Region	27684	3477	3543	3085	74
海南省水务厅	Hainan Water Authority	6220	4228	971	793	5
重庆市水利局	Chongqing Water Resources Bureau	4552	1815	568	524	39
四川省水利厅	Sichuan Provincial Water Resources Department	16807	3104	2044	1647	10
贵州省水利厅	Guizhou Provincial Water Resources Department	4028	1374	702	626	30
云南省水利厅	Yunnan Provincial Water Resources Department	9582		1833	1613	59
西藏自治区水利厅	Water Resources Department of Tibet Autonomous Region	582	208	63	63	
陕西省水利厅	Shaanxi Provincial Water Resources Department	26337	2404	4989	4648	164
甘肃省水利厅	Gansu Provincial Water Resources Department	15475	2836	2867	2662	148
青海省水利厅	Qinghai Provincial Water Resources Department	2306	215	576	576	6
宁夏回族自治区水利厅	Water Resources Department of Ningxia Hui Autonomous Region	4230	543	583	350	1
新疆维吾尔自治区水利厅	Water Resources Department of Xinjiang Uygur Autonomous Region	12681	1936	2707	2453	61
大连市水务局	Dalian Water Authority	4711	3517	79	75	2
宁波市水利局	Ningbo Water Resources Bureau	683	263	43	31	1
厦门市水利局	Xiamen Water Resources Bureau	158		5	5	1
青岛市水利局	Qingdao Water Resources Bureau	1552	548	326	313	12
深圳市水务局	Shenzhen Water Authority	526	471	12	12	

9-6 续表 continued

单 位	Institution	中级工/人 Intermediate Workers /person	#获证人数/人 With Certificate /person	#当年获证 Getting Certificate of the Year	高级工/人 Senior Workers /person	#获证人数 With Certificate	#当年获证 Getting Certificate of the Year
地方水利部门	**Local Water Resources Departments**	**109181**	**103520**	**5113**	**150362**	**143622**	**7899**
北京市水务局	Beijing Water Authority	1060	976	98	847	807	77
天津市水务局	Tianjin Water Authority	661	659	34	3039	3025	103
河北省水利厅	Hebei Provincial Water Resources Department	6047	5803	118	9157	8859	185
山西省水利厅	Shanxi Provincial Water Resources Department	4895	4228	148	3315	2870	217
内蒙古自治区水利厅	Water Resources Department of Inner Mongolia Autonomous Region	1336	1114	139	4183	3983	684
辽宁省水利厅	Liaoning Provincial Water Resources Department	2989	2753	208	4801	4397	255
吉林省水利厅	Jilin Provincial Water Resources Department	2598	2318	156	1895	1869	193
黑龙江省水利厅	Heilongjiang Provincial Water Resources Department	2201	2047	152	3108	2850	216
上海市水务局	Shanghai Water Authority	589	498	12	150	134	4
江苏省水利厅	Jiangsu Provincial Water Resources Department	3371	3257	168	7725	7364	318
浙江省水利厅	Zhejiang Provincial Water Resources Department	843	843	8	2067	2067	54
安徽省水利厅	Anhui Provincial Water Resources Department	5203	5101	331	8539	8265	184
福建省水利厅	Fujian Provincial Water Resources Department	1476	1469	25	2328	2189	34
江西省水利厅	Jiangxi Provincial Water Resources Department	3219	3187	120	3456	3355	61
山东省水利厅	Shandong Provincial Water Resources Department	3713	3670	97	5452	5263	248
河南省水利厅	Henan Provincial Water Resources Department	9679	9482	622	19164	18830	983
湖北省水利厅	Hubei Provincial Water Resources Department	4451	4266	277	7650	7379	617
湖南省水利厅	Hunan Provincial Water Resources Department	11311	10990	795	11248	11008	988
广东省水利厅	Guangdong Provincial Water Resources Department	6725	6346	138	7050	6685	106
广西壮族自治区水利厅	Water Resources Department of Guangxi Zhuang Autonomous Region	7454	6912	305	11735	10336	625
海南省水务厅	Hainan Water Authority	729	704	30	259	238	8
重庆市水利局	Chongqing Water Resources Bureau	1021	998	148	719	711	167
四川省水利厅	Sichuan Provincial Water Resources Department	4895	4528	54	5557	5234	104
贵州省水利厅	Guizhou Provincial Water Resources Department	1060	1007	65	857	820	37
云南省水利厅	Yunnan Provincial Water Resources Department	2910	2451	42	4502	4340	106
西藏自治区水利厅	Water Resources Department of Tibet Autonomous Region	112	112	2	184	184	12
陕西省水利厅	Shaanxi Provincial Water Resources Department	7553	7300	327	10132	9858	527
甘肃省水利厅	Gansu Provincial Water Resources Department	4750	4616	343	4183	4016	416
青海省水利厅	Qinghai Provincial Water Resources Department	547	541	13	698	684	30
宁夏回族自治区水利厅	Water Resources Department of Ningxia Hui Autonomous Region	1479	1166	2	1043	859	48
新疆维吾尔自治区水利厅	Water Resources Department of Xinjiang Uygur Autonomous Region	3447	3326	112	4067	3921	266
大连市水务局	Dalian Water Authority	355	354		663	641	
宁波市水利局	Ningbo Water Resources Bureau	45	45	6	198	198	7
厦门市水利局	Xiamen Water Resources Bureau	27	27	1	110	110	1
青岛市水利局	Qingdao Water Resources Bureau	411	407	17	260	252	18
深圳市水务局	Shenzhen Water Authority	19	19		21	21	

9-6 续表 continued

单　　位	Institution	技师/人 Technician /person	#获证人数 With Certificate	#当年获证 Getting Certificate of the Year	高级技师/人 Senior Technician /person	#获证人数 With Certificate	#当年获证 Getting Certificate of the Year
地方水利部门	**Local Water Resources Departments**	**32326**	**30534**	**3660**	**1601**	**1582**	**313**
北京市水务局	Beijing Water Authority	11	11				
天津市水务局	Tianjin Water Authority	11	11		2	2	
河北省水利厅	Hebei Provincial Water Resources Department	3550	3468	117	4	4	
山西省水利厅	Shanxi Provincial Water Resources Department	2914	2676	261	2	2	
内蒙古自治区水利厅	Water Resources Department of Inner Mongolia Autonomous Region	3243	3014	128	660	658	100
辽宁省水利厅	Liaoning Provincial Water Resources Department	347	318	41	10	10	1
吉林省水利厅	Jilin Provincial Water Resources Department	578	556	59	36	31	2
黑龙江省水利厅	Heilongjiang Provincial Water Resources Department	3187	3003	265	26	25	10
上海市水务局	Shanghai Water Authority	11	11				
江苏省水利厅	Jiangsu Provincial Water Resources Department	731	691	66	36	36	2
浙江省水利厅	Zhejiang Provincial Water Resources Department	1407	1407	117	124	124	71
安徽省水利厅	Anhui Provincial Water Resources Department	289	287	6			
福建省水利厅	Fujian Provincial Water Resources Department	288	283	31	9	9	1
江西省水利厅	Jiangxi Provincial Water Resources Department	792	783	46	5	5	
山东省水利厅	Shandong Provincial Water Resources Department	218	218	14	42	42	
河南省水利厅	Henan Provincial Water Resources Department	2455	2414	1084	3	3	1
湖北省水利厅	Hubei Provincial Water Resources Department	4362	4137	343	354	354	26
湖南省水利厅	Hunan Provincial Water Resources Department	716	708	324	73	69	33
广东省水利厅	Guangdong Provincial Water Resources Department	167	140		2	2	
广西壮族自治区水利厅	Water Resources Department of Guangxi Zhuang Autonomous Region	1394	1184	104	81	80	37
海南省水务厅	Hainan Water Authority	32	18	4	1		
重庆市水利局	Chongqing Water Resources Bureau	423	422	153	6	6	1
四川省水利厅	Sichuan Provincial Water Resources Department	1163	1039	59	44	43	10
贵州省水利厅	Guizhou Provincial Water Resources Department	35	34				
云南省水利厅	Yunnan Provincial Water Resources Department	337	318	13			
西藏自治区水利厅	Water Resources Department of Tibet Autonomous Region	13	13		2	2	2
陕西省水利厅	Shaanxi Provincial Water Resources Department	1259	1216	193			
甘肃省水利厅	Gansu Provincial Water Resources Department	839	793	137			
青海省水利厅	Qinghai Provincial Water Resources Department	270	268	6			
宁夏回族自治区水利厅	Water Resources Department of Ningxia Hui Autonomous Region	581	416	21	1	1	
新疆维吾尔自治区水利厅	Water Resources Department of Xinjiang Uygur Autonomous Region	488	465	62	36	32	15
大连市水务局	Dalian Water Authority	58	55	2	39	39	
宁波市水利局	Ningbo Water Resources Bureau	132	132	3	2	2	1
厦门市水利局	Xiamen Water Resources Bureau	15	15	1	1	1	
青岛市水利局	Qingdao Water Resources Bureau	7	7				
深圳市水务局	Shenzhen Water Authority	3	3				

主要统计指标解释

从业人员 指在各级国家机关、政党、社会团体及企业、事业单位中工作，取得工资或其他形式的劳动报酬的全部人员，包括在岗职工、再就业的离退休人员、民办教师以及在各单位中工作的外方人员和港澳台方人员、兼职人员、借用的外单位人员和第二职业者。不包括离开本单位仍保留劳动关系的职工。

Explanatory Notes of Main Statistical Indicators

Employees It refers to staff worked for governmental agencies, party and its administrative organizations, social groups, enterprises and non-governmental organizations at all levels, who have obtained paid salaries or other types of labor remuneration, including full-time employment, re-employed retirees, rural school teachers, hired staff and workers from other countries, Hong Kong, Macao and Taiwan, part-time staff and workers, borrowed staff and second-job staff and workers, but the staff and workers who has left the organization without ending their contracts are excluded.